新时代文化科技融合发展

陈　亮　张元丞◎著

文化发展出版社
Cultural Development Press
·北京·

图书在版编目（CIP）数据

新时代文化科技融合发展 / 陈亮，张元丞著．— 北京：文化发展出版社，2023.10
ISBN 978-7-5142-4158-7

Ⅰ．①新… Ⅱ．①陈… ②张… Ⅲ．①文化事业－技术革新－研究－中国 Ⅳ．① G12

中国国家版本馆 CIP 数据核字 (2023) 第 213085 号

新时代文化科技融合发展

陈　亮　张元丞　著

出 版 人：宋　娜
责任编辑：张宝平　　　　责任校对：侯　娜
责任印制：杨　骏　　　　封面设计：守正文化
出版发行：文化发展出版社（北京市翠微路 2 号 邮编：100036）
网　　址：www.wenhuafazhan.com
经　　销：全国新华书店
印　　刷：天津和萱印刷有限公司

开　　本：710mm×1000mm　1/16
字　　数：304 千字
印　　张：14.5
版　　次：2024 年 9 月第 1 版
印　　次：2024 年 9 月第 1 次印刷

定　　价：72.00 元
I S B N：978-7-5142-4158-7

◆ 如有印装质量问题，请电话联系：010-58484999

前　言

在人类文明发展的过程中，科学技术起到了非常重要的作用，纵观人类文明发展史，科学技术的每一次重大突破，都会引起生产力的深刻变革，促进人类社会的巨大进步，开创人类文明的新纪元。当今世界，科学技术在各国综合国力的竞争中起着至关重要的作用。在文化建设领域，科技作为第一推动引擎的作用同样显著，文化与科技一体化已经成为当今世界的重要特征，文化科技融合发展是未来文化产业发展的关键动力。在我国经济新常态下，全面促进文化与科技融合，大力发展新型文化业态，推动文化产业转型升级，提高文化产业的科技含量，是提升文化产业核心竞争力的必由之路。

全书共七章。第一章为绪论，主要阐述了文化科技融合的内涵、文化科技融合的背景、文化与科技的互动关系、文化科技融合发展等内容；第二章为文化科技融合发展的理论基础，主要阐述了耦合理论、产业融合理论、协同创新理论、制度变迁理论、竞争优势理论、城乡一体化理论等内容；第三章为文化科技融合发展的业态分析，主要阐述了数字文化产业、文化制造业、文化创意产业、沉浸式文化体验等内容；第四章为文化科技融合发展的历史与现状，主要阐述了文化科技融合的历史演进、文化科技融合的机遇与挑战、文化科技融合取得的成绩、文化科技融合存在的问题等内容；第五章为文化科技融合发展的机制与模式，主要阐述了文化科技融合发展的机制、文化科技融合发展的模式等内容；第六章为文化科技融合发展的国内外经验和启示，主要阐述了国外文化科技融合发展的经验、国内文化科技融合发展的经验、国内外文化科技融合发展的启示等内容；第七章为新时代文化科技融合发展的路径，主要阐述了新时代文化科技融合的实现路径和新时代文化科技创新的实现路径等内容。

在撰写本书的过程中，笔者借鉴了国内外很多相关的研究成果，在此向相关学者、专家表示诚挚的感谢。

由于笔者水平有限，书中有一些内容还有待进一步深入研究和论证，在此恳切地希望各位读者朋友予以斧正。

陈亮

2023 年 4 月

目 录

第一章　绪论

随着信息技术和经济社会的快速发展，文化与科技融合对推动文化事业发展具有重要的作用，文化与科技的高度融合，有利于落实科学发展观、大力推动经济社会全面发展，是推动我国文化事业进步的重要手段之一，是增强我国综合国力、文化软实力、国际竞争力的必然选择。现代科技是促进文化事业发展的重要前提，而科学技术的发展水平是衡量我国文化进步程度的重要指标。因此，在时代潮流的推动下，科学技术的运用为文化的发展进步带来了技术支持，众多文化与科技融合的实践成果为我国社会发展带来了参考和借鉴。本章则围绕文化科技融合的内涵、文化科技融合的背景、文化与科技的互动关系、文化科技融合发展等内容展开研究。

第一节　文化科技融合的内涵

文化与科技融合发展本质上属于文化发展或者建设的一种方式或途径，因此，要对文化与科技融合发展的涵义进行解释，须先深入了解“文化”“科技”“融合”等词。在此基础上推导出文化与科技融合的内涵。

一、文化

（一）国外学者关于文化的定义

文化，从词源角度来说，是英语中的“culture”根据拉丁文“cultura”演变而来的，原始意义是耕作、培育、改进和改良，经过一系列演变后引申成训练或者是修炼心智的意思；在中国古代的众多书籍中皆有记载，例如，在《周易·贲卦·彖传》这本书中，明确提到说：“关乎天文，以察时变；关乎人文，以化成天下。”在这本书中，“文化”的意思是用礼仪、风俗和典籍可以教化天下苍生，教人们知礼义廉耻，所作所为要向善。“文化”这个词的来源众说纷纭，但无论是在中国文化中还是在西方文化中都提到了对人的教化、培养和熏陶。

现代意义上的文化概念是由人类学家提出的，经过不断地发展演变，现在对于文化已经有 200 多种定义。国外的学者对文化的定义大致可以分成三类。

①用文化的构成要素去定义文化，主要代表人物有英国文化人类学的奠基人爱德华·伯内特·泰勒、民族志之父马林诺夫斯基和英国科学家查尔斯·珀西·斯诺。他们不仅规定了文化的对象范围，还对文化进行分类，马林诺夫斯基指出无论哪一种文化，都是“部分由物质、部分由人群、部分由精神构成的庞大装置”[①]，具有物质性文化、制度性文化和精神性文化这三种基本文化属性。

②用文化的功能去定义文化，主要代表人物是马林诺夫斯基。他认为，一切能够直接或间接地满足人类身体的或心灵需要的东西都属于文化，相同地，一切文化都具有一定的功能。

③用文化的本质属性去定义文化，主要代表人物是新进化论学派代言人怀特、美国著名人类学家和文化模式论创始人本尼迪克特和人类学家克列维·斯特劳斯。怀特以“工具 × 符号 = 文化”[②]深刻说明了文化是因为符号的产生和运用才能够存在的，一切物质对象、行动、信念和态度等都是用符号的形式去发展传播和延续文化的。本尼迪克特认为文化是一个社会群体代代衍传下来的共同的生活模式和标准；列维·斯特劳斯则认为文化是流行于一个群体中的一组行为模式。综上所述，文化的核心就是价值观，文化因传统和符号而延续和传播，文化由器物、符号等作为载体而得以保存和流传。

（二）国内学者关于文化的定义

国内学者关于文化的定义也复杂多样，本文将对几个具有代表性的文化的定义进行分析探讨。从广义上来说，文化就是人化，因为过于宽泛所以很难明确划分文化的边界。

中国著名的现代思想家胡适、梁漱溟把文化看作人的生活方式或生存方法。武汉大学教授李维武、何萍认为文化“并不只是人所创造的物质产品和精神产品的总汇，而是人的自我创造性、人的生命活动的体现”[③]。他们都揭示了文化的广

① 马林诺斯基．科学的文化理论[M]．黄剑波，译．北京：中央民族大学出版社，1999.

② 怀特．文化的科学：人类与文明研究[M]．沈原，黄克克，黄玲伊，译．济南：山东人民出版社，1988.

③ 李维武，何萍．马克思主义文化哲学论纲[J]．武汉大学学报（社会科学版），1989（4）：22–28.

泛性和渗透性，以及文化在人类生活方方面面中的基础作用。文化分为广义的文化和狭义的文化，广义的文化是人类在社会实践过程中创造的物质财富、精神财富的总和。狭义的文化是精神生产能力和精神生产产品，包括了所有的社会意识形式。伟大领导人毛泽东同志曾经说过，一定的文化是一定的社会的政治和经济的反映。从历史唯物主义的观点来看，狭义的文化就是观念形态和意识形态的文化，就是对一定社会的政治和经济的反映。

中国台湾学者沈清松在《科技、人文与文化发展》这本书中把文化定义为，“一个历史性的团体表现其创造力的历程和结果，其中包含终极信仰、认知系统、规范系统、表现系统和行动系统”。[①] 其中创造力既表明了文化是社会主体人通过社会生产实践所形成的，同时还表明了要想让文化发展保持持久的活力和生命力，从根本上来说，还是要靠文化主体内容的历史传承和创新发展；他认为科学和技术都是文化的一个构成部分，同时还是文化构成的重要因素。在当代高速发展的信息社会中，现代科学技术水平在文化发展中的地位越来越高，逐步成为文化发展的主导因素，所以必须深刻明白科学技术对文化带来的深远影响。

综上所述，文化是社会历史性群体人在共同生存与发展的过程中，通过社会物质生产实践而形成并传承下来的一个群体的心理结构、认知方式和思维方式的综合，这些群体的心理结构、认知方式和思维方式通过符号、语言、龟甲、兽骨、青铜器、绢帛等信息传播媒介通过外在的形式表现出来。心理结构、认知方式和思维方式都是无形的，而符号、语言等物质性信息传播媒介不但使这些看不见、摸不着的属性留下了踪迹，还赋予了这些迹象文化的属性和特征，逐步形成了以价值观为核心的一个完整的文化传播系统。

二、科技

（一）科学

科学，从词源上看，英文science和德文wissenschaft均来自拉丁文scientia，意为学问或知识。这是科学最基本的含义。英文science一般指natural science，即自然科学；德文wissenschaft则含义较广，包括一切有系统的学问，不但包括所谓的science（科学），而且包括历史、语言学及哲学。

大约16世纪以后，“science”一词传入中国，当时的中国人将其理解为“格

① 沈清松．科技、人文与文化发展[M]．武汉：武汉大学出版社，2014．

致”，即“格物致知”，具有通过对事物的接触而穷究其道理的意思。“科学”一词是对science的翻译。中国晚清时期重要的思想家康有为在《日本书目志》中将“科学”一词引进中国学术界。此后，中国学术界逐渐将“科学”取代“格致”，“科学”一词便在中国广泛运用。

古代科学不同于现代意义上的现代科学。古代科学是指人们通过生产和生活的实践来获得对自然的理解和认识。古代科学的萌芽既存在于技术之中，也存在于巫术中。生产技术的实践经验是古代科学知识产生的基础。例如，工具制造、采集和狩猎等，都是产生和发展古代科学知识的土壤。同时，由于古人的认知能力有限，人们在理解自然的过程中，总是与巫术、神话和宗教迷信交织在一起。古人把他们所能处理的经验观察和现象与他们无法理解和处理的自然变化区分开来，前者逐渐走向了科学，而后者逐渐导致了宗教和迷信行为的出现。

近代科学则是将实验作为认识的基础。英国科学史家丹皮尔指出，“科学可以说是关于自然现象的有条理的知识，可以说是对于表达自然现象的各种概念之间的关系的理性研究”。① 简而言之，科学就是人们针对自然现象而进行研究的一个方法体系。

科学学科奠基人贝尔纳认为，科学研究的主体就是一群有特定行为、准则和行为规范的团体；科学是科学共同体用实验的、逻辑的研究方法来追求真理的一项社会性的科学研究活动，是一种探究客观世界及其规律的概括性与系统性的知识体系。苏联著名科学学家拉契科夫认为，科学是关于现实本质联系的客观真知的动态体系，这些客观真知是由于特殊的社会活动而获得和发展起来的，并且由于其应用而转化为社会的直接实践力量。复旦大学马克思主义学院教授吴海江从文化视野中对科学进行如下界定：“科学既是一种系统化的知识体系，也是人类探索世界的社会化的认知活动，科学应用于社会生产中会成为改造世界的物质性的力量。”② 我们认为科学是人们在社会生活中进行的理性实践活动。在实践活动过程中，通过运用直接经验或者间接经验，用理性思维把现实世界的现象和规律建设成一种系统化、理论化、科学化的现代知识体系。

综上所述，科学就是一种社会主体人在探索现实世界的过程中，用理性思维方法独立地去感知世界并对此进行研究和探索的一项活动。这里的“科学”既是自然科学、人类在探索过程中的认知活动，也囊括了古代科学和近代科学。

---

① 丹皮尔．科学史及其与哲学和宗教的关系[M]．李珩，译．桂林：广西师范大学出版社，2001．

② 吴海江．文化视野中的科学[M]．上海：复旦大学出版社，2008．

（二）技术

技术，从词源的角度来说，由英语中的“technology”一词转化而来。技术，在希腊文中是“tekhnologia”，在现代拉丁文中是“technologia”，意思是系统的方法，它的词根“techn”有技术、手工、艺术、工艺、技能、方法、职业、知识和道德的意思。

技术是劳动的一种实现形式。无论是哪种劳动，都离不开技术的帮助。技术按照程度划分，可以划分为简单技术和复杂技术。根据劳动形式划分，可以分为脑力技术和体力技术，由此分化出了艺术和技术这两个领域。艺术领域主要包括心灵层面和智力层面的技艺，外在表现形式主要有诗歌、绘画、音乐、雕塑和舞蹈等形式。技术领域最基本的特征就是机械性和实用性，对于现代手工艺和现代技术的意义非凡，不可或缺。自从艺术领域被独立划分出来后，“technology”这个词专门指手工艺和现代科学技术。

到 19 世纪后，“technology”这个词专门用来指实用的手工艺和现代科学技术。工业革命时代的到来，引发了一系列的技术革命。这些技术革命深刻改变了传统的生产模式，把手工劳动转变为机器生产。时代的发展赋予了这个词新的时代内涵，所指的含义也越来越广泛。现如今，“technology”一词多指现代科学技术。例如，科学工具、现代化生产机器、自动装置、制造、实际操作和相关的技术知识等。

在我国古代，技术的主要含义是技巧和技艺。与现代汉语“技术”有相似含义的词早在春秋时期就已经出现了，例如，技、工、艺、巧和劳等词。这些词的含义十分宽泛，可以指人造的物品和器具，人在基本的物质生产实践活动中运用直接经验或者间接经验所得到的生存技能、生活技巧和技艺；在古时候还指大型生产技术和工程技术。自然在发展过程中逐步地被划分为自在自然和人工自然，这深刻体现了人对自在自然和人工自然主观能动性的发挥。“技术”这个词从唐朝传到了日本；在 18 世纪的时候，日本人将“technology”和“技术”对译；到了 19 世纪末 20 世纪初的时候，康有为和梁启超又把日本人将“technology”对译的“技术”引进到了我国，这个时候的“技术”，不仅指古代的技术，还被赋予了新的时代内涵。

从广义上来说，技术是人类的一种劳动形态，它的实质是人类自身实践本质的对象化。马克思说过，人以劳动的方式去造福自身，利用自然，改变自然，将自在自然日益转化为人化自然。由此可知，技术与劳动如影随形，技术只有通过劳动的方式进行实践才能得到有效的发展，而劳动利用技术进步才能更高效，技术是因为人类劳动产生得以发展的，从简单劳动日益转化为复杂劳动，复杂劳动也就是多倍的简单劳动的综合。随着简单劳动向复杂劳动的转变，技术也随之从简单的技术变为复杂的技术，从简单的技术操作转变为能够自动运行的复合技术体系，最终形成现代化技术体系。

意识是人所独有的。人的有意识的劳动和动物本能的劳动有很大的不同。它们之间的不同之处体现在人的劳动有一定目的性。这种目的性体现在人类利用一定的物质手段，利用一定的物质工具去实现自己的目的。一切劳动都是从制造工具开始的，劳动创造人类社会和技术创造人类社会这两种说法在本质上是相同的。换句话来说，人类的生存离不开技术。日常生活中的各种实用产品、各种技术装置以及急救用品等都依赖于技术的发展。技术的本质和人类的本质是相互依存的，人类因技术得以生存，技术因人类而出现。

（三）科技

20 世纪 50 年代初期，“科技”产生了。“科技”是中国学术界对“科学”和“技术”的统称。这反映了现代科学与现代技术之间的密切联系。“科技”产生后，我国学术界常常把科学、技术、科技三个词混淆使用。它们之间相互关联又有所区别。科学可以用科技替代，技术也可以用科技这个中介转换为科学性的技术。但是科技有时在具体的语境中指具体实用的技术。科技有时被认为是自然的理性知识，有时又认为实用的技术和自然的理性知识就是实际意义上的科学。因此，明白科学和技术之间的区别，有益于我们探求科学和技术之间的深层次关系，有益于界定科技这一术语的含义、范围和内容。

从历史的发展进程来看，科学和技术的发展轨迹都是相互独立的，界限十分分明。从科学的产生角度来看，古代科学不仅存在于技术之中，而且还和巫术与宗教有相同的起源。随着人们认识能力的不断提升，古代科学知识也在不断地发展和完善。科学是人们对生产实践经验的总结，是人们生产生活中不可或缺的知识。现代科学在帮助人们理解自然界的奇怪迹象的同时发现客观规律，并对自然界的客观现象进行科学描述和合理解释，建立起关于客观世界的现代科学知识体系。科学和技术在本质上有很大的不同，它们的平行发展，决定了我们必须区别对待科学与技术。

科学与技术的融合发展趋势，表明科学与技术的关系越来越紧密，这要求我们不能单独看待科学或技术，而是应从科学与技术融合的角度来看待它们对社会和文化的作用。现代科学与技术自第二次工业革命以来不断交互发展。马克思指出，由于资本主义生产的扩张，科学在人们日常生活中得到了广泛的应用、体现。例如 X 射线发现后被应用于医学影像领域、固态物理学理论和晶体生长理论的提出促使晶体管研制成功，标志着科学引导技术的发展，甚至引发了新技术的出现。科学研究已逐渐成为技术发展的理论导向，技术的应用问题的解决不仅依赖于科学理论的发展，还依赖于科学研究的进一步发展。科学进步与技术进步互为前提，从科学的技术化和技术的科学化双向展开，二者根据实际需要而衔接成科学技术的连续体，促进了科学技术一体化的形成。现代科学技术是一个辩证统一的整体，科学技术化和技术科学化已成为现代科学技术发展的基本趋势，我们一直无法清楚地区分这两者之间的研究界限，甚至说，现代科学的发展和现代技术的发展，都不能相互脱离而单独进行，二者相辅相成，互为前提，只有在共同发展的前提下才能取得最大的成功。

综上所述，近代以前的科学与技术有它们各自的发展方向与文化底蕴，把它们都统称为“科技”是非常不合理的。科学和技术是现代科技产生的基础，它们互为前提、共同发展，它们之间的界限也变得越来越模糊，没有以前那么分明了。把现代科学技术当作“科学”或者是“技术”都是片面的观点，所以把现代科学技术统称为科学技术，简称为“科技”是相对比较合理的。

科学是对自然科学的研究，是人类在探索客观世界的过程中进行的社会化的认知活动，它具备纯学科研究的性质；技术是为了满足人类社会需求而产生的，现代技术系统集技能、技艺、制作、操作、工具、机器、技术知识等技术行动和技术成果于一体；现代科学技术就是以科学研究为基础，以技术为辅助的科学技术一体化的统称。

本书提到的“科学技术”就是以上所有的内容，出现和科学技术相关的词汇时，都用“科技”统称，例如，科技进步、科技融合创新和文化与科技的深度融合发展等。

三、融合

现代汉语词典中“融合”的定义是“几种不同的事物合成一体”。从物理学力的作用力规律角度来看，多种事物的合成可以分为主动合成与被动合成两种类型。结合实际情况，文化和科技融合发展中的“融合”就是指文化主动地和现代科学技术结合进行共同发展，换句话来说就是运用现代科技推动文化事业的发展，加快构建现代文化服务体系。

四、文化与科技融合

（一）内涵简析

文化与科技融合的内涵，经过不同社会的不断发展人们形成了不同的理解。在不同的学科领域对于文化有不同的界定。1952 年，美国著名人类学者克罗伯和克拉克洪合著的《文化，关于概念和定义的探讨》一书中收集了 164 种文化的定义，由此可知，文化与科技融合的内涵在不断随时代的发展而发生变化，不同的时代赋予了文化与科技交融不同的内涵。马克思和恩格斯的科技文化观中就着重强调了文化和科技的相互作用，积极先进的文化能够极大地推动科技的进步和发展，消极滞后的文化会严重阻碍科技的进步和发展，重点论述了文化作为上层建筑对经济基础的能动作用，文化与科技融合是必然的发展趋势。

文化与科技融合的过程就是文化和科技双方相互作用、共同发展的过程，文化发展的基本内涵会随着科技水平的不断提升和文化外延的不断扩大而产生变化。当前文化和科技的融合发展指先进的科学技术应用到文化之中，形成新的文化内容，极大地增强了文化内容的丰富性，这也是文化发展的创新过程。同时各种类型的文化资源推动科技的进步与发展，从而形成科技发展的特殊推动力。换句话说，文化与科技融合是时代发展的必然趋势，是经济产业的有机融入，在此基础上，产生新的价值观。

价值链的重新塑造。“文化与科技融合”狭义上是指“文化的科技化”，广义上是指将文化创意与科技创新作为两种要素资源结合起来，成为一种双向融合的跨界概念。文化与科技产业的融合，形成了新型产业形态的动态过程。其真正的内涵是通过科技革新和技术的探索为文化产业的生产、传承、消费以及产业整体形式和结构带来新的变化，赋予新的生命。融合的关键在于价值链的重新塑造，在产业、市场、企业和多个生产要素之间都普遍发生着融合，重点表现在三个方面。

①各个要素充分融合。文化资源和科技资源中的各个要素进行充分融合，从而产生新的不同于过去的产品形式，也就是说制造富含科技水准的文化产品和开发具有一定文化层次的科技产品。

②生产方式不断融合。文化与科技的生产方式的不断融合，通过不断创新实现这两种生产方式的有机结合，从而产生新的价值。

③市场需求充分融合。文化市场和科技市场的充分融合让它们之间的产业界限逐渐消失。与此同时，市场需求的充分融合促进了文化和科技融合的创新型发

展。文化是科技发展的前提，积极先进的文化理念能够促进科学技术的创新进步，优秀的文化理念是科技进步发展的思想源泉，科学技术是文化重要的外在表现形式，是推动文化产业生产方式变革和产业结构转型的有力杠杆和不竭动力。科技与文化的深度融合对创新发展有着强大的助益，能够推动整个文化产业的变革和更新；同时给科技产业注入了深刻的文化内涵，从而帮助研发出更多包含时尚含义的科技产品。科技与文化的融合发展让现有的产业业态出现了新形式，更深层地刺激了人类的实际消费需求，进而带动了相关产业的飞速发展。所以说，文化和科技的融合既是目的也是手段，能帮助构建企业的文化和科技融合的现代化生产系统。

（二）代表性观点

文化与科技融合是国家为转变文化发展方式、推动中华优秀传统文化创造性转化与创新性发展、实施文化数字化战略所做出的重大部署。从一般程度上来说，文化和科技的融合指的是文化和科技的相互渗透、相互影响、相互支撑。现如今文化和科技的融合具有与以往不同的时代背景与时代特征，要具体问题具体分析。文化和科技的融合是信息时代和服务经济时代的融合，它们的融合发展必定会带有这些时代的独特的印记与特征。

虽然学界对文化和科技融合的研究有了较为丰硕的成果，但是对于文化和科技融合发展的内涵这一问题的确切答案莫衷一是，还没有形成统一的认知。现当代在对于文化和科技融合的本体论研究中，产生了两种比较具有代表性的观点：①文化和科技被看作互相结合的两个要素，它们的地位同等重要，相互结合后能够产生“1+1>2”的效果；②文化产业被看作融合发展的主线，科技被看作一种技术手段，能够对文化产业进行重构，加快促进文化产业的升级迭代和不断创新，以下是对此论述的具体分析。

1. 双核型结构

双核型结构理论的观点认为文化和科技是两个相对独立的不同要素，它们之间的融合是文化因素影响科技形态，科技手段塑造文化产业，经过不断地结合和发展，最终形成了文化科技化和科技文化化的充分融合和有机统一。北京科学学研究中心研究员姜念云认为文化和科技融合应根据文化与科技不同应用领域的需求和特点，遵循文化与科技创新的一般规律来促进相关先进技术、前沿技术的有效应用与发展，促进相关基础性问题的发现和研究，使先进文化理念和民族优秀文化传统获得更为有效的传播、传承载体和形式。北京市社会科学院管理研究所副所长、副研究员毕娟认为，文化和科技融合的本质就是文化和科技的相互作用，文化发展引导科技进步，科技手段改变文化产业，二者不断进行互动和结合，最终实现一体化。在文化和科技融合的进程中，科技对文化产生影响，文化引导科技发展，二者的融合过程不仅仅是科技与文化的不同行业的形态和结构的融合，还是文化和科技二者紧密发展的趋势的融合。

2. 主线型结构

主线型结构的观点认为科技是重要的技术手段，能够塑造文化产业的不同层面，从而创造文化产业发展的新形态，重新构造文化产业的产业结构，所以说，文化和科技融合能够大力促进技术的发展进步，从而推动文化产业模式的发展和变迁。中央财经大学文化与传媒学院副教授彭英柯认为："文化科技融合的实质是产业的融合，是指文化产业依托高科技产业的技术手段或产出结果，以拓宽传统文化产业的表现形式和传播手段，提升文化产业的服务水平，催生新的文化产品甚至新的文化业态等一系列现象。"①

第二节　文化科技融合的背景

一、时代背景

近些年，数字化时代的到来使科技发展水平越来越高，我国文化事业的发展前景也越来越好，大大提升了社会经济的贡献率，文化与科技的充分融合慢慢走进了人们的生活，对人们日常生活产生了深远的影响。与此同时，国家也在大力倡导文化的创新和发展，积极推进传统产业发展模式向新兴发展模式的转变，让民众更加直观和方便地接受文化资源带给生活的好处。现代化的新型互联网技术、数字技术等都为文化事业的发展提供了坚实的技术支持。由此可见，时代的快速发展，让文化与科技融合已然成为历史发展不可阻挡的洪流和必然趋势。文化与科技融合是当前文化产业发展的新形势，是顺应时代发展的创新举措，具有明显的时代性，是经济发展与文化发展相互碰撞而产生的特殊形式，为我国文化产业的发展带来了新契机。

① 彭英柯，宋洋洋．文化科技融合理论研究：基于产业融合机制角度的分析[J]．经营与管理，2013（8）：75–78．

社会发展水平的高低是通过文化与科技融合的程度反映出来的。文化的繁荣发展，离不开科技的助力。科技的飞速发展，离不开文化的支撑。二者紧密联系，相辅相成。把现代科学技术引进文化产业中，就好比文化有了可以翱翔的翅膀，可以自由地展翅飞翔。科技技术的出现，使文化产业这个新生命更加丰满和茁壮；文化与科技的交融，使科技被赋予了新的内涵，便携设备的影像传输等极大地增强了科技产品的时尚感。不容置疑的是，科技和文化的不断发展进步极大地改变了我们的生活方式。

二、政策背景

现如今，国家越来越重视文化的发展，国家大力推进建设文化大繁荣的局面，弘扬中华传统文化。因此，文化事业的繁荣昌盛离不开现代科学技术的支持与推动，2011 年，党的十七届六中全会通过《关于深化文化体制改革推动社会主义文化大发展大繁荣若干重大问题的决定》，会议强调文化和科技的发展创新，并且提出“科技创新是文化发展的主要引擎”，应当大力推动科技与文化的充分融合、共同发展进步的同时充分发挥科学技术的引导作用，着力提升国家的创新能力和发展水平。

2012 年，党的第十八次全国代表大会对这一战略进行了深入的论述和深刻的探讨，会议要求文化与科技进一步融合，大力推进新型文化业态的建设，注重提高文化产业的专业程度。文化与科技的充分融合是提高文化核心竞争能力的有效措施。同期，国家六大部委联合出台了《国家文化科技创新工程纲要》，针对文化与科技的融合进行了全方位的探讨和全面的设计。

2015 年，党的第十八届五中全会提出“创新、协调、绿色、开放、共享”五大新发展理念，明确指出科技创新是国家整体发展的首要目标，在推动社会、经济、文化发展等各个方面要大力发挥科技的支撑、引领作用。这一系列的措施的出台充分说明了文化和科技的融合创新已经成为国家层面的战略和决策，正在我们实际的生产实践中逐步落实，在今后 10 年的发展中，科技与文化的充分融合将成为中国文化产业前进的主导方向。

2019 年科技部、中央宣传部、中央网信办、财政部、文化和旅游部、广播电视总局六部门联合印发《关于促进文化和科技深度融合的指导意见》，重点任务中明确写到要做好文化产业传播等各环节的共性研发，虚拟制造等新文化产品的关键技术研究；进行文化商品的多渠道发布、多网络分发、多终端展示等文化宣传技术研究。

2022年10月党的二十大报告指出，促进文化和科技融合，发展新型文化业态。文化科技融合及产业要素区际流动对城市文化产业结构升级影响重大，对优化城市文化产业生产要素和科技创新要素的区域配置作用明显，对促进城市文化发展意义深远。因此，推动与发展具有现代城市属性的城市文化建设不仅是一个全新的命题，也是推动强国建设的必由之路。

科技的迅速发展，不断冲破传统发展模式的束缚，使全球发展格局持续进行新的变革。文化与科技融合创新发展不仅能够增强国家文化软实力、大大提高科技创新能力，而且在促进经济社会转型升级方面也具有重要的作用。

第三节　文化与科技的互动关系

一、关于文化与科技互动关系的研究

1936年，法兰克福学派的学者本雅明深入分析了西方国家科技进步对文化事业发展的影响，认为西方发达国家能够形成完善的文化工业体系主要原因是能够产生先进的文化理念。本雅明的这种观点在当时引起了学术界的共鸣，并且在很长一段时间内，他的理论成为人们对科学技术发展的潜意识基础看法。

1947年，法兰克福学派的代表人物阿多诺和马克斯·霍克海默合著《启蒙辩证法》。这本著作中深入剖析了科技和文化的关系，在此时最早提出了“文化工业”的定义，认为文化工业的内涵是先进的信息科学技术可以让文化产品和先进的文化理念得到更广泛更有效的传播，从而形成完善的文化工业体系。在文化的演进过程中，科学技术的发展不仅改变了社会存在的各个方面，还对个人的发展产生了深远的影响；科技和文化相辅相成，不可分割，科技的发展是文化产业强有力的支撑，为其应对文化生活中的各种挑战提供了坚实的技术支持。

二、关于文化与科技互动关系的探讨

（一）科学技术的文化属性

文化是母体，孕育出了科学技术。也就是说，文化是科学技术的基础，科学技术是在文化的基础上产生和发展起来的，是文化的重要组成部分。科学技术具有物质和精神双重属性，科学技术的不断发展进步反过来促进和推动了文化的发

展进步。科学技术的物质属性体现在科技是第一生产力，是国家综合国力提升的关键因素，科学技术的发展水平决定着社会物质生产的发展水平。科学技术的精神属性体现在科技是上层建筑。当它作为观念上层建筑时，会对人们的世界观和思维方式产生深远的影响。当它作为政治上层建筑的时候，会对文化发展的产业结构转型等方面产生重要的影响。

1. 科学的文化属性

科学是维持和发展社会生产力的重要因素，科学也是促使人们形成特定思想观念和生活理念的重要力量。这两个特征决定了科学既作为一种生产要素能够对人类社会起到实际的作用，又作为一种知识能够变革人类的认知方式。

科学活动作为一种独立的精神劳动，会渗透在人们的认知方式、思维方式和生活方式的改变上，能够进一步提高人们的认识能力和智力水平，从而推动精神文明的发展。科学不仅是推动物质、经济发展的巨大力量，对精神世界、文化社会也产生了重要的促进作用。科学最重要的是给人们提供认知世界的方式方法。因此，在科学作用于社会从而推动社会发展的过程中，我们不能仅仅重视科学的物质功能和经济功能，还要重视科学的精神功能和文化功能。

2. 技术的文化属性

技术由人创造，技术又塑造了人及其社会。人类的任何生存、生活方式都离不开技术。随着人类社会的发展，人类不再单纯地因生存而需要技术，而是为了满足整个人类社会的全面发展而推动技术的进步。技术更多时候是文化的、社会的一种外在表现。随着人类文明的进步，技术也因此而逐渐形成一个全面向人类社会渗透的具有社会属性的技术系统。

技术是自然属性和社会属性的并存体。一方面，技术活动以遵循自然规律和技术规律为第一基础。技术以及技术的产物遵循自然规律和技术规律而独立于人的意识而存在，这是技术的第一客观实在性，即自然属性。另一方面，技术以符合人类需求为第二基础。伟大的思想家马克思指出，“自然界没有制造任何机器，没有制造出机车、铁路、电报”。技术体现了人类对自然界的改造、控制和利用程度，无论是技术活动、技能技巧还是技术物都凝结了人的本质力量。任何技术活动都是人根据自身特定目的或社会需要进行的，技术在满足人类需求的同时塑造了人类社会，并推动了社会的全面发展。因此，技术具有第二客观实在性，即社会属性。

技术是提高生产力和促进社会发展的重要力量，主要体现在以下两个方面。第一，技术的进步促进了人类物质社会的发展。纵观人类发展史，技术的每一次进步都促进了生产力的发展，促进了生产模式的转变。特别是现代技术的出现，其创造了前所未有的强大生产力，对物质经济的发展产生了广泛而深远的影响。第二，技术的进步促进了人类精神文化的发展。科技不仅提高了人们的实践能力、认识能力和思维能力，而且丰富了人类的精神世界。技术的变革不仅引起了人类文化活动方式的巨大变化，而且丰富了文化的表现形式，人们的精神世界在得到丰富的同时，还推进了人类精神文明发展的进程。与科学一样，技术不仅具有物质功能，还具有精神功能与文化功能。

3. 科技是文化的基础

科学作为社会生产力的知识形态，它把技术作为载体，把自身的知识形态转化成了直接的现实生产力，推动社会生产力的发展和物质生产方式的深刻变革，成为推动社会文明演变的强大动力。从一定程度上来说，科学技术的发展史就是人类文明的发展史，对时代产生了巨大影响的科学技术成了社会文明演变的重要标志。

人类社会历史的发展进程可以划分为原始文明时期、农耕文明时期和工业文明时期。

①在原始文明时期，人类的生存发展完全依赖大自然，在当时，原始人最主要的生产活动就是狩猎采集。随着社会的发展，原始人发明了石器、弓箭和火种。这些最初的发明问世后，人类的饮食习惯也慢慢地发生了改变，从茹毛饮血到烹饪熟食，从最初的自我防卫到攻击野兽吃肉，这是原始文明的重大进步。而神话传说和鬼怪巫术是处于原始文明时期的人类对自然现象的一种最初的思维认知，科学的萌芽就在此时慢慢地冲破了土壤，逐步地发展了起来。

②在农耕文明时期，铁器的发明和使用是人类社会的一大进步。铁器的出现使人们不再那么被动地依赖和害怕自然界，而是逐步地掌握主动权，学会向自然界扩展，慢慢地形成人化自然。

③在工业文明时期，随着时代的发展，人类学会了运用科学技术去控制和利用自然资源，并取得了重大的成就。工业文明的进步和科学技术的发展，深刻地影响了人类形成的科学精神、文化传统、思维认知、行为规范和价值取向等方面，深刻地影响了近代社会经济、文化和政治的发展进程。由此可知，科学技术是推动人类社会发展取得巨大进步的革命性力量。

工业革命总共进行了四次：纺织机和蒸汽机的革命；电力和内燃机的革命；原子能和空间技术革命；信息革命。四次工业革命引起了四次产业革命，科学技术不断创新，文化观念不断进步，推动了人类社会的发展进步。

第一次产业革命是人类社会发展史的分水岭。在这个阶段，大工业成功取代农业，并成了社会经济发展的坚实基础，实现了从传统农业社会向现代工业社会的伟大飞跃，深刻变革了当时社会的生产关系与社会关系。

第二次产业革命推动了自然科学的迅猛发展。自然科学的迅猛发展直接导致发明和创造了一系列工业技术。例如，以电磁学为基础，发明出了发电机与电动机。电能作为最方便的能源被迅速普及开来，在社会上广泛运用，与此同时，电气时代代替了蒸汽时代，电气作为主角登上了历史舞台；同一时期还兴起了电磁学和热力学。电磁学的迅猛发展，极大地推动了电话、电报与无线电的问世；热力学的发展催生出了内燃机。在此基础上经过不断地发展创新，产生了汽车工程技术和航空工程技术，极大地推动了人类社会的进步，社会生产效率也得到了大幅提升。

第三次产业革命形成了微电子学、分子遗传学和计算机信息科学等以高科技为代表的学科，这些学科的兴起标志着第三次产业革命的开始。高层次全方位的现代科学技术形成了许多电子工程。例如生命遗传工程、微电子工程、海洋开发工程、计算机信息工程、航天工程和激光光导纤维工程等，这些电子工程的聚集逐步形成了高科技产业群。形成高科技产业群的同时，一些高科技技术形成的产业不断发展成了国民经济的主导性产业。第三次产业革命浪潮铺天盖地，迅速席卷了全世界。第三次产业革命的到来深刻地改变了社会的产业结构和经济结构，深刻改变了社会结构和生产效率，深刻改变了人们的工作方式、交往方式和生活方式。以技术创新为核心的产业化发展，形成了一系列知识性工程，并由此延伸出了各种知识性产业，人类工业文明逐步迈向“知识经济”的新时代。

第四次产业革命是信息化革命。互联网的兴起和全球化发展应用是第四次产业革命兴起的重要标志。信息时代的到来，使人类不仅能够在世界的任何地方准确地交换信息还能实时交流。与此同时还可以利用机器搜集、加工、处理和存储信息，机器的广泛应用逐渐取代了人的部分脑力劳动和体力劳动，深度扩展了人的思维，慢慢潜移默化地改变了人们的价值观念和社会意识。综上所述，四次产业革命在深入发展和不断创新的过程中，所发展起来的现代科学技术对人类社会产生了广泛而深刻的影响。

21 世纪以来，高新科技的进一步发展，使知识成为推动社会发展的重要角色，并建立了一个高知识、高文化的社会。现代科学技术对文化领域的深度渗透，引发了文化生产领域的结构性创新，不仅创造了现代文化产业，而且创造了一种全新的文化生产方式，实现了文化的爆炸式发展。在人类历史发展中的任何阶段，科学技术与经济、社会、文化的关系都没有像今天这样联系如此紧密，不可分割。科技发展水平决定了一个国家经济、社会和文化的发展水平，更是衡量国家综合国力的主要标志之一。物质文明的高度发展必然会引起精神文明的高度发展，而在高物质文明时代，文化的繁荣发展也将成为社会发展的必然趋势。可以看出，如何更好地实现现代科学技术与文化的融合发展和如何推动现代科学技术朝着有利于社会的方向发展，应成为我们重点关注的问题。

综上所述，科学技术具有自主性，是一个相对独立的系统，同时，科学技术具有文化属性并对文化具有基础性作用。

（二）科技视角下的文化

科学技术是文化的重要组成部分，科学技术的文化属性，决定了文化发展中包含着科学技术。

1. 文化中蕴含着科学技术资源

在科学技术视域下，文化主体不仅要充分肯定自身文化的文化价值和生命力，还要着重地肯定自身文化中所蕴含的科学技术的文化价值和生命力，深度发掘潜藏在自身文化中的科学技术资源，并予以传承和创新。前文关于科学技术文化属性的论述，指出科学技术是文化的一个组成部分，那么，对自身文化价值、生命力的充分肯定也必然包括自身文化中的科学技术资源。例如，中国古代科学被中国科学院外籍院士李约瑟认为是内在而未诞生的最充分意义上的科学，其富有永恒魅力，对当今社会的发展有着不可估量的重要作用，我们不仅要充分肯定，还要大力挖掘与弘扬古代科学中有益于当代社会发展的优秀资源。

先进文化能够为人们提供正确的世界观。科学研究的根本宗旨是探寻和掌握自然和社会的客观规律，服务于人类社会的发展。这就内在地要求其排除唯心主义世界观的误导和干扰，客观辩证地认识自然和社会。而先进文化的一个根本特征就是以马克思主义哲学为基石，正确处理理论和实践、物质和意识的关系。因此，先进文化能够引导人们正确地认识和改造世界。

革命文化孕育了极具时代特征的工匠精神，推动了我国科技事业的发展。尽管工匠精神自古有之，但在社会主义革命、建设和改革时期，工匠精神是在人们利用科学技术进行生产生活过程中吸收革命精神而逐渐呈现出的一种优秀革命品质。

工匠精神作为我国科技事业进步与发展的核心精神力量，丰富了革命精神的科学内涵，也充实了革命文化的内容。它作为革命精神谱系中的重要一支，发挥了积极的作用。社会主义先进文化吸收了现代科学技术，这种科学技术不仅是社会主义物质文明建设的重要物质基础，也是社会主义精神文明建设的重要基石。在这个过程中，科学技术所起的作用是基础性的，对社会主义先进文化建设起到了积极的推动作用。

此外，社会主义先进文化对于我国科技事业的推动作用也清晰可见。因此，我们应该充分认识到科学技术在文化自信中的重要性，并深入挖掘自身文化中蕴含的科技资源，实现其在当代的有效转化，以发挥其在当代的价值。

2.科技是文化发展的有力支撑

科技是文化发展的支柱。科技水准决定着国家的综合国力，同时对文化发展具有根本性的影响。

①科技对文化发展的影响力，可以从两个角度来阐述。一方面，科技能够直接增强国家的综合实力，由此使得科技所带来的文化理念与价值观更具吸引力和诱惑力。另一方面，科技也能够间接提升文化的软实力。科学方法、科学精神、科技手段等，都可以极大地丰富文化的内涵和表现形式。科技硬实力和科技软实力对于文化价值和文化软实力的提升，都是不可忽视的重要因素。

②科学技术深深渗透到文化中，对文化发展产生了深远的影响。将科学技术作为一种手段，可以有效地增强我们客观分析外来文化并借鉴其优点的能力。而且，科学技术拥有强大的包容性和推陈出新的能力，不断为文化注入新的思想、新的方法和新的价值观，推动文化的创新和发展。

科技可以有效地保护和传承文化资源，同时也能推动文化产业的发展和壮大。例如，中华文化拥有丰富的文化资源，我们可以利用科技手段深入挖掘这些资源，将其作为我国文化产业的创意之源，并利用科技的力量，提升自主创新能力，进一步增强我国的文化竞争力和整体水平。

综上，通过对科学技术视角下文化发展的探讨，我们认为科学技术是文化发展的重要组成部分。科学技术本身就是文化发展的重要组成部分。中华优秀传统文化蕴含着丰富的古代科学技术，革命文化孕育出极具时代特征的工匠精神，社会主义先进文化的先进性和科学性就在于它吸收了先进的科学技术文化。将科学技术作为文化发展的有力支撑，对推动社会主义文化繁荣发展，把我国建设成为文化强国有着决定性作用。

（三）文化与科技的同构性

科学技术与文化之间的内在联系决定了科学技术与文化发展具有内在关联

性。科学技术是在文化的“母体”中孕育、产生和发展起来的，是文化的一个组成部分。

科学技术与文化，在主体、结构、起源与性质等方面是一体的，即同源同体、同质同构，是一个有机的整体。科学技术与文化的共同主体是人，它们同起源于人，也同为人类服务。二者在本质上是相同的。文化的发展伴随着科学技术的发展，科学技术的进步也伴随着文化的进步，也正因为科学技术与文化同生共进的关系，文化离开科学技术，就会失去生存和发展的基础和动力，科学技术脱离文化，也会失去发展的方向和目的。只有相互融合、相互促进，科学技术与文化才能可持续发展。

1. 文化是科技发展的理论支撑

文化对科技进步的作用不容忽视。以中国古代为例，科技体系的发展深深扎根于儒家文化，儒释道三大文化的影响中又以儒家为主。从汉代经学的繁荣再到宋元时期的文化和科技发展高峰，文化和科技的关系密切而不可分割。同样地，欧洲文艺复兴运动通过古希腊文化的复兴和发展，在知识、科技和人文等多个领域启动了一场新的革新运动，最终引领欧洲进入现代文明社会。

可以发现，科技创新与发展需要深厚的文化底蕴作为基石。文化不仅为科学技术提供了持续的精神动力以及智力的支撑，还为其营造了优良的环境和氛围。科学技术的进步得到了文化的启发，为其注入了人文精神，这不仅拓宽了科学技术的发展空间，也使其能够更好地造福人类。特别是在现代科学技术的演进中，融入诗意和人文关怀，人类不仅不会遭到科技异化的“挟持”，科学技术还可以为人类创造更加美好的物质生活与精神生活。

2. 科技是文化发展的重要内容

科学技术是人类智力发展的最高成果，是文化的重要内容，也是文化的重要形式和载体。德国哲学家卡西尔认为，“科学是人的智力发展的最后一步，并且可以被看成人类文化最高、最独特的成就”。作为一种革命性力量，科学技术消解落后、愚昧的价值观念，帮助人们形成先进的、文明的价值观，从而拓展人类认知的深度和广度，推动着人类思维方式的进步。

此外，科学技术还为文化创新提供了更为高效的方法、工具和手段。科学通过其自我更新和自我完善的实践精神，破解了封建迷信的束缚，推动着文化的进步，持续为人类的精神活动和精神生产注入新的元素。

除此之外，科学技术的发展不仅能引发文化的变革，还具有示范作用，这种作用从物质文化层次、制度文化层次一直延伸到精神文化层次，不断促进文化的转变与发展。

尤其在当代，文化的发展更加离不开科学技术。文化只有创新，才能适应社会的发展，而文化创新正是通过利用科技成果来丰富其文化内涵、载体和传播方式的，这恰恰说明了文化中无不渗透着科学技术。社会的进步和文化的发展始终同科学技术的进步紧密联系在一起，当文化发展作为基因“替代物”取代生物进化而成为人类历史变迁的标志时，科学就是文化之所以能够“进化”的主要“基因”。

文化与科学技术如影随形。随着科学技术的深度发展，文化与科技越来越走向趋同，文化与科技的融合成为必然的趋势。中南大学生命科学学院教授刘平仲和李后卿就指出，“文化与科技作为人化自然取得的最具影响力的成果、人类文明的共有结晶，二者相伴始终，贯穿于人类社会发展的各个阶段、领域，成为影响社会发展演变重要而关键的力量”。

（四）科技进步推动文化发展

科技与文化，在相同的地方互通，在不同的方面能够互补，二者可以充分实现创新发展。但在过去，许多人认为科学技术的发展和文化事业的进步是相互分离而单独存在的，甚至二者被认为是相互制约的关系。文化和科学的矛盾对抗很有可能会导致人们丧失社会整体文化观，不利于人类意识形态的发展，很大程度上会影响整个社会的发展进步。在社会化的国民教育中，科学精神和人文精神同等重要，二者缺一不可，不能顾此失彼。科学精神和人文精神从始至终贯穿于历史的科学探究和人文追索中。科学精神是人类在探索自然界中形成的理性思维，追求实事求是，敢于怀疑权威，追求真理，遵循公正和合理的社会规则。科学技术的发展对文化的创新和进步能够起到关键性的作用。科学技术的进步和技术水平的不断提升极大地丰富了文化的内容和形式，加速了文化的传播，还为其提供了新的平台和发展途径，为文化的创新发展提供了深厚的方法论基础和坚实的技术支持。

1. 科技进步帮助文化创新

文化内容是文化的核心部分，决定了文化的发展方向，是文化永葆青春的不竭动力。科学技术的不断进步，能够变革人的思维方式，进而从根本上推动文化内容的创新。无论是哪个时代，在文化的发展中内容永远是第一位的，产业的发展依托于内容的优质性，文化内容是产业发展的前提。数字技术的发展促使更多内容融入文学作品当中。

中华文化上下五千年，博大精深。对于传统文化来说，历来所有的文学作品中，精品比比皆是。在过去的社会节目中，传统文化的影子少之又少，但是随着这些年来科技水平的不断提高，科技介入文化的内容和传播中后，传统文化仿佛被注入了活力，被引入各个节目中。

（1）帮助提供方法论启示

科学知识和方法为人们理解和选择优秀的文化元素提供了深刻的启示，这是因为它们塑造了人们的思维方式。

在科学揭示的客观事实和规律面前，人们往往不会轻易地接受某种信仰。文化中的封建迷信内容会因为这些科学事实和规律而失去其存在的基础。当人们学会了如何理性地评估和批判文化时，就会自发地剔除那些与现实不符的部分，而保留那些正确的文化元素。

另外，随着科学知识和方法的不断进步，人们从更深层次上开始关注自身的生存和生命的意义，思考自己的起源和归宿，并且不再将自身及其文化背景割裂开来，也不再全盘否定或接受传统文化。当人们清楚需要什么样的文化来推动社会发展时，他们就会自觉地吸收和应用文化中符合社会发展的优秀资源来推动文化内容和形式的发展，而那些不合时宜的文化元素则会被转化或消除。因此，科学识别和理性判断的能力是推动文化发展的关键，也是实现文化创新的动力。

（2）帮助塑造辩证思维方式

通过科学知识和科学方法的指引，人们得以建立更加理性和客观的文化态度，对不同文化进行合理的扬弃，而非盲目全盘接受或全盘否定。这种方式促进了文化的创新和发展，同时也避免了自负、自傲或自卑的文化心态的出现。

在科学技术不断发展的背景下，人们的交往形式和活动范围正在不断拓宽，不同民族和地区之间的联系也变得越来越紧密。这使得人们意识到自身文化中既有积极的元素，也存在不足之处。而不足之处则可以通过吸收和借鉴外来文化的优秀成分进行弥补。科学知识和科学方法使人们具备了更强的分辨事物本质的能力，从而能够自觉地避免生搬硬套的问题。因此，人们可以在吸收外来文化的过程中，挖掘出有利于自身文化创新的内容。

（3）帮助提升精神境界

科学技术对人类的文化背景和精神世界产生了深远的影响。随着科学知识和科学方法的不断丰富与提升，我们逐渐从各种社会和自然关系的限制中解脱出来，从而实现自身的全面发展和价值提升。这种进步促进了新的世界观和价值观的转变，进而使我们形成了新的思想和思维方式。

科学知识和方法能够拓宽人们的视野，提升人们的文化素养。随着科技的不断发展，一个更加宽广的精神领域也因此被开启。人们将自发地采用新的世界观和价值观、新的思维和方式来解读自身文化中深奥而卓越的哲学思想和人文精神。在赋予自身文化新的时代特征的同时，人的精神层次也得以提升。

科学地鉴别与应用优秀文化精粹，能够创新地开发现代文化资源，促进文化的繁荣与持续发展；借鉴和吸收外来文化元素，有助于丰富自身文化内涵并拥有自信心态；人们文化修养与精神境界的提高，也进一步丰富了当代文化的发展。因此，科技进步与发展正是通过这些途径，对人的思维方式产生积极影响的。

2. 科技进步帮助载体创新

文化载体是承载文化内容并使文化独立存在的一种物化形态，如文学、音乐、绘画、雕塑、戏剧、电影等都是通过特定的载体展现文化内容的一种文化表现形式。文化载体是以科学技术及其产物为手段和工具的，从本质上说，文化载体就是科技进步的产物。因此，文化载体的创新依赖于科技的进步。

①在现代科技的影响下，文化得以以全新的方式呈现。举例来说，2008 年北京奥运会开幕式上，通过高科技手段，一幅幅历史画卷展示了华夏五千年来的发展历程，这盛大壮观的场面不仅令世界瞩目，更让人感受到科技与文化的完美结合。这一场文化视觉盛宴充分展示了文化创意理念和多种新技术的融合，传递了深厚的中华文化价值，进一步振奋了民族精神。

②科技创新为中华优秀传统文化的传承和发展提供了新的平台。科技与文化的完美结合，重新唤醒了传统文化的生机，使其影响力得以延续。通过深度解读和挖掘传统文化的当代价值，人们能够更加全面地了解和欣赏传统文化，从而激发对传统文化的敬畏和仰慕之情。

3. 科技进步加速文化传播

文化传播是具有目的性、媒介性的一种途径化活动，它借助特定媒介或渠道进行，决定了文化内容的传递速度、范围与效果，也决定了文化的有效影响力和辐射力。文化传播方式的创新，其实质在于文化传播媒介或途径的创新，这一创新在很大程度上依赖于科技的进步。

一般来说，文化传播是以文化载体为基础的，也就是说，文化内容借助一定的物质形态的载体来实现传递和交流。传统的文化传播主要有语言传播、文字传播、印刷传播三种方式。

语言传播属于口头式传播，无法保证文化内容的准确性，更不易持久保存。

文字的出现极大地扩展了文化传播的范围，既实现了异时、异地传播，又具有传播的准确性。

然而，因无法形成规模，其传播依然很弱。印刷术的发明，使人类拥有了批量、快速复制信息的能力，文化内容也得以广泛传播。随着印刷技术的进步，报纸、书籍等传播媒介迅速普及，文化传播的范围、速度和效果得到极大改善。

除上述传统的文化传播外，还有一种载体式文化传播，即器物文化传播。有学者就指出，器物具有巨大的文化传播功能，其作用体现在两个方面。

①随着器物在经济贸易中的流通，它所荷载的文化内容也将传播至世界各地。

②器物的易保存性，决定了器物极其丰富的文化内涵能够流传于后世，实现文化传统的延续。

现代科技创新促进了文化传播的革命性变化。电的发明及其应用催生了广播、电视等新兴电子媒介，它们在文化领域的应用，既丰富了文化的载体形式，也拓宽了文化的传播途径。

以互联网、移动通信为主的新媒体传播技术的产生，使文化传播进入了一个前所未有的新时代，其传播速度快、传播信息量大、传播范围广等技术优势极大地提高了文化传播力，让更多普通民众享受到更广泛、更丰富的文化成果。

数字化技术在新媒体环境中的创新应用，让文化传播进入了全新的时代，多媒体和视频形式的文化传播变得更加普遍和便捷，实现了随时随地的传播。同时，虚拟现实技术、体感技术与新媒体技术的结合，也为文化传播提供了更精准的方式，使人们能够更加深入地参与到文化传播中，提升了文化的感染力。另外，数字化技术、新媒体技术和传统文化传播的结合，实现了文化内容、文化载体和文化传播的全方位融合。

科技进步为文化传播带来了前所未有的推动力，使文化在国家核心竞争力中的地位愈发重要。传统上，文化传播主要侧重于对文化本身的繁荣与进步产生直接影响。文化载体的多样性决定了呈现的文化内容的深度和广度，从而在更广泛的范围内增强人们对文化的自信心，进一步激发人们的文化创造力。然而，现代科技的进步推动了新型文化传播媒介的兴起，文化传播力得到了空前的发展，从根本上改变了传统的文化传播方式。

在信息技术领域，图像、文字、声音和形象等元素都可以进行数字化处理。尽管文化的实物形态无法转化为数字形式，需要通过特定场所（如博物馆）进行收藏和展示，但我们可以用数字化方式呈现文化的实物形态的文化含义、历史背景等信息。此外，数字化技术还可以用于记录质地、用途等细节。这种数字化方式能够更好地满足人们对于文化的需求，促进文化的传播和发展。

总之，科技进步为文化传播带来了巨大的变革。新型文化传播媒介的兴起使得文化传播力得到了空前的发展，从而增强了人们对文化的自信心和创造力。数字化技术的应用为文化传播提供了新的途径和方式，进一步促进了文化的繁荣与发展。

不过，科技的进步推动了文化的传播能力达到了前所未有的高度，这使得具有优势地位的强势文化在全世界的范围内争夺文化影响力和辐射力，导致其他文化的传播能力被削弱，甚至使弱势文化失去了传播的话语权。在近代以来科技落后的背景下，中国就失去了整个文化体系的传播话语权。

虽然如今中国已成为世界上发展最快的国家，举足轻重，但其文化传播力在国际上仍处于弱势。特别是西方敌对势力一直在“唱衰”中国。因此，如果我们不积极进行文化传播媒介技术的创新，不利用现代传播媒介技术大力推广中华文化、讲好中国故事，这将会直接影响到我国意识形态领域的安全。

文化传播力在实质上是一种思想引导力量，它的目标在于增强文化的影响力和吸引力，从而掌握文化传播的主导权和话语权。这一目标的达成，绝对离不开传播媒介的创新及其应用。在此基础上，得以推动文化内容、文化载体与传播方式的全面创新。这种创新能够促进中华文化的繁荣发展，进而影响和改变新时代的民族文化心理，为其注入新的活力，坚定我们的文化自信，推动社会主义文化的繁荣发展。

文化传播力可以被理解为一种思想引导力，它的目标在于获取文化的感染力和渗透力，以实现对文化的广泛传播的主导权和发声权。为此，我们需要依赖科技创新在传播媒介上的应用，进而推动文化内容、文化载体与文化传播整合的创新。

可见，文化内容创新、文化载体创新与文化传播创新能够推动中华文化在新时代的繁荣与发展，潜移默化地改变新时代中华民族的文化心理结构，成为坚定文化自信所具备的时代条件，也有助于我们坚定文化自信，推动社会主义文化大繁荣大发展。

4. 科技进步滋养社会文明

（1）文化推动科技创新

众所周知，文化在一个民族的发展中扮演着重要角色，塑造着一个民族的精气神，引导着社会文明不断向前发展。广义的文化包括人类创造的一切物质文明与精神文明。科技也是人类智慧不断创造的成果。人类物质财富和精神财富这两方面是相辅相成、携手共进的，科技的创新需要立足于文化，只有在社会文明程度不断提升的环境下，科技才能够有肥沃的土壤和养分。文化对科技的作用在于，文化作为一种思想观念和意识形态，用一种精神力量和创新氛围，批判陈旧的科学技术和与之相对应的组织行为方式和观念，引入新技术及与之相对应的人际关系、行为方式和观念，积极地影响着技术，提升科技产品的内在价值，展现文化艺术的魅力。我们的生活随处都会受到文化的影响，因为人类社会处处都有文化的影子。文化能够激发科技创新的活力。文化的发展一方面为科技的进步提供了必要的理论环境，另一方面也和科技的走向抉择及运作路径有关，进而推动社会的进步。

（2）科技推动文化发展

科学技术是社会智力发展的一个重要组成部分，其丰富了文化的内涵，也将文化表现得更加淋漓尽致。从人类发展历史来看，科技的历次跃进都带来了与文化相关的重大改革和创新。例如，北宋时期人们发明了活字印刷术，这一技术变革使得文化领域出现了图书产业；20 世纪后期，电子技术的出现带来了视听产品，使视听产品加入文化之中成为其中的一员；20 世纪末，网络与数字化技术蓬勃发展，把科技发展推向了新的高潮。近些年，直播、电视剧、网络实时弹幕等新的发展形式又不断冲击着消费市场，成为消费的热点。

当前，科学技术已经渗透到文化相关产品的各个阶段，包括其制作、传播在内的不同层面。科技对文化的作用主要体现在以下两点。

①科技能够丰富文化的表现形式和传播手段，使得文化的创造力、传播力、感染力得到前所未有的增强，并加速了其升级换代，对文化相关行业的发展起到了巨大的推动作用。如电子书和电影等融合了文化与科技两种元素的新媒介，改变了人们传统的消费习惯，同时影响着人们的思维方式和生活方式；智能手机，毫无疑问是现在使用最方便、适用范围最广的文化传播载体。人们利用智能手机，无论何时何地都可以实现信息的上传，包含文字、图片和视频等各种形式，大大缩短了传播信息所需要的时间。

②科技为文化发展提供了现实的载体，发明了纸，文化才能以文字的形式记录保存下来；使用了互联网，文化才得以打破时空局限，更快速更广泛更有效地传播；而新闻出版、广播电视、大屏幕电影、传统文化保护等文化服务行业水平的提升，以及新的文化服务形式和业态的形成，都需要科技的引领和支撑。总结

来说，高新科技是人类文化发展演进不可或缺的力量，科技推动文化产品的个性化、多元化、差异化发展，同时加大城市精神文化的传播力度。科技进步是文化建设中的一个强大推动力，对文化建设起着重要的支持、促进作用。

第四节　文化科技融合发展

一、文化科技融合发展的定义

文化与科技的融合发展是指为了加快建设现代文化产业发展体系，运用科技推动文化事业发展进步的主要方式和总体过程。文化发展和科学技术的融合从本质上来说就是用科技发展水平的提升和科学技术手段的精进化发展去推动文化的发展。

相比之下，传统的文化发展方式，对文化创新能力的提升、文化产品种类的丰富、文化产品质量的提升、文化基础性设备设施的配备改善、文化供给效率的提升、文化传播速度的加快和促进基本文化标准化和均等化发展等各个方面，都没有科技与文化融合发展带来的作用显著，因此，我们必须积极推进科技和文化的融合，为我国的现代化建设贡献一份力量。

二、文化科技融合发展的内容

文化与科技融合发展是文化服务的基本内容建构、供给和传播等积极与科学技术相融合，利用现代科技加快推进现代文化体系建设的文化发展方式。具体来说，文化与科技融合发展的内容主要包括文化服务内容建构与科技融合发展、文化服务供给与科技融合发展以及文化服务传播与科技融合发展等方面。

（一）文化服务内容与科技融合发展

文化服务内容建构主要包括三个基本内容：文化产品的提供、文化设施的完善以及文化活动的开展。文化服务内容建构与科技融合是文化与科技融合发展的重要任务，它主要体现为文化服务内容建构的理念、目标及保障措施等必须紧紧依靠科学技术，保持文化服务内容建构的前沿性和先进性。

首先，文化服务内容建构的理念要主动与现代科学技术所呈现出的数字化、信息化和智能化等状态紧密结合，建设符合信息社会发展趋势的文化服务体系，让全社会享受更先进、更方便和更实用的文化产品、文化设施和文化活动以及其他相关服务。

例如，图书馆的建设应合理运用数字化、可视化、互动化和实时化技术等，积极开展“菜单式”和“订单式”服务，努力实现二十四小时全天候服务。

其次，文化服务内容建构的目标要积极考虑现代科技元素的运用，促使文化内容建构目标体现现代科技的精神和特征，实现文化产品、文化设施和文化活动以及其他文化服务的升级迭代。

最后，文化服务内容建构的保障措施必须有效地依托和利用现代科学技术，有效地监管文化服务内容的建设，确保现代文化服务内容能够真正满足人们的精神和文化需求。

（二）文化服务供给与科技融合发展

文化服务供给是指文化服务生产者向社会公众提供文化服务的过程。文化服务供给与科技融合发展主要体现在文化服务供给主体具有积极吸收科学技术的意识和观念、供给手段具有科技含量、供给途径充分利用科学技术等。

①文化服务的供给主体。文化服务供给的主体是政府、社会组织、人民团体、公益企业和个人等。在提供文化服务的过程中，无论是政府机关、社会组织、人民团体、公益企业，还是公民个人，都要具有文化服务必须与现代科技融合发展的意识和理念。

②文化服务的供给手段。文化服务的供给手段要充分运用现代计算机网络科学技术，文化服务供给主体要有效运用现代网络通信技术、数字化管理技术和大数据应用技术等，实现文化服务的开放式供给、智能化供给、实时性供给、互动化供给和菜单式供给，克服城乡文化服务供给的区域差距，扩大文化服务供给的时空范围，提高文化服务绩效的供给水平。

③文化服务的供给途径。优化文化服务的供给途径，应充分运用现代科学技术。传统的文化服务供给途径通常是单一且单向的，它直接导致文化服务的供给无法反映社会公众的意愿，供给效果难以满足社会公众的有效需求。

因此，文化服务的供给途径应融入现代科技元素，形成数字化、网络化、互动化和可视化的文化供给途径，为社会公众提供文化服务供给的互动平台，从而提供满足社会公众需求的文化服务供给。

（三）文化服务传播与科技融合发展

文化服务传播主要是指通过文化服务传播平台、媒介等，把文化服务精神、内涵与意境传递给公众的过程。因此，文化服务传播与科技融合，就是运用现代科学技术努力改进和完善文化服务传播的平台、媒介和手段等，使文化服务向公众的传播更加迅速、便捷和高效。

此外，文化服务传播与科技融合还体现在三个方面：文化服务传播平台与科技融合、文化服务传播媒介与科技融合和文化服务传播监测与科技融合。

首先，要运用现代科学技术，在设计、运行、维护等方面促进文化服务传播平台的建设和发展。例如，在文化站建设过程中，应运用现代网络技术，构建资源浏览下载一体机、互动体验播出终端等良好的通信传播平台，加快文化服务的传播速度，提高文化站在文化服务传播方面的效率。

其次，应利用现代科学技术，促进文化服务传播媒介的升级迭代。要紧跟现代科学技术前沿，建设好新媒体、自媒体等全新的文化服务传播媒介，不断优化文化服务信息的传播过程，扩大文化服务传播的范围，从而更生动更具体地传播文化服务的内涵及其本质。

此外，使用最新的现代新兴科学技术，对文化服务传播的过程进行监测，确保文化服务传播始终在正确的轨道内进行。

三、文化科技融合发展的意义

文化是人类宝贵的财富和历史发展的结晶，具有特殊的价值。文化与科技的充分融合发展为社会带来了新的契机，对我国社会主义事业的发展具有重要的意义。

（一）时代意义

2017 年 10 月 18 日，中共第十九届全国人民代表大会召开时，习近平总书记提出了“新时代、新思想、新目标、新征程”的新发展理念，深刻表明在当前社会，我国发展要严格遵循时代发展的基本趋势和历史潮流。在新时代迅速发展的特殊背景之下，响应十九大报告的号召，推进社会生态环境治理、加快科技发展进程的重要措施和方法就是使文化与科技充分融合发展。

当今社会，科学技术的发展十分迅速，技术以及文化观念都更新得非常快。传统的文化利用方式已经难以适应当今多元化的生活方式和快节奏的生活，人们的实际需求很难被满足。创新发展这个话题是 21 世纪以来各国最为关注与重视的，创新发展、与时俱进是一个民族进步的基础，是一个国家维持治安、提升综合国力的必要途径，其重要性不容忽视。

文化与科技融合不仅仅是对文化的利用，还是科技应用在社会生活中的创新发展，是一种大胆的尝试，具有重要的先驱意义和划时代意义。总的来说，文化与科技融合是新时代背景下必然的发展趋势，是加速跟上时代发展的车轮和实现创新发展目标的必经之路。

科技与文化的融合是当下新时代发展的必然趋势。科技作为第一生产力，其进步和发展对社会各个层面都产生了广泛而深远的影响，特别是随着数字技术的普及和应用，中国传统文化的影响力大大提升。而随着新时代的到来，科技与文化的融合使传统文化焕发出了新的生机与活力，有助于满足人们对美好生活的向往和追求，为人们提供了精神支撑。

文化产业的稳定发展对于社会经济的繁荣发展具有重要推动作用，因此，需要不断增强文化产业竞争力，以此促进文化产业的持续稳定健康发展。传统文化产业需要不断引进科学技术，让科技与文化实现深度融合，进而增强文化产品的感染力和创作力，使文化产品能够被更多人认可和推介，并促进文化产业竞争力进一步增强。

（二）创新意义

在数字化时代的发展潮流中，文化与科技的融合是大势所趋。文化与科技互为前提、相辅相成，你中有我，我中有你，只有共同发展，才能谋求社会最大的经济效益。文化是重要的社会信息资源，它为科学技术的创新发展提供了不竭的动力以及理论支撑。同样，文化自身可以大大提升科技的理论内涵并且加快科技发展的进程。与此同时，科技也可以加快文化的传播速度和意识形态内容的更新，更快地适应时代的发展。文化作为意识形态可以为科学技术的发展提供动力之源，不让科技创新枯竭。科学技术是文化发展的动力和支撑，科技手段使文化发展的形态得到了改变，使文化产业的价值链得到了延伸。

现代科学技术的运用让文化传播的形式变得更加丰富多彩，意识形态的内容也因为科学技术的迅速发展得到了极大丰富，人民的多元化需求得到了极大满足。因此，科技与文化的融合催生出了文化与科技共同发展的新方向。

综上所述，文化在随着时代不断发展的同时也在极大地推动着科技的进步，科学技术在迅速发展的同时也带动着文化的创新发展。新兴科学技术是文化发展的坚实支撑，在现代科学技术手段的大力支持下，文化得到了极大的发展，相比于传统的发展模式受到的束缚少之又少，文化在这个新契机中得到了充分的发展。

要想推动文化事业迅猛发展，就要借助科学技术的不断完善和充分发展。二者需要共同发展，随着科学技术的不断发展，文化事业也会不断向前发展，不会出现科技疯狂发展而文化停滞不前的现象。文化不是随着科技的发展实时动态更新的，有时会超前，有时会滞后。物质手段能推动意识形态的更新，意识形态为物质手段提供了世界观指引和方法论指导。

由此可见，科技和文化是相互促进的，它们之间有驱动发展和相互促进的作用，紧紧联系，共同发展。它们的驱动发展推动彼此充分融合的同时，也为彼此带来了新的发展契机和未来的理想蓝图，帮助形成创新型科技文化产业、创新型科技文化局势、创新型文化发展媒介等以科技手段为基础、以文化资源为形式的发展新形态。

科技与文化的融合有利于信息技术、数字技术、虚拟现实技术等高新技术的不断突破，带来经济社会的深刻变革。科技与文化的融合给科技发展带来了重大的机遇和挑战，要深刻意识到创新型国家建设的关键是大幅提升自主创新能力。

在其中，自主创新能力可以分成原始创新能力、集成创新能力和引进消化吸收再创新的能力。科技与文化的融合在本质上就是集成化创新，通过对文化资源、科技资源、经济资源等多方优势资源的充分整合与总体优化，实现科技与文化资源的优势互补、有机整合的动态创新。

文化和科技融合能够有效发挥科技创新和文化创新的双重功效，从而增强文化软实力、提升我国的综合国力和国际竞争力，进而改变我国大而不强的尴尬局面和提升国家在国际上的地位，真正变成“文化强国、科技强国”。

（三）社会意义

深度推进文化与科技的融合，以文化创新驱动作用加快建设隐性社会倒逼机制，推动社会进步，催生出新兴文化发展形态，同时，人民群众的社会文化生活和社会生活参与方式得到了极大的丰富和拓展，线上线下同时参与，不再像传统方式一样受限，赋予了极大的灵活性。在文化与科技融合的背景下，现代新兴科学技术推动着传统文化基础设施设备的更新迭代，形式的多样性拓展了人们的社会文化生活空间，传播速度的提升，让文化观念变得越来越先进与科学。

在参与方式方面，现在线上线下的参与方式的多样化发展，赋予了人们极大的灵活性。人们不仅可以去实体店，还可以采用线上的参与方式。

在传播手段方面，出现了一些像数字化出版、动漫、游戏、电影等新载体。新型载体的出现极大地拓展了人们文化生活的空间，打破了传统传播方式对于时空极强的局限性，科技手段的进步让文化传播的速度越来越快，不那么受时空的局限和束缚，让文化服务充满社会生活的各个方面，促进了社会精神文明的高层次发展和全方位提升。文化与科技的充分融合让文化以一种全新的形象出现在公众面前，让科学技术以一种文化形式展现在公众眼前，使文化生活得到了极大丰富，也使得先进文化可以在社会公众之间得到有效的传播，这无论是对公众还是对文化发展本身来说都是百利而无一害的。

科技与文化的融合能够极大地促进产业转型升级。面对现在人口红利大幅降低、要素规模驱动力大幅减弱的新局面，要更多地依靠人力资本和技术进步推动经济增长。文化与科技的深度融合和创新发展能够帮助我国经济转型，从要素驱动型和投资驱动型成功转向创新驱动型发展模式，深刻贯彻并落实创新驱动发展战略。

面对传统文化产业发展停滞不前、科技产业持续落败，竞争角逐中屡屡占下风、产业转型升级身处困境的局面，必须靠文化与科技的融合创新去打破。文化和科技产业在传统孤立发展模式下的固有界限必须靠文化与科技的深度融合去破除，从而实现文化创新和科技创新的深度融合。对于传统文化产业来说，科学技术的发展为传统的文化产业注入了活水，极大地激发了传统文化产业的积极性。

科技创新帮助传统文化产业实现自我变革，传统文化在跳出原有发展空间与传统发展模式的束缚的同时，还极大地拓展了发展空间。文化与科技融合的趋势不可阻挡，在融合的过程中，处于上、中、下游产业链的企业之间的界限会越来越模糊，为了摆脱技术难关和生产成本的共同困境，实现共同的目标，企业会主动寻找盟友和解决办法，这会造成在一定区域内形成相同产业集聚的局面。

科技与文化的融合能够推动企业的深度改革和创新发展。在知识经济时代，文化与科技的深度融合和创新发展是各个企业在激烈的市场竞争中得以生存的关键。企业面对变化多端的市场需求和层出不穷的竞争对手，面临的风险越来越大，仅仅依靠技术创新很难在市场竞争中占据优势，而充分满足市场需求，打造自己的核心竞争力已经成为各个企业发展的瓶颈。

突破瓶颈的一个有效的途径就是文化与科技的深度融合和创新发展。提高企业的创新能力，打破固有的思维局限，积极转变创新发展观念，打造独特的创新型企业品牌文化，营造良好的创新创造氛围，重视用户需求，从而树立其独特的品牌。

文化科技融合创新不仅能够降低企业的生产成本，使企业在激烈的市场竞争中占据有利地位；更能丰富企业的文化内涵，满足多元化、个性化和时代化的市场需求；同时还是提高企业核心竞争力、帮助企业占领市场份额的重要方式。

（四）战略意义

从国家层面来说，文化软实力具有很强的创造性和强大的凝聚力。国家文明程度的高低是由国家对整个世界的真实认知和情感的结合程度的高低决定的，也就是说，文化软实力是一个国家最深层的道德规范和最先进的意识形态。

现如今，在国与国的竞争之中，综合国力提升的关键因素就是文化软实力的发展。不同的国家、不同的民族都有着不同的文化。只有拥有先进的文明，才能在激烈的国际竞争中取得主动权，占据有利地位。

科技和文化的融合发展不仅能够丰富经济发展的文化底蕴，而且有助于文化推动经济发展。在文化和科技的融合中，创新的重要作用越来越被世界各个国家所重视，许多国家紧紧依靠文化与科技的融合创新来增强本国的综合国力和国际竞争力，谋求在国际竞争中的主导地位。

当代信息社会的飞速发展，使全球的发展格局相比于以前发生了深刻的改变，与此同时，全球都面临着新型的挑战。面对严峻的形势，各国都需要对文化发展结构和内容进行深刻的变革与适度的调整。物质生活极大丰富的同时，人们越来越关注精神文明的发展。

意识形态具有主观能动性，积极的发展观念会推动国家经济的发展和国家综合实力的提升，能推动国家稳定运行和长远发展。而消极的发展观念不仅会严重阻碍国家的各方面发展，还会严重影响国家的长治久安，对国家安全造成严重的威胁。因此，可以说文化具有主动调节作用。文化在传承过程中能不断增强国家软实力，提升国家的文化软实力已经上升到了国家战略层面，不能置若罔闻，不加以重视。文化和科技的深度融合作为信息时代发展的新课题，成了当今社会各个国家谋求发展的新型导向和必要手段。

从 20 世纪 30 年代到现在，在文化发展的历史潮流中，新技术的出现是这段历史重要的分水岭，例如，印刷技术、摄影技术、广播技术、数字技术等。文化产业的重大变革均是由技术革命所引起的。

文化部和科技部于 2011 年针对文化和科技的融合和创新召开了第一次会议，2012 年科技部、文化部（现为文化和旅游部）、中宣部、新闻出版总署、广电总局这五个部门联合举办了国家文化和科技创新工程部联席会议，会议结束后组委会编制了《国家文化科技创新工程纲要》，联合发布了首批 16 家国家级文化和科技融合示范基地的名单。与此同时将文化与科技的融合发展作为国家层面的战略，并为此进行了充分的研究与探讨。

本次会议重点强调了科技与文化融合发展的主要目标就是深入推进文化领域共性技术的研究，大力促进传统文化产业的调整优化和转型升级，举办了国家文化和科技创新工程部联席会议，组织编制了《国家文化科技创新工程纲要》，加快培育和发展新兴文化产业，着力提升文化事业对社会的贡献能力和服务能力。

在 2014 年科技部和中宣部为了促进文化与科技的深层融合和创新发展，让现代科技成为文化发展的重要支撑，颁布了《国家文化科技创新工程西部行动方案》。在"十三五"期间，在国家重点研发计划中科技部启动实施了"现代服务业共性关键技术研发及应用示范"重点专项计划，该项计划重点强调要把文化科技创新领域作为专项的重点进行大力扶持。

在 2018 年中国科学院专家张树武提出文化经济 4.0 的理念，也就是指文化、科技以及经济三个部分的充分融合和共同发展。文化和科技的基本属性是创新性，创新发展的坚实基础就是融合。在文化层面上，科技的创新性发展已经渗透到和文化相关的设计、生产、消费、传播等关键环节，文化产业的价值链与供需链正在悄然发生着变化，而现代科学技术水平的提高则是文化产业升级和转型的坚实支撑和必经之路。

全新的文化发展格局的形成就是科学技术对文化领域和经济领域全面渗透的结果。中国成为文化强国要历经三个重要阶段。

第一阶段从 1980 年到 2020 年。这个阶段国家文化软实力建设体系得以基本形成，这个时期重点解决了在社会总体发展进程中，文化发展不平衡和不充分的问题。

第二阶段从 2020 年到 2035 年。在这一阶段，我国的目标是把我国建设成世界文化大国，形成以创新驱动为核心的文化生产体系，生产出大量的文化产品，提供更优质的文化服务，为超过发达国家而不断奋斗。同期，我国的经济实力和科技实力的大幅提升促进了文化事业的迅速发展，跻身创新型国家的前列。

第三阶段从 2035 年到 21 世纪中叶。这个阶段的主要目标是把我国建设成全球文化强国，努力进入全球文化产品价值链、要素供应链和消费服务链的中高端层级。

综上所述，可以预见在未来 15 年之中，要重点研究和探索现代服务业和特色文化产业的现代化数字技术，要着力推进建设以数字化为核心的技术支撑与工业化体系，这是文化与科技融合发展的核心发展需求，也是文化与科技融合发展的宗旨所在。

在文化产业的各有机组成部分中，特色文化产业是最具民族和区域特色的部分。它具有自发性、传承性和区域性的特点。《国家文化科技创新工程纲要》中重点强调要以地方特色文化产业需求为发展导向，加强文化事业的数字化和信息化建设，还要做好关键技术的研发和评估，打造出一个集文化创意设计、文化内容生产、文化运营和体验于一身的特色文化产业平台。

因此，文化与科技的融合发展对于我国整体发展进步意义非凡，能够很好地促进我国经济的发展、大幅提升民族文化竞争力，在坚定国民文化自信感的同时能加快提升我国文化软实力。文化产业兴起的必经之路就是文化信息资源的充分利用。我国要实现从“制造大国”向“创造大国”转型的宏伟目标，就必须使文化产业和现代科技深度交融。文化产业在现代科技的指引下以一种全新的形式出现，二者的深度交融能大大加快我国向创造大国成功转型的进程。经济发展决定文化发展，文化发展反映经济发展。形成新的文化产业链有利于经济水平的高度提升，帮助创造更高的经济效益和社会效益，努力为国家的建设发展提供技术支持与基本保障。

文化发展的大繁荣对社会经济政治的发展有着莫大的助益。不同种类的文化对社会各个方面的贡献也有所不同，例如，历史文化的发展，能够证明我国领土的合法占有，并为此提供证据，而科研文化的发展能够促进科技的发展，为科技发展提供理论指导和文化积淀，这些都深刻地体现了国家文化软实力的作用。

第二章　文化科技融合发展的理论基础

文化科技融合发展的实质，是文化与科技两大产业之间的融合。文化与科技的深度融合已成为世界和我国文化产业发展的基本趋势。深入研究文化科技融合发展的相关理论基础，对文化科技融合的深入发展具有一定的促进作用。本章则围绕耦合理论、产业融合理论、协同创新理论、制度变迁理论、竞争优势理论、城乡一体化理论等内容展开研究。

第一节　耦合理论

一、耦合理论的内涵

“耦合”这一概念的诞生要追溯至物理学领域，它是指在交互作用下，多个电路元件彼此相互依存，最终形成相辅相成、协同共生状态的现象。之后随着耦合理论的进一步发展，耦合理论被广泛运用至其他学科领域中，多用来表示在一定条件作用下系统之间相互作用，从一个无序的状态逐渐走向有序状态的过程（系统内部元素之间联动共生、协调发展）。其内涵可以简单概括为四点：整体性、关联性、多样性和协调性。其中，整体性主要指将产生耦合作用关系的子系统视为一个整体，从整体性、系统性的角度出发探究系统内部作用机制，使其能够按照一定的作用方式重新产生关系；关联性指构成耦合关系的各内部元素具有强烈的联系，而正是这些相互影响与联系使得系统耦合成为可能；多样性主要指系统内部在形成耦合作用关系的过程中，同时会形成多种多样的相互作用关系，这是由元素间的自然关联性所决定的；协调性指耦合系统随着动力学作用不断发生动态调整，相互协同配合程度逐渐加强，并以实现系统的协调发展为最终目标。

近年来，耦合理论逐渐由原来的定性研究变为定量测算，进而直观反映出子系统或各要素之间的相互作用关系，主要以构建耦合协调度模型的形式度量并分析耦合程度，耦合度与耦合协调度是最常用的耦合量化指标。耦合度用于描述各子系统间耦合作用的强弱，取值范围是[0，1]，且耦合度越高则系统间的耦合作用越强。当两子系统的综合评价值都较低时，其耦合度值也会较高，此时则无法分辨研究对象属于高水平的耦合还是低水平的耦合，即系统出现“伪协同效应”，导致无法准确地分析判断整个系统的协调程度。

二、耦合协调度

协调度是指在发展的过程中，主要用来衡量各个因素之间相互作用、相互协调统一的指标，主要针对协调情况优劣的评判，而且还能体现出系统发展态势。必须提出的是，“耦合度”与“协调度”存在一定的差别。耦合度主要体现不同因素之间的影响程度，只是针对系统作用强弱水平的衡量，而针对强弱程度的优劣和系统之间有着的协调作用都无法进行衡量。而耦合协调度则能够体现出其中良性耦合程度的演变态势，这是在不同因素之间相互作用和促进的前提下，针对良性耦合度做出评判的标准，能够体现出系统协调的优劣情况。它可以用来量化研究基于总体功能或者综合发展水平的耦合系统之间的协调发展情况，这种指标的使用可以较好地体现出系统协同运作的总体作用。

对于文化与科技融合发展而言，文化与科技本质上都是由物质、能量（精神）和信息（规则）这三个基本要素构成的循环平衡耦合体，二者只有循环和平衡两种状态，文化与科技在耦合系统内通过不断交换物质、能量（精神）和信息（规则），相互影响、相互联系和相互作用。在耦合理论基础下，文化和科技在各自发展过程中的一些共同点恰恰证实了二者之间的紧密联系，它们在相互作用时协同有序，实现整体推进，这就是二者协调互促的融合状态。因此，文化与科技可以通过互相关联、影响、作用，形成文化与科技融合的新形式，促进崭新的文化科技产业的出现和进步。

第二节 产业融合理论

一、产业融合概述

（一）产业融合的概念

1. 产业

人们对产业的内涵界定在不同时期有着不同的理解，这是随着整个社会的向前发展而逐渐变化的。研究产业融合必须对产业的内涵和类别划分有一个明确的认识，只有这样才能为产业融合发展逻辑脉络构建一个更为清晰的框架结构。在诸多研究之中都将产业融合等同于产业结构的调整与深化，或者将其视同产业链条的前后延伸，仔细分析可以发现其是有本质区别的。因此，在研究产业融合之前必须先理清一些概念。

（1）产业的理解

手工业最初并未从农业中分离出来，农业是主要的生产活动，此时的产业主要是指农业。随着工业革命的进行，此时的产业又一度用来特指工业活动。在日常生活中对于产业与行业人们经常区分不清，在经济学中产业的概念实际上是大于行业的概念的，产业不仅仅是国家划分经济大类的一个标准，如第一产业、第二产业、第三产业，又是对经营类似业务的企业群体的一个统称。而行业一般用在更具体的方面。从以上可以看出，产业的辐射面更为广泛，即一个产业中往往会覆盖多个行业。

（2）产业结构调整

某个产业结构或者国家总体产业结构的调整都是伴随着社会的进步而做出的，而这其中起关键作用的是社会的供给和需求。随着供给和需求的变动，某个产业内部会自发进行调整，而国家在市场自发调整不能有力解决供给与需求问题的时候，自然会制订相应政策进行规制、引导，即为了弥补市场调节的不足，国家要发挥其宏观调控的作用。具体到我国而言，在1978年改革开放之前由于注重重工业的发展，各类农业产品的供给量不能全面满足人们的需求。改革开放之后，农业、轻工业、重工业的结构逐步进行了调整。而后随着对外开放水平的逐步提高，人们不仅仅满足于基本的衣食住行，而是对产品有了更高程度的要求，各个产业的比例结构调整一直在持续。而随着我国供给侧改革的推行，提倡供给对需求的反作用力，按照供给创造需求的基本理论，产品线的升级改造、产品的换代升级等也属于产业内部结构的调整。不难看出，无论哪个产业的结构调整都必须依托理念的更新与技术的进步。

2. 产业融合

（1）产业融合的概念

产业融合指的是在生产环节中，不同部门或行业通过发生交互作用，将生产过程转变成组织内的不同分工，实际上产业融合是为了有效突破产业界限，并在此基础上形成新生产组织的交互过程。融合指的是以分工为基础开展的结合工作。在资本论当中，马克思对分工的价值进行了深度分析，指出随着分工的持续推进，将会形成更多具有独立性质的行业，同时也表明在达到某个阶段后，分工又将趋近于统一。这是由于在分工程度加深的过程中，工种的详细程度也将持续加深，进而又会重新融合部分已经被区分开来的产业，因此又将再次模糊已然成形的分工界限。在不同的行业或同一行业中，不同的部门中都可能会出现产业融合的现象，这是因为随着生产技术的持续发展，生产者可以参照自身的实际需求选择适合自己的岗位，在产业之间可以实现生产资料的共享目标，更加重要的是，在业态变更后将会出现全新的生产模式。

产业融合是为了实现经济效益的最大化。受到外部竞争加剧、经济规模化发展、国际市场环境健康发展以及跨国公司的影响，产业融合的迫切性愈发增强。产业融合终将会为全球带来自由全面的发展机会，构建更加丰富的产业形态以为社会提供更多优质的就业岗位，从而可以更好地满足人们发展所需的物质及精神保障，实现经济社会持续健康发展的目标。

（2）产业融合的特征

产业融合的特征主要包括下述两个层面：第一层面，产业融合的过程性。结合产业融合的概念分析可以看出，产业融合始终属于一种运动变化的状态，从刚开始部门合作到最终产业融合状态的形成需要一个漫长的过程。在此过程中，两个甚至多个产业会重新划定界限，从而出现新生业态，但是这种情形并没有彻底地消除原有产业。因为产业融合通常在各个产业的边界处进行，呈现出并非完全融合的状态，在学者们的研究中大多以“交叉融合”“部分融合”“渗透融合”“延伸融合”等进行描述。第二层面，产业融合并非几个产业的简单相加。从马克思主义哲学的视角分析，整体是由部分构成的，但整体不是各个部分的简单相加，产业融合的过程并不是一个简单横向叠加或者纵向延伸的过程，而是产业功能系统的重新解构组合过程。从另一个角度分析，产业融合不单纯是一个数量上的变化，而是其本质发生了突变，是一个由量变到质变的过程体现，产业融合之后萌生的产业具有与原有产业不同的产业属性，即可能是生产流程的改变、最终产出品的改变、生产技术的升级或生产结构的优化等。

（二）产业融合的提出与发展

20 世纪 70 年代，在发达国家伴随着计算机以及信息技术的发展，电信、传媒、信息等领域最先出现了交叉融合的现象，引发了越来越多的关注。作为一种新的经济现象，学术界进行了诸多讨论，从不同角度界定与认识产业之间的融合。

罗森伯格[①]在研究美国机械工具产业的演变时发现，相似的技术（如钻孔技术）应用于不同产业时，产生了独立的机械工具产业，并将这种利用通用的技术标准进行规模化生产的过程称为“技术融合”。在产业融合提出之初，研究大多局限于信息技术基础之上的产业之间的整合。苹果公司以及其他公司先后描述了即将到来的产业融合现象，认为随着计算机功能的日益强大以及通信技术由模拟向数字化转变，公司可以在新的领域增加产品种类与功能。1979 年，尼葛洛庞帝利用著名的三个重叠的圆圈描述了计算机业、出版印刷业、广播电视业的技术融合，认为在其交叉之处，产业边界将消失，新的业态将形成。尤弗亚[②]认为随着数字技术的发展，原来独立的产品将出现融合，并且融合在未来十年有加速发展的趋势。

穆勒[③]研究发现，数字技术发展与产品的融合，使获取信息的时间、空间及成本发生改变。信息化的快速发展使产业融合诱发因素在更广的经济范围发挥作用，促成了更多的产业融合现象。由此可见，最初对于产业融合的理解大多集中于信息产业领域，认为产业融合的发生基于技术进步所带来的产业之间的关联。

此后学术界对于产业融合的研究不断拓展，认为产业融合不仅仅发生在信息产业领域，在其他产业中也有可能发生。植草益[④]研究认为，由于限制放宽，各行业之间的壁垒在降低，同时技术进步又促进了各行业企业之间的竞争，由此促进了产业融合的发生。周振华认为，产业融合意味着传统产业边界模糊化、新型

① Rosenberg. Technological change in the machine tool industry: 1840—1910[J].The journal of economic history, 1963 (23) : 414—446.

② Yoffie. Competing in the age of digital convergence[M].New York: The President and Fellows of harvard press, 1997.

③ Mueller. Telecom policy and digital convergence[M].Hong Kong: City University of Hong Kong Press, 1997.

④ 植草益 . 信息通讯业的产业融合 [J]. 中国工业经济，2001 (2) : 24—27.

竞争协同关系的建立和更大的复合经济效应①。岭言、卢东斌认为，高新技术及其产业与传统产业相结合，促进了产业之间的融合发展②。产业之间相互作用激发出新的生机与活力，形成新的企业，最终使多个产业融为一体。马健将产业融合的涵义概括为，由于技术进步和管制放松，发生在产业边界和交叉处的技术融合改变了原有产业的产品特征和市场需求，导致企业之间的竞争合作关系发生改变，从而使产业界限模糊化甚至重新划分产业界限③。

随着研究的不断深入，产业融合的内涵也愈加丰富，不仅从信息产业扩展到了其他产业，而且对融合过程进行了进一步探讨，认为产业融合是从技术融合到产品融合再到市场融合的过程。

综上，产业融合是一个动态发展过程，是指不同产业或同一产业内的不同行业相互渗透、相互交叉，最终融为一体，逐步形成新产业属性或新型产业形态，进而推进产业变革与生产发展。

（三）产业融合的原因与过程

1．产业融合的原因

随着科学技术的发展，产业间的边界日益模糊，来自不同产业的无形要素不断发展后跨越原有产业边界并不断自由扩散，同时应用在不同产业，最终在产业边界间产生了新的产业形态，最终实现了产业融合发展。无形要素跨越产业边界与其他产业融合，改变或扩大了原有产业链，扩大了原有产业范围。产业不断融合的前提是产业边界的不确定性。其中无形要素的内涵需要根据不同的产业融合模式进行具体分析。如信息技术是旅游业与信息产业融合的无形要素。此外，也应该看到，仅仅具备能够跨越产业边界的无形要素，而缺少从一个产业应用到另一个产业的共用平台，也无法实现产业间的融合，因此共用平台的存在也是产业间发生融合的前提和基础。

2．产业融合的过程

产业融合的过程需要根据产业融合的不同原因进行具体分析。如产业 A 与产业 B 相互融合中，产业 A 中的无形要素跨越产业 A、B 产业间的产业边界产生的产业融合主要体现了产业 A 对产业 B 的主动改变过程，即产业 B 的被动改变。而产业 B 中的无形要素跨越 A、B 产业间的产业边界形成的产业融合主要体现了

① 周振华．信息化与产业融合 [M]．上海：上海人民出版社，2003．

② 岭言．“产业融合发展”：美国新经济的活力之源 [J]．工厂管理，2001，21（3）：25–26．

③ 马健．产业融合理论研究评述 [J]．经济学动态，2002（5）：78–81．

产业 B 对产业 A 的主动改变过程。产业 A 中的无形要素和产业 B 中的无形要素同时跨越产业间的边界形成的产业融合主要体现了产业 A、B 之间的相互改变过程。由于产业间主被动改变的性质难以确定，且改变程度难以量化，目前产业融合大多为 AB 产业相互改变的过程。

（四）产业融合的结果

产业融合一般会有产业中某一功能模块的创新、开发出新产品和产生新业态三种结果。产业融合是一个动态发展的过程，由于产业融合的原因和过程不同，其产生的融合结果也不同。以产业 A、B 间的融合为例，如果产业 A 作为主动融合的产业，产业 A 中的无形要素基于产业间共用平台延伸服务功能、跨越产业边界，形成了 A 产业领域中新的产品或服务；在此过程中，产业 B 的某一功能模块得到了创新，最终形成了新兴产业，这种融合成为产业 A 对产业 B 的主动融合，也可称为产业 B 的被动融合。相互改变的产业融合过程会产生以上两种融合结果。

产业融合的前提条件：一是产业的边界模糊，易与其他产业融合；二是无形要素可以在融合的产业间同时得到应用，并由于其具有无形性和自由流动的特点，可以迅速扩散、发展并在产业边界间产生新的业态，延伸产业链，从而实现产业融合；三是两个产业之间具有可供无形要素应用的共用平台。无形要素和共用平台需要根据产业融合的不同特性进行具体分析，如旅游产业在与其他产业进行融合的过程中，旅游服务是无形要素，通过旅游资源的共用平台发生跨越产业边界的情况从而出现新的旅游产品和服务，形成新业态；信息产业与其他产业融合过程中则是信息技术作为无形要素，通过计算机网络平台跨越产业边界产生产业间的相互改变。

产业融合的概念可以这样理解：可以应用于产业 A 与产业 B 的无形要素，通过共用平台，跨越 A、B 产业之间的不确定性的边界，延伸到其他产业进行融合发展。

二、产业融合的相关理论

1973 年，美国学者亚当斯首次提出产业融合理论，认为产业融合是不同产业互相渗透、交叉，最终融为一体的动态过程，亚当斯将产业融合细分为渗透、交叉、重组三类，产业融合对各产业发展产生的积极影响较为明显，科学的产业融合体系可以全面提升产业发展水平，实现产业链内资源的合理分配，合理分享资源，满足产业发展要求。

产业渗透是指各产业发展过程中各项业务活动边界存在合作或冲突情况，在产业边界会出现各产业资源相互渗透的情况，如金融业与高新技术产业的边界产物为科技金融。科技金融优化了金融业务的发展模式，使信息技术的可应用性提高，产业渗透使原有产业会根据渗透要求对产业发展模式进行调整与改进，金融机构利用大数据技术、客户关系管理（CRM）系统指导营销活动，提高金融业务影响力；信息技术产业根据科技金融要求提供物理或软件支持，拓宽自身的服务内容。

产业交叉是指产业间功能的互补与延伸，一般发生在产业链自然延伸的部分，如物流业及农业的产业融合就具有明显的产业交叉特点。传统物流业在为农业提供物流服务时，交叉产业为农业物流业，农业物流业对时效性、承载率、流动效率提出了较高要求，为满足部分生鲜农产品的运输需求，物流企业需要提高自身的冷链物流、海铁联运业务能力。在农业物流迅速进步发展的背景下，外向型农业经济发展获得了良好的物流基础，农业产品结构也应该随之调整，使农产品的贸易能力提高。产业交叉可以实现区域内各项资源的合理分配，使融合的产业发展获得新的机会。

产业重组是指产业融合使原有产业发展方式发生颠覆性变化，一般这种产业融合会对某种产业现有的市场结构产生显著影响。例如，电商平台的发展使电子商务与传统零售业的发展实现高度融合，融合过程中传统零售业的线下销售能力因线上交易信息更加对称、竞争对手不再局限于区域内而迅速下降，单位产品的收益能力降低，传统零售业务所面临的市场竞争更加激烈，倒逼传统零售业务调整经营发展模式，开设线上店铺完成销售活动，要对资源进行重组才能够更好地适应市场竞争要求。

亚当斯的产业融合理论明确了产业融合的方式及具体作用，强调产业融合在本质上是一种资源重组、互相匹配的过程，科学的产业融合可以实现资源的全面共享，在原有边界融合的背景下不断推进产业的深度融合，发挥产业融合的积极作用。

文化与科技产业的跨界融合因自身迸发出的巨大潜力，逐步成为我国文化产业转变发展方式的重要举措，也是实现产业创新和培育新的经济增长点的有效途径。产业融合理论对政府也提出了新的要求，即调整自身的观念和作用，给予政策支持等，营造文化与科技融合创新的良好氛围环境。

第三节 协同创新理论

一、协同创新的概念

协同创新是对传统创新的继承、改进和完善，是当下知识创新和科技创新的一种新范式。协同创新区别于传统创新的最重要一个概念就是“协同”。伊戈尔·安索夫在1957年提出协同的概念，他指出，协同是指企业基于各种创新资源要素的共享与流通，从而加强企业间的合作，实现一种相依并存的发展关系，其协同公式是2 + 2 = 5，表明整体价值大于各独立部分价值之和①。随着协同理论的广泛应用，其应用对象不再局限于企业，而是扩展到各行各业。陈劲教授提出协同创新是以企业、学研机构、政府部门等主体为实现知识的价值增值进行的创新活动，其实质是要素资源跨壁垒、跨行业的流动与整合②。郑刚等学者从全要素视角出发，认为协同创新是各个影响协调合作、影响创新效益的要素相互作用形成的创新行为③。总结各学者的观点，协同创新沿用了传统创新的一些创新方式，同时也改进了合作理念，提高了合作层次，延长了合作时间。各合作主体通过协调协作、补充配合，形成拉动效应，优化创新要素和资源配置，改善制度和系统环境，最终使总体效率得以提高，推动创新活动稳步前进。

协同创新的结果使各单位以及个体都受益，从而激励合作单位继续开展协同创新，形成良性循环和互动态势，向积极的方向发展。

根据目前对于协同创新的研究来看，可以将其概念分为两大类。一类是跨单位协同创新，即企业、知识生产机构、政府部门等，针对国家急需解决的战略性问题，开展大范围、大跨度的集成创新，旨在打破要素流动中的可控制壁垒，确保信息、资本、技术和人员等要素的充分流通，使资源得到优化配置和最大化使用。另一类是跨区域的协同创新，即基于各区域的功能分工，通过优势互补，弥补短板，优化公共服务、交通、产业、人口等布局。其本质是优化区域结构，使各区域协调共生，从而加快城市建设，提升位势能级，完善城市功能，加速产业孵化，优化创新生态。

---

① Igor Ansoff.Strategies for diversification[J].Harvard business review, 1957, 35 (5): 113–124.

② 陈劲，阳银娟．协同创新的理论基础与内涵[J]. 科学学研究，2012，30 (2)：161–164.

③ 郑刚．基于TIM视角的企业技术创新过程中各要素全面协同机制研究[D]. 杭州：浙江大学，2004.

二、协同创新的相关理论

（一）协同理论

1. 协同理论的内涵

协同学是一门复杂系统的科学，主要研究对象是处于非平衡状态的开放系统，强调复杂系统中各个子系统之间的相互协同关系，以及借助这种关系使系统形成新的有序结构。整个系统并非子系统的机械总和（即对彼此孤立系统的简单相加），而是需要注意到各个子系统及其相互关系对系统的整体贡献，更加强调协同系统是各个子系统及其协同关系的总合。其核心思想主要体现在“协同导致有序”。系统从无序到有序状态再到新的有序状态是一个不断变化的过程，由最初系统的混沌或无序状态在序参量的作用下进而形成一种有序的状态，在这个过程中，每个阶段系统结构都会发生重组。

2. 协同理论的内容

协同被许多学者看作一种“行为”，既包括了与他人合作的特性，也包括建立协同关系的必要条件，如信任、环境、动机等。多数学术文章形容协同是指“1 + 1 > 2”的作用效果，即系统所产生的作用效果大于该系统各个组成部分的叠加，因此，系统具有其子系统不具备的功能，这就是整体组合效应。换句话说，协同作用是两个部分或多个部分交互之后形成的合并影响。

协同理论作为一门新兴学科，是自 20 世纪 70 年代以来逐渐兴起的。其源于物理学家哈肯从自己的激光实验中总结出的协同理论雏形，他认为在一个复杂系统中，组成系统的各要素间存在复合的影响关系，要素之间既相互促进，也彼此制约，同时这种关系往往不是以简单线性关系存在的，并且会使系统最终在时间与空间上呈现有序的自组织状态。

协同理论综合了控制论、信息论和系统论，是一种系统理论，它以探究系统发展的一般规律为研究目标。协同理论的研究对象是复杂系统，这种复杂系统可以拆解为许多子要素，而这些要素往往与多个其他要素关联，改变其中的任一要素会引起多个要素的连锁反应。这是因为组成该复杂系统的子要素能够通过物质、能量或者信息等途径相互影响，并且这种影响最终会使该复杂系统形成新的结构或产生整体效应。

3. 协同理论的主要原理

（1）不稳定性原理

在一个开放的系统之中，其系统内部环境受到外部环境的干扰，从而促使系统发生一定的变化，持续不断地变化导致系统在不同时期具有不同的特征，形成了一种不稳定的状态。这种现象可以借助系统理论中的“涨落”这一概念进行解释，即系统之中的各个子系统在运行的过程中，在某个时刻与另一个子系统之间发生相互作用关系，同时在外部环境的干扰之下，系统的运作由开始的稳定状态逐渐向一个不稳定的状态转变，并进一步造成了系统较大程度的波动。某些大的涨落发生在系统之中，通过系统间的作用关系波及整个系统，并持续对系统产生影响，从而推动系统由无序状态进入有序状态，并再次通过涨落形成新的有序状态。

（2）序参量原理

系统的序参量往往与相变同时出现。一般相变作为系统突变的描述用于解释各个子系统聚集的变化。相变可以看作系统的一种临界状态，在系统临界以前，子系统彼此之间关联程度不强，各个子系统有着独自的运动方向，由于缺少其他约束条件，而无法形成一种自发的协同运动，在这个时候，系统处于一种无序的状态。当控制参量值达到阈值后，系统越过了临界点，相变发生，这时子系统之间的关联性较强，子系统脱离相变前孤立运动，开始变得有序，各个子系统之间的相互作用关系成为促使整个系统运转的主导条件，此时系统开始进行协同运动。所以，序参量是标志着相变出现的参量。序参量的产生标志着各个子系统之间开始相互合作，并且这些序参量对系统之后的运作起到支配作用。

（3）协同效应

协同效应是指复杂开放系统中大量子要素能够产生的整体效应。这种协同效应不以复杂系统自身所处的领域为转移，无论是自然科学或是社会科学的复杂系统都存在协同效应。这种整体效应其实是组成复杂系统的子要素的发展趋势或效果在复杂系统整体层面上叠加或抵消的产物，使得复杂系统向一个稳定的方向发展或对外界产生效果。

（4）伺服原理

伺服原理有多种叫法，如支配原理、序参量原理等，其中心思想就是组成复杂系统的子要素并不平等，其作用有大小之分，少数子要素的轻微改变会使得复杂系统产生重要变化，进而引起复杂系统的协同效应变化。而这种能对系统产生重大影响的子要素在协同理论中被称为序参量，意为能影响系统秩序的可变参量。

（5）役使原理

对系统运作产生影响的因素有很多，对于系统产生相变的临界而言，系统参量分为对系统影响较小、衰减较快的参量（快弛豫参量），和对系统影响较大的主导参量（慢弛豫参量），对于系统研究而言，多采取弱化系统中快弛豫参量的影响，强调慢弛豫参量的方式来进行系统主导参量的选取。役使原理则是在此基础之上确定序参量的层级关系，确定哪些序参量是系统中的控制参量，哪些是隶属于这些控制参量的子参量。役使原理表明了由序参量所支配的系统等级特征，加强了整体系统与子系统之间的联系。

（二）创新理论

1912 年，美籍奥地利经济学家熊彼特在其著作《经济发展理论》中首次提出并较为系统地描述了“创新理论”，对于经济发展做出了突出的贡献。熊彼特认为，创新就是要“建立一种新的生产函数”，即“生产要素的重新组合”，就是要把一种全新的关于生产要素和生产条件的“新组合”引入生产体系中。在创新理论中，熊彼特进一步指出这种新组合的五种情况：①开发新产品或者产品的一种新特性；②开发新的生产方法；③开辟新的市场或者未曾进入过的市场；④取得或控制新的供应来源；⑤实现一种新的组织，如造成一种垄断地位或打破一种垄断地位。也就是人们后来所说的产品创新、技术创新、市场创新、资源配置创新以及组织创新五种创新类别。

通过创新理论可以看出，从宏观角度而言，创新是经济增长的着力点，推动社会进步和发展，将过时的、效率低下的生产要素组合淘汰，不断创造生产要素新组合，进而持续推动经济和社会改革进步。从企业微观角度而言，创新的含义更加具体，同时可操作性更强，具体来说，企业创新就是不断开发升级产品，使产品呈现出新的形态或特征；升级改造生产方式，寻找高效低耗的生产方法；扩大市场，开辟新的有强大竞争力的市场；开拓新的供应来源，满足更多的、更全面的市场需求，同时降低成本和开支，使得企业在供应、生产和销售的整条供应链中具有强大的竞争优势。

（三）系统理论

系统理论主要包括狭义系统论和广义系统论。狭义系统论主要研究系统本身；而广义系统论主要是对一类相关的科学进行研究，如计算机系统与应用、应用数学、管理工程、控制理论等。

系统理论的核心思想是整体性，即使系统中个别组成要素性能突出也不能影响整个系统的性能。在研究系统理论时，人们将整个系统看作一个整体，其并不是每个部分机械相加而成的，系统整体产生的效用大于每个单独成员产生的效用之和。系统中的每一个组成要素都是有着特定作用的，每一个组成部分都有着密不可分的关联。

三、协同创新理论对文化科技融合发展的意义

以协同创新理论阐释文化科技融合创新，就是将其看作一个涵盖文化系统、科技系统等诸多子系统的复杂开放系统，通过各创新主体之间的互动合作，汇集文化科技融合创新的要素，实现各个子系统的资源共享和优势互补。将组织模式中的文化科技创新要素进一步优化组合，实现文化科技融合创新系统叠加的非线性相互作用，进而达成“1 + 1 > 2”的协同创新效果。

第四节　制度变迁理论

一、制度变迁的概念

国内外学者对于制度的定义有着不同的研究。制度学派的缔造者凡勃仑是最早对制度下定义，并提供大量学术贡献的伟大学者，他认为制度能够规范人们的行为，反映了社会公民的思维方式和行为习惯，认为制度能够打造人的独特性格，又能塑造人们的价值观。美国经济学家约翰 · 罗杰斯 · 康芒斯对制度的概念建立在他所理解的法律系统理念基础之上，将制度解释为“统一领导集体活动的一系列准则或规则”。美国经济学家西奥多 · 舒尔茨、道格拉斯 · 诺斯则是在旧制度经济学对制度下的定义的基础上丰富和发展了制度的相关定义，舒尔茨将制度定义为“一种与多方有关的，如经济、政治、社会、生活等的一系列活动准则”。诺斯指出所谓的制度，服务于个体行为，建立在多种行为规则、规范、秩序和伦理道德之上，具有约束和指导作用，最终目的是使其受益者获得最大化的福利和利益[①]。国内学者张勇将制度定义为“人们在交往和经济交易过程中形成的约定俗成的一般思维习惯和行为准则，制度包括法制法规、习俗、惯例与道德规范”[②]。

① 齐超．制度含义及其本质之我见[J]．税务与经济，2009（3）：9—13.

② 张勇．制度的定义和作用及其对发展的意义：兼论马克思的制度观与发展观[J]．经济学家，2015（4）：21—28.

张旭昆认为制度是关于人们（个人及组织）行为的规则，是关于人们的权力、义务和禁忌的规定①。

综上所述，结合国内外学者对于制度的定义，将制度概念归纳为在特定社会范围内，调节双方社会关系的一系列习惯、道德、法律（包括宪法和各种具体法规）、戒律、规章等的总和，它由社会环境认可的非正式约束、国家规定的正式约束和实施机制三个部分构成，这些部分相互补充、相互影响且相互制约，是一个统一的整体，共同组成我国现行社会高效的制度，逐步推进社会的稳定发展。

均衡状态和非均衡状态是制度的两种不同状态，是根据现实情况具有一定变化性的，即在均衡和非均衡两种状态间转变。前者是对当前制度的一种适应或满足，意味着大众不想或不能改变，因此每当有人要改变这个状态，更多支持这个制度的人就会反对，使变化难以发生，反之一样。在均衡状态下现存制度安排的任何改变都不能给经济组织中的任何个人或任何团体带来额外的收入。

制度变迁是指制度的更改、替换与交易过程。从本质上讲，所谓的变迁就是一种制度建立、变更并且随着时间流逝而被打破的方式。从历史的角度看，制度是处于动荡期的，在时刻的变化和演变过程中，从产生、发展、完善最终走向灭亡。用更深层次的看法来讲，制度的变化与发展有两种意思，即创造出新的制度与旧制度的转化与更改。总之，制度变迁是由具有规则谈判能力的个体对由正式制度和非正式制度共同构成的综合制度框架进行调整的过程。

制度变迁理论始于1970年前后，是新经济史学的重要组成部分。最初的研究从需求方面展开，由诺斯提出，并奠定了以后的基本研究趋势。在当变迁成本低于预期收益时，通常制度变迁会出现。制度变迁的方式主要包括诱致性变迁与强制性变迁。诱致性变迁是自下而上的需求引起的，而强制性变迁则是自上而下的安排。两种方式共同作用即一个完整的制度变迁过程。

结合上述的分析可以看出，制度变迁是指制度从新到旧的产生、替代或者改变的过程。

二、制度变迁的动力

组织及企业家创设制度的动机是减少所处环境的不确定性，进而降低组织所需的各种交易费用。这也意味着尽管在正式规则、非正式规则和实施方式三者之

① 张旭昆．制度的定义与分类[J]. 浙江社会科学，2002（6）：2-8.

间存在复杂的内部互动，制度也通常都具有其内在稳定性，从而保证组织可以不间断地从制度中获益。但纵观人类社会历史发展长河，制度一直处于变迁和演进之中。那么对推动这种变迁和演进的动力进行阐释就成了研究制度变迁的关键。

（一）制度变迁的外动力

以经济人基本假设为前提，制度变迁的源动力来自变迁主体的自利行为。在相对价格变化的情况下，通过成本—收益分析，变迁主体在制度变迁的选择活动中所追求的目标是成本最小化和福利最大化，在预期收益高于预期成本的前提下，制度变迁才会发生。在意识形态的作用下，即使在上述条件成立的情况下，制度变迁也并非必然发生。

（二）制度变迁的内动力

不可否认，动力理论具有相当强的解释力。但从动力源的角度出发，制度变迁是内动力与外动力共同作用的结果。人们常常从微观主体的行为出发解释制度变迁的外动力，但对于制度变迁的内动力，即制度本身的力量却没有重视。

马克思的制度变迁动力理论可以很好地弥补这一缺失。马克思不仅强调变迁主体为了获得更高的预期收益而推动制度变迁的外动力，同时强调制度为了适应并推动生产力的发展而对自身做出调整，即制度和生产力或者说经济基础与上层建筑之间是相互作用的，宏观环境的变化带来变迁的内动力。因此，制度变迁的动力不仅来源于微观主体的自利行动，更是制度自身适应宏观环境的要求，是内外动力共同作用的结果。

三、制度变迁的方式

从变迁主体的角度出发，我们通常把制度变迁分为强制性与诱致性两种。诱致性制度变迁指个体或者团体在获利机会的驱动下，自发地组织和推行的新制度安排，以改变与取代旧制度安排。从变迁过程的特点上看，具有获利性、自发性等特征。而强制性制度变迁则指政府部门通过自上而下的法律或者行政命令的形式，使人们不得不接受和服从的制度变迁，具有模式化、冒进式等特点。这两者的不同之处：第一，不一样的变迁主体，一般来说，诱致性制度变迁的主体通常是个体与自发组成的社会整体，强制性变迁的主体是政府部门或者国家；第二，不一样的变迁优势，诱致性制度变迁严格遵循一致性同意原则，成员一般不会进行排斥，变迁阻力较小；而强制性制度变迁的变迁推进速度较快，会降低一些转化成本；第三，不一样的变迁阻挡力量，从诱致性制度变迁的层面出发，变迁的过程当中多少受到了“搭便车”等问题的影响，而从强制性制度变迁的层面来看，则不符合一致性同意的原则。通常情况下，诱致性制度变迁占制度变迁的大部分。

四、制度变迁的影响因素

（一）制度变迁中的意识形态

意识形态这一概念与马克思在阶级语境下的意识形态在具体内容方面是有区别的。意识形态是个体在长期观察过程中形成的基于自身认识和经验的关于周边事物的认知，是一种可以指导人们生产和生活的世界观和人生观。将意识形态这一分析要素引入制度变迁理论之中是因为实际运用理论进行分析的过程中会发现部分预期收益大于成本的制度变迁没有发生。为了对其进行解释从而提高理论解释力，意识形态便被引入了分析框架之中。意识形态的种类和作用可以分为两类，分别是集体和个人、推动作用和阻碍作用。当可以对制度变迁发挥影响作用的主体意识到集体利益可以增进个人利益时，各个主体就会通过集体讨论的方式制订并执行一套有效的方案，并分担方案执行中的费用，推动制度变迁的发生和变迁目标的实现，从而降低制度变迁成本。反之则会出现部分成员的“搭便车”现象，构成制度变迁的阻力。为了让这部分成员认同集体利益就需要集体付出更多成本，所以，使人们相信集体利益与个人利益的一致性将有助于集体成员认可制度的公平性从而遵守集体规则，保障集体利益，降低制度执行成本。

（二）制度变迁中的偏好性选择

新古典经济学中认为，人类追求效用最大化，并且认识系统会构建世界真实模型的理性人假设对人行为的解释产生了巨大影响。但事实并不都是这样，思想、意识形态等非财务利益方面在人类选择中也扮演着重要角色。同时在环境的认识方面新古典经济学认为人的完全理性可以使人们准确地辨识周边环境，但实际情况并非如此。

（三）制度变迁中的交易成本

价格高昂的信息是交易费用的关键，信息是交易费用展开的起点。交易费用包括对交换物价值进行衡量、对权利进行保护以及监管与实施契约的成本。衡量和实施构成了交易费用的两个方面。下面从物品或劳务的效用获取方面对衡量问题展开讨论。效用的获取来源于一种商品或劳务的多种属性，而对代理人而言，效用来自各种活动的绩效。若用生活化常识来理解则是，我们花十块钱买了一杯奶茶，但我们喝进去的奶茶量、所含的能量以及从口味中获得的满足感共同构成了我们实际获得的效用。商品、劳务、代理人的属性是多重的，不同种类和层次上的属性也呈现出异质性特征，而在交换这些属性时是必须支付相应的信息成本的。交易费用始终存在，即便交易各方目标函数相同。但在交换过程中由于信息的非对称性，作为物品或服务提供方的卖者可以依据所掌握的更加详细的属性信息获取更大收益。在交换过程中，任何一方为了获取更多收益都可能面对两种行为选择：一是隐瞒、欺诈对方，二是透露或隐瞒更多信息。对那些可以带来价值的属性进行衡量需要付出高昂的成本，于是通过投入资源获取信息进而获得财富的策略便产生了。例如，在果蔬店中，面对根据质量、样貌、大小等诸多标准来对果蔬分类评级这一行为，买卖双方持相反态度，但当卖家发现分级后可以获得更多收益后，实施这一策略就成为卖家的必然选择。

实施的前提是一方利益与合约相等。在一个制度缺失的社会中，无法界定实施双方的利益是否与合约等价。在小范围内以低交易费用、高转化成本为特征的人格化交易模型是人类的交易方式演化的起点。这种交易模型在交易范围扩大和分工专业化的双重作用下演变为非人格化交易模型，这种模型使人们所处的市场扩大，收益增多。但信息的非对称性以及违约问题使交易过程的不稳定性升高，人们不得不付出更多成本进行调查以维持稳定交易。随着社会交换内容多样性的提高，交易发展到需要第三方介入的第三阶段。此时规则的建立成为第三方实施的基础。需要注意的是，非正式制约同样在这个规则框架中生效，规则同样需要继续发展。

（四）制度变迁中的路径依赖

路径依赖指的是在事物进入某一路径后会惯性般地在此路径中发展，而不受结果的影响。四种自我强化机制存在于制度制订执行过程中：一是在初始设置制度时存在高昂成本，但在制度推行过程中成本不断降低；二是制度学习效应显著，制度框架内的主体不断学习从而逐渐掌握制度，降低了制度成本或提高了制度预期收益；三是存在制度协调效应，互利性组织会投资并巩固制度；四是制度可以增加人们的收益，使人们认同制度及其设立者从而使自身处于支配地位，提高制度稳定性。具备高复杂性和不完全信息获取性的不完全市场以及追求利益最大化的报酬递增会决定制度变迁过程。两者的关系：竞争性市场会在报酬递增的基础上演化经济增长路径，这个路径是有效率且稳定的。在正确的变迁路径中，报酬递增就会出现，制度在发展过程中自我优化，进入良性循环；反之就会产生报酬递减，此时政府干预成为摆脱困境的唯一有效选择。

五、制度变迁理论的核心观点

（一）老制度主义学派

该学派认为，把理性作为行为的首要标准的假设并不十分妥当，强调了制度、惯例、习俗、文化等对人的心理以及行动会产生重要影响的各种因素的作用，因此在研究内容上更加注重整体，并且研究重点是制度对人的行为的影响；在研究的表现形式上，注重描述制度的历史性和材料性。

美国经济学家凡勃伦运用“历史趋势”“历史演进”和“历史起源方法”探究不同社会制度自古以来的不同表现形式以及历史演进过程，从而思考制度变迁和社会经济发展之间的关联，评判现有社会体制和制度的利弊。

制度变迁的发生一定是由当下制度的状况所决定的，在当下和以往制度的基础上，因果累积，在新知识的促成下，完成制度变迁。在凡勃伦的研究中，其认为最重要的影响因素就是技术知识，技术知识是在改变社会活动模式的基础上，推动制度转变和文化变迁的。

（二）新制度学派制度变迁理论

新制度学派一般以产权制度、交易费用、契约理论等为主要研究对象。在经济学理论领域中，关于制度因素在经济绩效影响过程中的重要意义及其体制演变动机的探讨，在马克思主义学派、古典主义学派、新古典主义学派、奥地利学派、美国历史学派等流派的经典著作中均有体现。

该学派接受了新古典主义的研究方法，对“完全理性人”这一说法全盘放弃，在研究的方法方式上侧重个体主义，其研究重点主要是“经纪人作用最大化”这一方面，通过数学建模并且采用博弈论的研究方法，建立了独立的系统理论。

（三）诺斯的学术思想

诺斯毕生的研究作品不少，他早期的主要学术思想反映在他出版的刊物中。20 世纪 50 年代，他发表了关于地理位置与区域经济两者之间关系的论文，这为他日后的经济发展理论奠定了基础。后来他又加强了对欧洲经济史的研究，发现市场经济运作在新古典经济学中扮演了重要角色，并假设出市场经济机制，但没有研究市场出现的原因和市场制度如何演变这些方面。通过建立有效的经济理论、对经济的发展历程开展详细剖析，他得出可以用制度来解释经济增长这一结论，他在 20 世纪 70 年代，先后与戴维斯和托马斯合作发表了《制度变迁与美国经济增长》和《西方世界的兴起：一种新经济史》两本重要的经济学著作，阐述了制度决定论，强调了制度在经济发展中不可忽视的作用。制度的非均衡状态是促进制度变迁的主要推动力，制度的非均衡状态体现为，当由外部因素、规模化经济、风险以及交易成本等所带来的潜在利益增加时，制度变迁带来的利益会高于为此投入的成本，就会通过建立新的机制和制度来达到新的均衡，实现制度变迁。

制度变迁还可以从政府参与制度变迁的方式这个角度来分类，可以分为两类：一类是自发性制度变迁；另一类是强制性制度变迁。各类群体都在追求更好的制度，追求更利于发展的制度。

综上，要想了解社会的历史发展必须了解制度的变迁。在其中，必须重视并解决路径依赖问题，良性路径依赖能确保制度不断优化升级，而恶性路径依赖则会导致制度故步自封。因为政治原因，体制转变很难秉持效益优先的理念，在有着悠久文明史的国家，传统封建制深入人心，改革开放四十多年以来，计划经济的影响依旧存在，如今中国正进行全面深化改革，经济、政治和社会体制制度的变革都需要同时兼顾，针对传统体制的强烈路径依赖这个问题，需要寻找破解方式，清除阻碍，以促进中国向社会主义现代化强国的转变。

（四）马克思主义制度变迁理论

马克思对制度变迁的界定与对社会发展的界定具有同一性，他认为制度变迁的根本也在于人类社会现实的不断更迭，大致有两个内涵：一是指社会根本制度由低级向高级的发展演变，即从奴隶社会、封建社会到资本主义社会直至共产主义社会的演进；二是指某种具体制度的产生、演变和更替。

马克思认为，人类社会发展的根本动力在于社会生产力的发展。手推磨产生的是封建主为首的社会，蒸汽磨产生的是工业资本家为首的社会。当社会生产力和经济基础发生改变，随之会带来生产关系与上层建筑的发展。也就是说，当旧的制度不符合新的生产力发展时，旧的制度就会被新的制度所替代。但个人、团体或社会力量在具体的制度发生变迁的过程中，仍发挥着决定性的推动作用。一切制度变迁，包括宏观的社会制度和微观的具体制度的变迁，其终极原因都在于生产力的发展，而它们的直接推动力是人或者由个人所组成的阶级维护自己或本阶级利益的活动，它们都是生产力和人的主观意志以及其他各种因素相互作用的结果。马克思对制度变迁的解释是科学合理，并符合人类社会发展现实的。

六、制度变迁理论的基本框架

制度环境确立了生产、交换与分配的基础。进行研究时，制度环境往往超然于分析框架，是可以进行更改的。制度环境是一个国家做好社会制度安排的最基本的条件，而实现制度环境的成本较高、涉及的范围一般比较广，并且需要依靠一定的政治决策，所以政府在推动制度变迁方面是具有相对优势的。

主要行动集团一般是指决策的主体，该主体控制着制度调整的过程。这里的主体包含个人或集体。

次要行动集团是单个行动决策主体，依附于既定制度而存在，其存在价值是帮助主要行动集团维护其利益。

制度变迁的三大要素：一是出现当前体制不会诞生的利益；二是遵守成本收益原则；三是制度变化后，新制度被大规模运用，外部利益趋于平均化。

七、制度变迁理论对文化科技融合发展的意义

（一）制度变迁理论是文化科技融合发展的重要保障

制度变迁理论强调制度的稳定性和灵活性相结合，这为文化科技融合发展提供了重要的思路。在文化科技融合发展过程中，需要建立完善的制度体系，包括政策法规、资金投入、人才培养等方面，以保障文化科技融合发展的顺利推进。

（二）制度变迁理论为文化科技融合发展提供了动力

制度变迁理论认为，制度变迁是经济发展的重要推动力量。在文化科技融合发展过程中，需要积极推动制度变迁，包括优化资源配置、推动产业升级等方面，以激发文化科技融合发展的内在动力。

（三）制度变迁理论有助于提高文化科技融合发展的效益

制度变迁理论关注制度的效益性，认为制度的效益性是制度变迁的重要因素。在文化科技融合发展过程中，需要注重制度的效益性，通过优化制度设计、提高制度的执行效率等方面，实现文化科技融合发展的高效益。

（四）制度变迁理论有助于推动文化科技融合发展的创新

制度变迁理论强调制度的创新性，认为制度的创新性是推动经济发展的重要因素。在文化科技融合发展过程中，需要注重制度的创新性，通过优化创新环境等方面，推动文化科技融合发展的不断创新。

第五节　竞争优势理论

一、竞争优势概述

（一）竞争优势的内涵

竞争优势是指个人或组织在环境中表现出的优于其他竞争对手的特质，如产品或服务质量、技术水平等。高可为将竞争优势分为广义和狭义两种，广义的竞争优势是指企业在某一方面占据的优于竞争对手的有利条件，与企业绩效无直接关系；狭义的竞争优势则强调在市场上所表现出的领先优势，和企业绩效直接相关[①]。

张勇军等认为，组织可以运用其他组织无法效仿的优势性资源在行业竞争中胜出以获取经济优势[②]。马鸿佳等认为竞争优势就是企业在内部运营环境以及外部市场环境中表现出的优于竞争对手的某些特质，如内部创新速度等[③]。外部市场表现等。马巧鸽等认为竞争优势是相较于行业内其他企业所具有的长期性和独特性竞争地位，是企业在组织结构、劳动效率、产品质量、新产品开发、管理和营销等方面所具有的各种有利条件[④]。喻登科等认为竞争优势是企业长期在市场竞争中表现出的行业领先态势[⑤]。

竞争优势与竞争力是两个相似的概念，但两者也有区别。从相似性来看，竞

① 高可为．超经济学视角的企业竞争优势观[J]. 中国流通经济，2010，24（9）：44—48.

② 张勇军，陈伟，郎益夫．知识管理视角下集群网络企业竞争优势提升研究：来自黑龙江装备制造业企业的证据[J]. 情报杂志，2013，32（2）：128—134.

③ 马鸿佳，董保宝，葛宝山．创业能力、动态能力与企业竞争优势的关系研究[J]. 科学学研究，2014，32（3）：431—440.

④ 马巧鸽，任南，苗虹．大数据分析能力、创新能力与竞争优势关系研究[J]. 武汉理工大学学报（信息与管理工程版），2019，41（6）：605—611.

⑤ 喻登科，严红玲．核心竞争力与竞争优势形成路径：知识资本与组织性格整合视角的解释[J]. 科技进步与对策，2019，36（1）：122—131.

争优势与竞争力都是指企业在市场环境中与其他企业相比所具有的竞争地位，有一定竞争力的企业一般情况下也具备竞争优势；具备竞争优势的企业，一定具有一些突出的竞争力。从差异点来看，竞争力是一个整体的概念，有优势也有劣势。竞争优势强调企业在竞争中的强势之处。

（二）竞争优势的来源

1. 市场力量学说

市场力量学说认为，产业结构和企业的战略定位是获取竞争优势的主要动力。波特提出了著名的五种力量分析框架，即潜在威胁、替代威胁、同行竞争对手以及买方与卖方讨价还价的能力[①]。五种力量分析框架为学者们提供了一种系统的方式来思考竞争力量如何在行业层面发挥作用，以及这些力量如何决定不同行业和细分市场的盈利能力。市场力量学说认为企业利润源于这五个方面的压力所产生的相互作用的结果，它强调企业通过利用经济规模、高额的转移成本等机制建立行业的高进入壁垒，从而获取额外的垄断租金。而行业的结构性障碍，如行业壁垒、资质认定等，也可以帮助企业抵御外来入侵者，从而建立长久持续的竞争优势。一些行业或行业的子部门变得更具吸引力，正是因为它们在结构上阻碍了竞争力，企业才能够更好地创造可持续的竞争优势。因此，竞争战略之父迈克尔·波特的竞争战略所追求的竞争优势来自企业以外，是由外部市场中的竞争关系和市场机会所决定的。企业的竞争战略应当旨在改变企业的行业位势，这样才可以帮助企业获得竞争优势。

2. 资源基础观

资源基础理论认为竞争优势源于产品市场的“上游”，依赖于公司特有且难以模仿的资源，即资源决定竞争优势。资源基础观最早由彭罗斯提出[②]。他认为企业是资源的集合，由不同用途和种类的资源组成，强调企业自身资源在产生竞争优势中的作用。巴尼更深入地分析了企业的资源，将企业资源概括为资产、能力、组织程序、企业特性、信息、知识等。随后他又提出不是所有的资源都可以作为企业持久竞争优势的来源，将能够为企业带来竞争优势的资源称为关键资源，这

---

① Porter. The competitive advantage of nations[J]. Harvard business review, 1990, 68 (2): 73–93.

② Penrose. The theory of the growth of the firm[J]. Long range planning, 1959, 29 (3): 192–193.

些关键资源的特点是有价值性、稀缺性、难以模仿和不可替代性[①]。蒂斯等人认为"资源"一词太为模糊，将其表述为属于公司的特定资产，并且，他认为这类资产即使有可能模仿也很难获得，如商业秘密和工程经验[②]。由于交易成本和转让成本较高且这类资产可能包含隐性知识，因此难以在公司之间转让。而后，学者们开始分析某种特定资源对于竞争优势的影响，如品牌、声誉、竞争情报、过往业绩、企业的社会责任、关系资本等。

从资源基础观的角度讲，企业在资源或禀赋上是异质性的。这种资源禀赋具有一定的黏性，不会在短期内消失。从某种程度而言，企业的发展会被其所拥有的资源所束缚。蒂斯等人提出了资源的黏性出现的三个原因：①商业的发展是个极其复杂的过程，企业缺乏发展新才干的组织能力；②由于企业的某些资源是无法交易的，如隐性知识和声誉等，因此企业间的资源禀赋无法通过竞争性要素市场进行平衡；③即使某些资源可以通过市场获得，但企业也不会因获得这项资源而受益颇丰。除非公司拥有比其他竞争对手更超前的情报，或者公司非常幸运，否则它在竞争性要素市场中付出的价格将高于从所购资源中获得的租金。

资源基础观对企业追求竞争优势提供了一个思考框架。首先，企业需要识别出自身的独特资源。其次，企业可以对市场进行对比分析，找出在哪个市场中自身的特属资源可以获得最大价值。最后，企业要判断采用哪种方式才可以使资源带来最大化的租金。具体而言，这些方式包括将资源整合到相关的市场中、将中间产品出售给相关公司和直接售卖资源。与此同时，资源基础观也要求企业考虑开发新的管理策略。如果企业的经营利润来源于对稀缺资源的控制，那么公司应该重点考虑技能获取、知识管理等战略问题。

3. 能力基础观

能力基础观认为竞争优势源于企业的内部能力，即能力决定竞争优势。

普拉哈拉德正式提出核心能力理论[③]。他认为，从短期角度看，企业的竞争优势可来源于其现有产品的价格及质量等特性。然而就长期而言，产品的成本与质量的标准逐渐成形后，产品的差异化优势将不再占据主导地位。此时，竞争优势来自比竞争对手更低的成本和更快的速度。蒂斯等人也提出随着全球市场竞争的

① Barney. Firm resources and sustained competitive advantage[J]. Journal of management, 1991 (17): 99—120.

② Teece, Pisano, Shuen. Dynamic capabilities and strategic management[J]. Strategic management journal, 1997, 18 (7): 509—533.

③ Prahalad. The role of core competencies in the corporation[J]. Research technology management, 1993, 36 (6): 40—47.

加剧和高新科技的发展，由资源基础观所引导的竞争战略已不足以支撑企业获得竞争优势①。与其他企业相比，全球竞争市场中的优胜者往往表现出迅速的响应能力和灵活的产品创新，并且具备有效协调和配置内外部资源的能力。普里姆和布特勒将企业能力和资源区分开来，认为企业能力是内部的，而资源是可以通过外部市场获得的，企业必须不断提升能力并利用好资源，这样才能保持竞争优势②。

核心能力论是能力观中最具有代表性的观点。蒂斯等人将核心能力定义为那些决定企业基本业务的能力③？并且他提出只有当企业认清自身核心能力时，才可以不断发展进而获得竞争优势。但是，企业核心能力的认定需要参考和对比其他竞争对手的产品和服务。

（三）竞争优势的影响因素

研究竞争优势的影响因素，有助于明晰企业自身的竞争优势，也可以更有针对性地构建自身的竞争优势，对指导企业的后续发展具有十分重要的现实意义。关于企业竞争优势影响因素的研究，主要是从企业外部影响因素和企业内部影响因素两个方面进行分析。

1. 外部影响因素

哈佛商学院大学教授迈克尔·波特认为产业结构变化和市场相对机会是影响企业竞争优势的主要外部因素，企业竞争优势的持续性由前者决定，而后者则反映了企业竞争优势的强弱。他还指出，要素价格不同所导致的成本和产品特性的差异也能够影响企业的竞争优势。

（1）站在天生国际化企业立场

要重视品牌因素对企业竞争优势的关键影响作用，因为对于天生国际化企业来讲，打造特色品牌有助于提升企业在市场中的知名度，培养高忠诚度的顾客群体，从而实现企业的成本领先和产品差异化的竞争优势。

（2）基于新创企业视角

网络开放性和关注度有助于企业竞争优势的构建，并且企业把握市场机遇的能力越强，影响作用越明显。

---

① Teece, Pisano, Shuen. Dynamic capabilities and strategic management[J]. Strategic management journal, 1997, 18 (7): 509-533.

② Priem, butler. Tautology in the resource-based view and the Implications of externally determined resource value: further comments[J]. Academy of management review, 2001 26 (1): 57-66.

③ Teece, Pisano, Shuen. Dynamic capabilities and strategic management[J]. Strategic management journal, 1997, 18 (7): 509-533.

(3) 从企业社会性质入手

积极承担社会责任可以帮助企业积攒下良好的口碑、声誉和人文形象等社会资源，这些都是影响企业竞争优势的重要因素。

(4) 从企业供应链管理角度入手

供应链学习的能力可以通过基础要素和协同要素两个方面来更好地促进企业竞争优势的建立。

(5) 基于当前大数据研究背景

企业竞争优势的构建受大数据分析能力和供应链敏捷度的影响十分显著，其中，市场竞争环境的动态性在二者之间起到了一定的调节作用。

2. 内部影响因素

核心竞争理论创始人之一普拉哈拉德认为仅仅依靠传统的资源基础理论并不足以解释持续的竞争优势，企业还需要根据市场需求去动态调整其在未来产品市场中的竞争战略，这样才可以为企业后续的一系列发展提供持续的竞争优势，因此他认为企业竞争战略是影响企业竞争优势的重要因素之一。低成本战略具有普适性优势，即在不同的国家或是不同的行业，企业都能够通过实施低成本战略获取竞争优势。企业实行各种竞争战略的目的是取得持续的竞争优势，而这种持续竞争优势则主要来源于企业自身的各项核心能力。有学者从企业内部能力的角度入手来探究影响企业竞争优势的因素，认为对企业竞争优势起决定性影响作用的是企业内各部门的执行能力以及领导者的管理能力，而企业外部的竞争环境是次要影响因素。企业家精神作为企业内部独特的无形资产，对企业的竞争优势具有积极的影响作用。处于成熟期阶段的企业，其具备的创业精神、文化特性和专有知识产权都可以强化企业的品牌竞争力，进而正向促进企业形成持续性的竞争优势。恰当的战略节奏是影响企业竞争力和竞争优势的重要因素。有计划性和周期性地对企业竞争战略进行调整，有助于实现企业内部资源与潜力的协同发展，所以选取适当的战略节奏对于企业竞争优势的形成至关重要。

二、竞争优势的相关理论

（一）竞争优势外生论

竞争优势外生论的研究对象是企业，该理论认为企业的竞争优势主要来自企业外部，受产业和市场结构的影响，它的分析范式是“产业结构－企业相对位势－企业竞争优势”，并着重强调产业市场的关键作用。美国哈佛大学博士贝恩提出了市场结构（Structure）－市场行为（Conduct）－市场绩效（Performance）的模式（SCP），模型图如图 2-1 所示。其中，企业行为受到产业市场结构的影响，企业绩效的高低取决于企业的市场行为。竞争优势外生论是一种将竞争优势归因于外部产业或市场结构的竞争优势理论。根据学者的研究，市场的分类可以是完全竞争、垄断竞争以及寡头和垄断三种类型，企业在不同的市场中采取的竞争策略也会有所差异。市场壁垒是垄断力的另一表现，市场壁垒高，则企业将难以进入，这也是市场结构对企业竞争优势影响的一个方面。高壁垒行业中的企业，其对于想要进入该行业的新企业来说，已经在市场位势方面占据了优势。竞争优势外生论的重要代表人物——美国哈佛大学教授迈克尔·波特认为，企业获取竞争优势的根本性决定因素是产业的吸引力。已经在一个有吸引力的行业中的企业，可以通过采取一系列有效的价值链活动，来不断调整自身的价值链关系以实现企业的竞争战略。迈克尔·波特的理论中，规模经济与范围经济是关键所在，他所提供的这种通过分析产业情况来分析企业竞争优势的方法为企业制订发展战略提供了具体的方法，也为企业获得竞争优势指明了具体的道路和途径，相对于传统经典的战略理论前进了一大步。

图 2-1　SCP 模型

然而，竞争优势外生论过于关注企业外部环境对于企业竞争优势的影响，理论中隐含了两个假设，即行业中各企业所拥有的能力资源和发展战略等均是相同的，以及即使企业之间的资源和能力存在差异，也不会对竞争优势结果产生较大影响，因为这种差异是短暂的。在产业内部，各企业的利润率的分散程度相对于不同产业间利润率分散程度而言要更大，表明对于企业来说，表现更大的竞争优势可能不仅依靠企业外部的产业市场结构提供的优势，可能还与企业自身有关。处在大的社会环境中的企业进行竞争和发展，对于经济环境、法律法规、宗教信仰等社会环境情况都要有较强的适应性和变化感知能力；但是，如果技术等资源的转移和扩散并不会受到产业和市场层面太多的限制，那么企业相对于其他竞争者而言具有的独特技术一旦被模仿就将对自身的竞争优势产生影响。因此，对于涉及企业自身内部情况的竞争优势内生论的研究被众学者们提上了研究日程。

（二）竞争优势内生论

贺小刚指出具有竞争优势的企业拥有独特资源，而持续性竞争优势来源于特殊资源与环境的有机结合，企业应避免资源流动而丧失优势①。除资源观外，竞争优势内生论第二个观点是能力观，强调关注组织中个体的能动性，认为核心能力是企业内部独有的、难以复制且有价值的能力，是企业实现竞争优势的来源②。许龙等提出资源和能力的交互效应对竞争优势具有重要影响③。

现阶段对于竞争优势内生论的探讨视角较多，涉及产业集群、企业家精神、战略节奏以及管理者能力等。其中，相关文献探究创新与竞争优势关系的较多。

（三）产业竞争优势

随着国际化程度的加深以及国际分工的发展，各国产业纷纷走出国门，在国际市场上大展身手，争夺市场份额。产业外的竞争，指不同国家间同一产业在国际市场上的竞争；产业内的竞争，指国家内部不同产业之间在国内市场中的竞争。这两种产业竞争的加剧是当前社会快速发展带来的结果之一。尤其国际化进程加快后，各领域学者意识到了一个国家、一个产业的竞争优势在国际市场上发展的重要作用，纷纷开始进行产业竞争优势的研究。产业竞争优势是产业整体竞争优势的集合，受产业内外各方面因素的影响。产业竞争优势研究领域的代表人物波特在《国家竞争优势》一书中对产业竞争优势的影响因素进行了讨论，认为一共包含六方面的因素，即生产要素、需求条件、相关与支持产业、企业战略、结构以及同业竞争、机会和政府，并建立了著名的“钻石模型”。

产业竞争优势方面的研究已有很多，代表性研究包括：经济学家约翰 · 希克斯认为，技术的创新对于经济发展有着重要推动作用，技术进步决定了产业竞争优势的高低。从企业视角来看，一国企业的竞争优势与其规模、技术、政策、文化、环境等多方面的因素有关。安徽财经大学商学院人文艺术系主任李永发借鉴波特的“钻石模型”对我国产业竞争优势的影响因素进行研究分析，发现政府因素、国家的生产力水平以及国内市场的需求情况等对我国竞争优势具有决定性作用。中山大学岭南学院教授朱富强系统分析了发展中国家在市场改革过程中存在的问题，基于新结构经济学对产业竞争优势的动态演变进行了研究与分析。产业竞争优势对于企业竞争优势和项目竞争优势的发展有着重要作用，一国的产业在

① 贺小刚 . 企业持续竞争优势的资源观阐释 [J]. 南开管理评论，2002（4）：32–37.

② 焦豪 . 双元型组织竞争优势的构建路径：基于动态能力理论的实证研究 [J]. 管理世界，2011（11）：76–91.

③ 许龙，高素英，于慧 . 竞争战略与 HRM 系统匹配性对企业持续竞争优势影响研究：基于中国上市公司年报数据 [J]. 软科学，2015，29（5）：101–105.

国际上占据优势地位，对于国内企业的整体发展有着重要意义，因此对于产业竞争优势的研究一直是各领域学者们关注的重点之一。

（四）可持续竞争优势

1. 可持续竞争优势的内涵

可持续竞争优势源于竞争优势。竞争优势最早源于英国经济学家张伯伦的《垄断竞争理论》。西方管理学家塞尔兹尼克首先将优势与能力联系起来，战略管理学家霍弗尔和申德尔同样认为竞争优势来自能力，并将竞争优势的概念引入战略管理研究领域，将其描述为一个组织通过资源部署模式获得相对于其竞争对手的独特地位。随后，波特表明竞争优势是企业的战略目标。

企业竞争地位的获取是决定企业成功与否的核心，影响了创新等企业活动的适当性，从而影响企业绩效。美国管理学者同样认为卓越的绩效与竞争优势相关，取得优势会自动带来更高的绩效。资源基础观的支持者已经将定义扩展到包括更广泛的可能优势，如物质资本、人力资本、组织资本，甚至是制度背景。从广泛的角度看，竞争优势被界定为一种或一组资源或能力，使企业比竞争对手更有优势、相对绩效更高。

自 20 世纪 90 年代以来，市场竞争加剧、商业环境高度不确定等因素使得企业不断受到竞争者和革新者的威胁。虽然竞争优势会赋予企业良好的盈利水平和市场表现，但是在经济学视角下，竞争活动会使得企业的盈利能力或者市场份额向平均值回归，从而导致竞争优势的逐渐消失。与此同时，处于激烈竞争中的企业不再满足于获取短暂的竞争优势，纷纷找寻建构企业长期竞争优势的方法。

可持续竞争优势来源于竞争优势概念，体现着企业对于保持其竞争优势与态势的追求，不同的理论背景为可持续竞争优势赋予了不同的内涵。从竞争战略视角，企业制订战略的核心框架是利用自身优势，在避免或弥补弱点的同时化解威胁，从而使企业构筑可持续的竞争优势，以获得长期高于平均水平的业绩。波特将可持续竞争优势定义为具有长期盈利能力和高于平均水平的长期业绩。为了延续可持续竞争优势，企业必须通过再投资为其竞争对手提供一个“移动的目标”，以不断改善企业所处的竞争地位，并维持模仿壁垒。较低的竞争导致了市场份额的稳定，而创造了这种壁垒的企业所享有的市场权力使其盈利能力得以持续。在此视角下，可持续竞争优势被界定为长期的历史性卓越表现，当企业可以长时间创造更多的经济价值时，它可以被视为具有可持续竞争优势。

从资源战略视角，将可持续竞争优势定义为在复制该优势的努力停止后继续存在的竞争优势。可持续竞争优势的维持依赖于企业控制的具有价值性、稀缺性、难以模仿性和不可替代性的资源。资源在相互竞争的企业中是异质分布的，而且是不完全流动的，这反过来又使这种异质性随着时间的推移而持续存在，从而形成可持续竞争优势。从稀缺性角度，寻求可持续竞争优势的关键在于资源产生租金的能力，竞争优势的持续程度取决于企业能在多大程度上保持其产生租金的资源不被对手占用。

竞争优势能否持续同样取决于模仿的难度，受到隐蔽性、复杂性和特殊性所带来的因果关系模糊性的影响，并且，可持续竞争优势并非来自固定的能力储备。相反，它产生于持续的能力积累，这种积累既产生又补充了因果关系的模糊性和模仿障碍，从而使竞争优势得以持续。可持续竞争优势也表现在管理层积累独特的、难以被模仿的核心能力，助力企业迅速适应不断变化的社会。在资源战略视角下，可持续竞争优势是指能够产生持续经济绩效的、难以被模仿的竞争优势。可持续竞争优势并不是指日历概念上的企业享有竞争优势的时间，而是取决于竞争优势被重复的可能性，即可持续竞争优势并不意味着它将“永远持续”，而是当前和潜在竞争者没有能力复制这一战略，从而使竞争优势得以持续。

此外，从环境管理角度，环境保护、污染预防和环境可持续性要素为可持续竞争优势赋予了新的内涵。美国经济学家奥利弗·哈特基于资源基础观，提出自然环境为企业发展与竞争带来了约束与挑战，只有存在模仿的障碍时，竞争优势才能得以持续。从创新角度，只有具有异质性价值的创新可以带来可持续的竞争优势，而具有同质性价值的创新则会被迅速传播与模仿。

2. 可持续竞争优势的特征

竞争优势是企业在不同发展阶段中所具备的竞争能力，相对于可持续竞争来说是静态、短期的，只有当市场环境处于稳定不变的状态下才可以说竞争优势是可持续竞争优势。但是，从实际情况来看，市场环境不可能一直处于稳定的状态，市场处于不断变动的状态。企业只有从动态的角度出发，不断对于自身所具有的资源和能力开展关键性的转变和调整，不断适应复杂多变的环境，才会具备可持续竞争优势。可持续竞争优势是在一个企业运营中贯穿存在的，而并非企业运营中某一阶段的特定优势，因此可持续竞争优势具备以下几种特征。

（1）相关性

企业在运营过程中各个部门需要相互协调与配合，只有达到合适的协调与配合程度，才能够保证企业的运营能够顺利和稳定。企业的可持续竞争优势也是如此，建立竞争优势的过程中，需要企业内外部多方可产生影响的不同方面进行推进，才能让企业在竞争优势建立过程中逐渐塑造属于企业自身的竞争优势。

（2）动态性

当今世界，瞬息万变，企业所处市场环境的不确定性也就决定了企业可持续竞争优势不可能是静止不变的，企业不可能因为某一个单一特定优势就获得一劳永逸的效果，无论企业拥有什么样的资源和优势，由企业初期构建的可持续竞争优势大多都有一定限制，是暂时性的。企业的可持续竞争优势应伴随竞争环境的改变而进行提升，这样才可以让企业自身获得长期稳定的收益。

（3）难以模仿性

有很多企业都认为，企业可持续竞争的优势是可以复制的，但忽略了每个企业自身的可持续竞争优势都有可能因其所处的环境、人文、历史、当地政策等因素产生不同的效果，不能一味地完全复制和模仿，否则可能会产生适得其反的效果。在进行企业自身可持续竞争优势的建立和发展过程中，企业必须根据自身的情况因地制宜，建立与自身独有资源、技术、能力等相结合的可持续竞争优势，只有这样，才能在市场竞争中建立对自身有利的局面。

（4）连续性

连续性代表企业可持续竞争优势并不是一蹴而就的，其由每一个短期内能给企业带来收益和竞争力的短期竞争优势所组成。而企业拥有的可持续竞争优势在进行横向与纵向对比时也可以发现企业可持续竞争优势是牵一发而动全身的，一个具有可行性的可持续竞争优势是由一系列相互关联的竞争优势不断累积组成的。

（五）瞬时竞争优势

1. 瞬时竞争优势的内涵

根据竞争优势的持续时间，可以将竞争优势划分为持续竞争优势、临时竞争优势和瞬时竞争优势。在过去的几年中，大多数学者都致力于持续竞争优势的研究。根据巴尼的观点，持续竞争优势来自稀有、宝贵、独特且不可替代的资源和技能[①]。这种观点的前提假设是企业的关键资源和技能具有不确定性和不可移动性。竞争优势的持续性并不意味着它将永远存在。吉尔伯特指出企业在获得持续

① Barney. Firm resources and sustained competitive advantage[J]. Journal of management, 1991 (17): 99–120.

竞争优势后容易产生惰性①。这种惰性主要体现为资源刚性和惯例刚性。前者指企业不改变资源的投资方式，后者指企业使用资源的组织程序不能改变。因此，当面对动态的商业环境时，企业的持续竞争优势往往难以保障企业的优势地位。随着经济全球化的深入发展，企业间的资源和技术可以以相对较低的成本进行转移，因此持续竞争优势的不可移动性的假设就不再成立。由于技术资源在产业层面的转移和扩散速度非常快，技术引领者也很难长期保持竞争优势。

另外，建立持续竞争优势所需要的不可替代性和不可模仿性资源也难以获得。随后，越来越多的学者开始关注动态能力，旨在探讨在快速变化的环境中维持企业竞争优势的可能性。然而，动态能力只能使公司以新的方式寻求机会，而不能保持长期的竞争优势。

环境的不断变化以及市场的不可预测，使得企业维持竞争优势变得更加困难。学者开始怀疑持续竞争优势是否存在，并开始了关于临时竞争优势的探索研究。根据巴尼的观点，临时竞争优势来自稀有而宝贵的资源和技能。一系列临时竞争优势可以像持续竞争优势一样为企业带来长期的优越地位。有学者通过研究自然演化理论发现，企业通过自然选择不断更新惯例和战略，从而导致企业竞争优势不断迭代更新，尤其是在高新技术行业，许多行业引领者往往由于颠覆性技术的出现而丧失竞争优势。在不断变化的竞争环境下，传统的竞争优势范式已经不再适用，赫尔法特和彼得瑞夫的研究表明，企业的资源和能力如产品一样具有产生、成长、成熟、重生和淘汰的生命周期，企业内部的资源和能力必须随着时间的推移而不断提升②。企业的动态能力和侵略性的竞争行为也加速了临时竞争优势的升级。因此，企业保持竞争优势是一个持续更新的过程，企业需要不断地寻找新的机会应对市场变化，从而通过新的市场活动解决问题。

随后，有学者指出组织环境中唯一不变的就是存在变化，进而提出了瞬时竞争优势的概念。瞬时竞争优势是一种可以快速建立、快速舍弃的竞争优势，适用于短期内存在商机的情况。

与临时竞争优势相比，瞬时竞争优势存在的时间更短，像波浪一样来来去去。目前动荡和不确定的商业环境使得追求长期的可持续竞争优势不再可行。组织必须理解瞬时优势的概念。尽管瞬时竞争优势的概念是战略管理领域中的一个里程

① Gilbert. Unbundling the structure of inertia：resource versus routine rigidity[J]. Academy of management journal，2005，48（5）：741—763.

② Helfat，Peteraf. The dynamic resource-based view：capability lifecycles[J]. Strategic management journal，2003，24（10）：997—1010.

碑，但它目前仍处于理论研究的第一步。

2. 瞬时竞争优势的来源

在当今商业环境中，持续不断的变化已是企业面临的常态，层出不穷的波动也随时向管理者提出挑战。竞争优势相关问题的研究是战略管理学科研究的四大核心问题之一。

在以往关于竞争优势的研究中，持续性竞争优势往往决定企业在行业中的市场地位与绩效水平。其中，传统资源基础观理论认为宝贵、稀有及不可替代的资源或能力是企业获得卓越绩效或可持续竞争优势的基石。产业经济学家认为企业获取竞争优势的方式是选择合适的行业和恰当的行业定位以获取垄断租金。这两个视角共同的重要假设是世界是相对稳定的。以往的战略理论模型，如波特提出的“五力模型”，建立在指导企业追求可持续竞争优势的前提假设下，而它同样适用于相对稳定静态的环境条件。当前企业发展环境所面临的两个重要变化，使得竞争优势的获取发生变化，可持续竞争优势不再发挥重要作用。

一方面，越来越多的研究证实，由于技术迭代的加速、经济全球化的推进、行业的不断融合等因素，先前相对稳定的生存环境变得复杂多变，因此企业在维持其竞争优势的过程中充满了不可预测性。一旦市场中发生破坏性创新，市场环境就将受到巨大冲击，技术也将出现断层。在这种情况下，市场上既存企业现有掌握的竞争优势将会消失。现有企业之间形成的平衡很容易被这种动荡不安的环境打破，从而削弱领先企业的竞争优势。

另一方面，在当前快速变迁的环境中，资源的不可流动性已被打破，因此企业维持竞争优势的保障不再是拥有优势资源。资源不断重新配置和重建的动态能力成为当前企业不断获得竞争优势的重要途径。

尽管当前仍有很多企业将建立可持续竞争优势作为企业的战略目标，但环境的快速变化使得传统理论模型不再能够帮助企业适应这种变化，可持续竞争优势在当下风云变化的环境中也日渐消退。

在超竞争背景下，企业维持竞争优势变得十分困难，大多数企业只能在有限窗口期内获得瞬时竞争优势。任何一个组织都必须适应一个竞争优势可能迅速消失的时代，它们应做好快速适应新环境的准备。因为任何竞争优势的现状随时都可能受到破坏，所以当竞争优势变得不再确定时，企业应做好随时开始新战略行动的准备，以应对瞬时竞争优势的失去并设法再次获取，进而维持企业的市场地位。即使单个瞬时竞争优势的持续时间短暂，但多个优势组合在一起，也能够保证企业在较长的周期内取胜。

在这样的环境下，部分学者指出，所有竞争优势都不再是可持续的，取而代之的是瞬时竞争优势的普遍性，急速变化的生存环境下，企业的成功在于其拥有持续不间断地获取瞬时竞争优势的能力。企业的可持续竞争优势更像一段时间内一系列瞬时竞争优势的组合。尽管并非所有的竞争优势都是不可持续的，但在复杂多变的生存环境中，随着竞争优势越来越短暂，管理者需要学习如何迅速果断地利用瞬时机会及应对危机。

可持续竞争优势导致大家抱有“市场稳定”的偏见，认为稳定是一种常态。在高度不确定、动荡的环境中，企业将追求稳定的常态作为终极发展目标是十分危险的，企业更应该全力争取瞬时竞争优势以获得领先地位。

三、竞争优势理论对文化科技融合发展的意义

当前，我国经济发展迈入新阶段，呈现“三期叠加”特征。在经济下行压力加大的情况下，政府要创新宏观调控思路和方式，深化“简政放权、放管结合、优化服务”改革，以推进供给侧结构性改革。根据竞争优势理论，文化创新和技术创新是培育国家（地区）竞争优势的重要资源。要充分发挥市场在资源配置中的决定性作用，促进文化科技融合创新各类要素的有机整合，重视发展作为文化科技融合创新的原始创新、集成创新和引进消化吸收基础上的再创新，形成拥有自主知识产权的文化科技成果，提高自主创新能力，提升经济增长的质量和效益，有力推动经济社会的发展。

第六节　城乡一体化理论

一、城乡一体化概述

（一）城乡一体化的内涵

城乡一体化是指以城市为中心，以小城镇为纽带，以乡村为基础，城乡相辅相成、共同发展且不可分割的新型城乡关系。具体而言，城乡一体化包含着以下几方面的内涵。

1. 体制一体

终结城乡在空间、市场方面体制分治的发展格局，消除要素分割的障碍。尝

试推进经济运行机制全方位、深层次融合；取消先前户籍制度下城乡人口无法自由流动的制度，逐步构建起城乡人口自由流动并管控有序的人口管理制度体系。

2. 经济链接

结合城乡发展特点，大力推进农业经营占据主导地位的农村型产业，稳步发展工商业经营占据主导地位的城市型产业，积极探寻并着力构建城乡产业关联。不仅如此，城乡两种产业的经营同质性日益明显，呈现出高度趋同且相辅相成的特点。

3. 社会趋同

主要指的是摒弃以往“重城市，轻农村”的发展理念，终结“农村发展支持城市发展”的发展格局，引导城乡生活方式逐步一致化。随着农业的现代化发展及农业劳动形式的演变，城乡居民在生产、生活方式等方面日趋相同。随着交通条件的日益改善以及通信方式的变革，农村封闭式结构成为历史。

4. 空间融合

因地制宜地规划城乡空间，重视并强化对生态环境的治理与爱护，从长远的角度部署产业，推动城乡发展，使得城乡之间的基础设施完美衔接，遵循相同的标准进行配置，实现配置一体化，在综合考虑各方利益的前提下谋求合作、共享设施。

城乡一体化是社会经济发展到一定程度的产物，城乡在深入交流、协同合作的过程中谋求共同发展，强调城乡空间的对立统一。不过需要注意到，它和城乡一致是两个截然不同的概念。城乡一体化进程的推进，既不会引发“平均主义”，也不会使城乡陷入“低层次平衡发展”的困境，它并非要求城市委曲求全，毫无原则地帮扶农村，而是在城乡保持平等竞争地位的基础上促进双方协调、共同发展。

城乡一体化注重双方在资源、人口、技术等方面加深交流、推进合作，这是城乡之间合作的强大驱动力，强调在全面整合并优化配置城乡资源的基础上，促进各类资源得到充分利用，实现城乡全面协调发展。

（二）城乡一体化的动力机制

城乡一体化可理解为城乡系统在社会、文化、经济等方面深度融合。城市化发展水平低是我国城乡经济无法深层次融合并实现协调发展的关键原因，所以，在城乡发展方面，应重点推进城市化建设，促进城市化发展水平不断提升。其实，农村发展不可完全依赖于城市的带动，更不可一味地发展农村工业，否则不仅不会取得预期发展成效，还会导致生态环境受到严重污染与破坏。若想实现城乡协调发展，那么需要双管齐下，不仅要推进城市的发展，还需要实现农业产业化发展。

（三）城乡一体化的评价指标

城乡一体化是一个发展过程，也是最终发展目标，其发展要求因国别不同、发展阶段不同而呈现出较大差别。为实现对城乡一体化发展状态的客观化、全面化评测，在细致分析后选取了下述几个指标。

①工农业劳动生产率比值。此指标是工业从业人员人均产值与农业从业人员人均产值的比值。从经济学的角度来讲，如果此比值超过 1，存在工农业二元经济结构；指数愈大，城乡二元经济结构愈明显；若此比值等于 1，则意味着工农业二元经济结构会受到破坏甚至不复存在。

②城乡居民人均收入比值。此指标是城镇居民人均收入与农村居民人均收入的比值，能够比较准确地体现城乡生活水平的对比变化。从经济学的角度来讲，如果此比值超过 1，存在城乡二元经济结构；指数愈大，城乡二元经济结构愈明显；若此比值等于 1，则意味着城乡二元经济结构会受到破坏甚至不复存在。

③城镇化水平与工业化水平差，体现了工业化与城市化发展的协同性，主要涉及城乡整体城镇化水平与工业化水平差、农村城镇化水平与农村工业化水平差。

④乡村社会经济和产业构成，体现了农村发展现状及发展趋势，如农村就业构成等。

⑤农业生产效率、非农产业生产效率及两者的比值。

农业生产效率 = 农业产值占农村社会总产值比重 / 农业劳动力占农村总劳动力的比重。非农产业生产效率 = 非农产业产值占农村社会总产值比重 / 非农产业劳动力占农村总劳动力比重。农业与非农产业生产效率的比值 = 非农产业生产效率 / 农业产业生产效率。

农村农业与非农产业生产效率比值体现了农村农业与非农产业、农村农业与乡镇企业间的二元结构。从经济学的角度来讲，如果此比值超过 1，农村具有二元经济结构；指数愈大，二元经济结构愈明显；若此比值等于 1，则意味着二元经济结构会受到破坏甚至不复存在。

（四）城乡一体化规划的内容

1. 城乡一体化的空间结构规划

城乡一体化规划的重心转移至结构，先前强调的规模被确立为指导指标，规划过程中更加关注空间结构的弹性。在保持产业布局结构平衡的前提下，将空间结构调整与空间开发秩序确立为经济发展规划的重要议题，强调从全局出发对各级城乡进行因地制宜的规划与设计，尤其是市县级规划，务必要密切关注空间规划方向。在对空间进行规划与设计时，需要全面整合辖区内的各种相关规划，如社会发展规划、土地利用规划等，着力打造全面协调、高效统一且具有良好可行性的规划。

不断完善和优化城乡布局模式，逐步构建由多个层次构成、覆盖范围广、节点丰富、点线面深度融合、疏密合理的区域综合体。其中，各城镇为“点”，各种交通轴线、电力电信走廊为“线”，乡村地区为“面”，三者深度融合、协同发展。

2. 城乡用地的统筹规划

准确把握城乡功能结构体系及其未来发展趋势的前提下，对土地进行全面规划，科学统筹。其中，对于建设用地，紧密围绕各级城镇及开发区，优先对其用地进行科学合理的规划与设计，需要将一切用地规划从全局出发进行协调与优化，科学设定人口密度和用地强度。对于不可建设用地，需按照下述两种情况进行统筹规划，一种是永久不可建设用地，另一种则是规划期内的暂时性不可建设用地。

3. 城乡交通体系规划

近百年的发展历史向人们证实，沿海发达地区城市的发展势头迅猛，交通指向尤为明显。在交通规划先行的空间发展机制下，以交通线路为依托合理规划城市空间，既能够促进交通资源得到充分利用，也为周缘地带的经济发展提供了极大便利。

在城乡一体化进程持续推进中，交通体系的作用是至关重要的，它在一定程度上更加明确了城乡间的分工协作关系，为城乡空间网络体系日益成熟提供了强大支撑，有利于改善和优化城乡一体化结构形态。城乡交通体系是一个复杂的概念，涉及公路、铁路等。在城乡一体化发展中，公路网络尤为重要，它主要包含三个层次，一是干线公路，二是支线公路，三是村级路网。三个层次协同构成了覆盖区域广、便捷通达的公路路网，为居民出行提供了极大便利。

4. 城乡人居环境的保护与生态规划

为了为城镇居民打造生态宜居的居住环境，需要从生态的角度考虑空间规划，科学合理地划定生态保护区域。从区域层次明确生态保护区，不仅需要准确清晰地划定保护区范围，还要合理划定界线。

5. 兼村并点规划

村庄兼并不仅是城乡一体化发展的必然结果，也是农业集约化发展的内在需求。所以，应在秉承因地制宜等基本原则的前提下，从长期发展的角度出发，遴选一批交通条件成熟、区位优势显著、基础设施比较完善且发展水平较高的中心村，以此为中心兼并附近分布零散且规模比较小的村落，打破我国某些地区乡村分布零散、土地利用水平低、生产力水平整体较低的局面，为乡村城镇化、产业化夯实重要基础。

二、城乡一体化的理论梳理

（一）马克思、恩格斯关于城乡一体化的主要思想

马克思和恩格斯在对19世纪资本主义社会的剖析过程中，对城乡关系表达了他们的看法，这些看法是马克思、恩格斯在吸收了空想社会主义学者关于城乡关系的思想后，根据唯物史观，提出的城乡关系发展规律，即认为城乡关系要经历“分离—对立—融合”三个辩证发展阶段。

1. 第一阶段：城乡分离

由于乡村农业生产力的提高，农业产品生产量大大超过农业生产劳动者的生活需要后，交换的需求刺激商业产生，并使家庭手工业逐渐从以农业为主的乡村劳动中分离出来，商业和手工业的繁荣发展促进城市形成和发展，城市从乡村诞生。马克思说，第一次社会大分工便是城市和乡村的分离。随着机器发明的不断创新，工场手工业逐渐兴起，封建制度也逐渐瓦解，城市逐渐聚集越来越多的非农业劳动者，国内市场建立，城市的规模随之扩大。

2. 第二阶段：城乡对立

由于蒸汽机等机器的发明，资本主义大工业取代了工场手工业，并使农业和农村家庭手工业完全分离。蒸汽机的使用使大工业生产不断向城市聚集，城市集中了人口、生产工具、资本等，而在乡村则愈加孤立和分散，城乡尖锐对立。尽管如此，城乡对立却是历史进步的体现。在工业化和城市化过程中，虽然一些乡村因工厂迁入逐渐发展为新城市，而在大部分乡村，由于土地私有制，许多小自耕农因大佃农阶级或农场主更好的耕作方法和较大规模的经营逐渐被排挤出农业，使一部分农民被迫成为农业雇佣工人，大部分农民流入城市成为产业后备军。这时，城乡的对立转化为资产阶级和无产阶级的对立。

3. 第三阶段：城乡融合

在马克思、恩格斯看来，城乡对立的消除是可能的，同时也是工业生产本身的直接需要，并且只有城乡融合发展，才能保证良好的宜居的生态环境。马克思、恩格斯认为只有废除私有制，消灭资本主义，城市和乡村之间的对立才会消失。因为城市工业人口的集中和乡村农业人口的分散阻碍着社会进一步发展，只有实现城乡融合，才会使社会全体成员的才能得到全面发展。马克思、恩格斯对城乡关系发展规律的总结，整体上是符合当前中国城乡关系发展实际的。马克思和恩格斯将城乡对立的原因归结于社会分工和私有制，认为只有消灭私有制、发展生产力才能真正实现城乡融合。

（二）西方学者关于城乡一体化的主要思想

西方学者关于城乡一体化的研究较多，各位学者对城乡关系分析的角度和结论各不尽相同，学者们主要是从二元结构视角、空间极化视角和公正平等视角三方面研究城乡发展。

1. 二元结构视角下的城乡发展理论

1954 年，刘易斯在《劳动力无限供给下的经济发展》一文中通过对发展中国家的研究，认为这些国家一般存在现代工业部门和传统农业部门，分别集中在城市和乡村，由于这两个部门的再生产过程以及劳动生产率存在显著差异，呈现出鲜明的二元经济结构[①]。在刘易斯看来，当剩余劳动力都转移到现代部门时，经济的二元性质就消失了，该国就实现了工业化。1970 年，托达罗和哈里斯在《移民、失业与发展》一文中指出刘易斯模型忽视了城市也存在失业问题，而农村人口的转移则会加剧失业问题。他们认为要从根本上解决城乡失业问题，必须大力推进乡村经济和社会的发展，缩小城乡收入差距。从城乡关系角度来看，以上理论不尽相同，分别主张以城带乡、以乡促城、城乡均衡的发展模式，虽各不相同，但都认为最终要实现城乡融合发展。

2. 空间极化视角下的城乡发展理论

1955 年，法国经济学家弗朗索瓦·佩鲁在《略论增长极概念》一文中正式提出“增长极”概念，指在一个经济空间中起支配作用的经济部门。弗朗索瓦·佩鲁认为经济落后的国家应先把有限资源集中到有发展优势的地区或部门，建立若干个增长极，在增长极发展到一定程度后，再逐渐扩散到外围地区，最后实现所有地区较为平衡地发展。1958 年，美国经济学家艾伯特·赫希曼在《经济发展战

---

① 刘易斯．二元经济论[M]．施炜，译．北京：北京经济学院出版社，1989.

略》一书中把发达地区对落后地区的有利影响称为“涓滴效应”，不利影响称为“极化效应”，并认为从长期来看，涓滴效会大于极化效应，因此，他认为应大力发展城市增长极。1957 年，瑞典经济学家缪尔达尔在《经济理论和不发达地区》一书中提出穷国经济要想从不平衡发展过渡到平衡发展，只有借助政府干预，使发达地区对落后地区的扩散效应（同“涓滴效应”）强于回波效应（同“极化效应”）。1966 年，美国经济学家米尔顿 · 弗里德曼在《区域发展政策》一书中提出“核心—外围”理论，认为核心区对外围区起着支配和统治作用，严重轻视了以农村为代表的外围区在经济体系中的重要作用。上述理论都认同经济发展存在不平衡阶段，从城乡关系角度来看，它们都认为要通过政府干预采用以城带乡的模式实现地区平衡发展。

3. 公正平等视角下的城乡发展理论

霍华德为了解决大城市人口过度集中和乡村发展衰退的问题，提出打造“田园城市”，其特点是规模较小的城市和乡村交叉聚集在一起，使城乡居民可以共享同等的基础设施和公共服务①。美国建筑师伊利尔 · 沙里宁提出了“有机疏散”理论，主张疏散过分集中的大型城市，用绿化带将其隔离，将其构成一个城乡差距较小的城乡区域均质体②。上述理论都认为城市和乡村是一个整体，应统筹规划，实现城市和乡村一体化发展。

（三）中国特色的城乡一体化思想

新时代随着我国社会主要矛盾的转变，只有破解城乡发展不平衡这个矛盾问题，才能促进社会发展。应在创新、协调、绿色、开放、共享的新发展理念指引下，逐步提高乡村发展的现代性，破解城乡二元结构，实现现代化发展的同步性。在这里习近平总书记强调了城乡融合发展的目的、策略、动力等。

第一，强调以工促农，以城带乡的城乡融合导向策略。随着中央的高度重视，从 21 世纪起“三农（农业、农村和农民）”问题逐步解决的势头已经形成并且成效显著。十八大以来，习近平总书记高度重视城乡关系，明确指出：“我国发展最大的不平衡是城乡发展不平衡，最大的不充分是农村发展不充分。”③坚持把解决好乡村中的“三农”问题作为全党工作的重中之重，指出“‘一边是繁荣的城市、一边是凋敝的乡村’，这不符合我们党的执政宗旨，也不符合社会主义的本

① 霍华德．明日的田园城市 [M]. 金经元，译．北京：商务印书馆，2000.

② 伊利尔 · 沙里宁．城市：它的发展、衰败与未来 [M]. 北京：中国建筑工业出版社，1986.

③ 习近平．习近平谈治国理政（第三卷）[M]. 北京：外文出版社，2020.

质要求”。[①] 我国发展的现阶段“到了工业反哺农业、城市支持乡村的发展阶段”[②]。强调认为“我国当前发展的很多问题是因为‘三农’问题还没有从根本上得到解决”[③]。要把乡村“三农”问题放到更大的视野和格局中去加以解决，“进一步强化工业反哺农业，城市带动乡村的政策举措”，明确指出必须走城乡融合发展之路，在中国“没有提城市化，而是提城镇化，目的就是促进城乡融合”。[④] 通过城市的强势和优势跳出“三农”去更好地解决“三农”问题。“通过建立城乡融合的体制机制，形成以工促农，以城带乡”，达到并实现“城乡居民基本权益平等化、城乡公共服务均等化、城乡居民收入均衡化、城乡要素配置合理化，以及城乡产业融合化”。[⑤] 总之，要以城市发展的优势来提升城乡居民的公共服务能力，促进城乡要素自由流动和平等交换，通过推进体制性机制性改革等来实现乡村发展，解决好“三农”问题，最终实现城乡全面融合，达到最终城乡一体化发展。

第二，通过激发城乡要素流动构建促进城乡融合发展的体制机制。对于在哪些具体内容上推进城乡融合，习近平总书记也提出了明确的方向。就是“在资金投入、要素配置、公共服务、干部配备等方面采取有力举措”，[⑥] 为此一是十九大报告明确了农村土地制度改革，土地承包再延长30年，推进土地所有权、承包权和经营权的三权分置。提倡土地入股、流转，实施适度的规模经营，将传统与现代生产方式相结合等。进一步明确了乡村中最核心要素土地的归属与使用问题，保障了农民权益，激发了内生动力。二是通过构建覆盖全民，特别是乡村的社会保障体系，推进公共服务均等化，明确提出要解决社会公平正义问题。强调农业农村工作的头等重要，从以前“三农”问题着重强调农业产业的角度扩大到乡村振兴的视角。长久以来，城乡之间二元的一个巨大表现就是公共服务的差距，特别是教育、医疗、养老等严重制约着乡村的发展。十八大以来乡村教育环境、医疗保障、农民生活保障大大改善，真正使国家发展惠及乡村。三是人才政策上，

① 习近平．习近平谈治国理政（第三卷）[M]．北京：外文出版社，2020．

② 习近平：健全城乡发展一体化体制机制让广大农民共享改革发展成果[J]．中国党政干部论坛，2015（6）：1．

③ 蒋文龙．把握客观规律开创“三农”工作新局面：访中共浙江省委书记习近平[J]．观察与思考，2006（7）：25–26．

④ 习近平．习近平谈治国理政（第三卷）[M]．北京：外文出版社，2020．

⑤ 习近平：健全城乡发展一体化体制机制让广大农民共享改革发展成果[J]．中国党政干部论坛，2015（6）：1．

⑥ 习近平．习近平谈治国理政（第三卷）[M]．北京：外文出版社，2020．

加大户籍制度改革力度，鼓励人才下乡，支持农民进城就业与定居，如大学生村官、公费师范生等。习近平总书记指出“人才振兴是乡村振兴的基础”①。特别是2021年出台的《关于加快推进乡村人才振兴的意见》更是从顶层设计明确了促进乡村发展中的人才政策。

第三，从文化自觉到文化自信是推动城乡融合发展的必然。中国的城乡融合发展具有厚重的文化依托，有着浓厚的历史文化渊源。习近平总书记指出“我国农耕文明源远流长、博大精深，是中华优秀传统文化的根”。②

一是乡村传统文化与现代城市文化的融合。中华传统文化是我们独特的优势，这一传统文化又植根于乡土中国，并在这一土壤上形成了深沉的中华文化自觉，成为中华民族发展的内在精神动力。在新中国一穷二白的基础上，特别是改革开放以来以中国城市为代表的高速度发展，则进一步增强了中华民族的文化自信。

二是传统乡土自治文化与现代治理文化的融合。传统乡土中国的乡村具有极强的自保自治能力，有很多的村规民约至今依然在发挥着作用。习近平总书记强调“要在实行自治和法治的同时，注重发挥好德治的作用”。③市场环境下中国现代城市兴起晚，但发展快，形成的道德约束机制较持久长远存在的乡村弱，因此城市的他治与乡村自治传统相结合，也是城乡融合促进更为长久发展的有效路径。

从文化科技产业融合发展的现实基础来看，农村和城市拥有的文化资源和文化特色不同，城乡一体化有利于统筹城市和农村的文化产业发展，实现人、财、物等产业发展资源重组、优化，最大化同步于城市化的步伐。

---

① 习近平．习近平谈治国理政（第三卷）[M]．北京：外文出版社，2020．

② 习近平．习近平谈治国理政（第三卷）[M]．北京：外文出版社，2020．

③ 习近平．习近平谈治国理政（第三卷）[M]．北京：外文出版社，2020．

第三章　文化科技融合发展的业态分析

为了扎实推进社会主义文化强国建设的目标，要促进文化和科技的融合，发展新型文化科技融合业态，提高文化产业的规模化、集约化、专业化水平，全面提高文化创新能力，增强文化整体实力，从而更好地提升文化产业的核心竞争力。本章则围绕数字文化产业、文化制造业、文化创意产业、沉浸式文化体验等内容展开研究。

第一节　数字文化产业

一、数字文化产业的定义

文化产业的定义在学术界还没有达成共识，不同国家有不同的文化背景，经济发展水平也各不相同，因而各国对文化产业的界定各有所侧重。教科文组织以生产和流通为切入点，把文化产业界定为一系列以工业标准生产、复制、储存和销售的活动。“文化产业”概念最早出现在国家“十一五”规划中，并于2004年发布《文化及相关产业分类》，对其内涵进行了详细的界定。在2018年，我国对文化产业进行了一个全新的界定和分类，即文化产业是指为大众提供与文化有关的产品服务的产业，其内容包括六大文化范畴和三大与文化有关的范畴。

随着科学技术的飞速发展，文化与科技不断融合，信息技术革命的到来和文化娱乐多样的消费方式倒逼文化产业转型升级，文化新业态——数字文化产业应运而生。数字文化产业具备三个特征：一是内容为王，数字文化以文化创意为核心，文化内涵是第一要义，注重原创性和不可替代性；二是以技术为依托，文化的呈现要借助数字技术，数字技术为其赋能；三是跨界融合，包括地域、产业和行业跨界，可以细化为以下四点，一是新与旧的交融，二是传统与现代的结合，三是本土与西方的交汇，四是精英文化与大众文化的融合。

二、数字文化产业发展现状

（一）新业态、新模式不断涌现

文化产业新业态、新模式层出不穷，以数字技术为载体的数字文化产业出现在人们的视野里。国家统计局的数据显示，2022 年数字文化产业继续保持高速发展，新业态较为明显的 16 个互联网文化行业实现营业收入 43 860 亿元，比上年增长 5.3%，快于全部规模以上文化企业 4.4 个百分点。2018—2022 年新数字文化业务收入持续高速增长，比传统文化及相关行业的发展速度更快，彰显出数字文化产业新业态的巨大发展潜力。

新模式的出现，也扩大了不同群体参与文化创作的规模，让更多有天赋的普通人有了成为创作者的可能。各种类型的人群都可以用云剪辑等技术来培育自己的创意，并把极具创造力的灵感变成一种文化产品。数字科技也吸引了大批的专业人士，为有创意、有知识和有才能的人创造了许多新的创业和创富的机遇。《数字文化产业就业报告（2020）》指出，数字文化产业为稳定就业发挥了重要作用，其中游戏、电子竞技、直播、网络文学等行业有近三千万的全职或兼职岗位，全职岗位约有 1 145 万。具体来说，整个游戏行业的就业人口大约在 274 万左右，在内容生产、研发和发行等方面，都有着非常丰富的工作模式，如美术、编程、策划、测试、运营、营销、商务和客服等。数字文化产业为社会创造了大量的“隐形”工作，为一大批优秀的非传统人才创造了机遇。

（二）文化市场规模稳步增长

随着 5G 等新兴基础设施的不断完善，消费者对于数字文化的需求呈现爆炸式的增长，数字文化产业具有了一定的规模，以网络游戏、网络动漫、网络长视频和网络阅读为代表的细分领域，其市场规模保持了稳步增长的势头。其中，网络游戏处于高速增长时期，随着国民生活水平的提高和互联网的日益普及，国内在线游戏用户规模持续快速增长，加之利润格局明朗，网游市场规模快速扩张，市场规模从 2016 年的 1 510 亿元增长到 2022 年的 3 393 亿元。网络视频服务方兴未艾，中国网络视频用户规模由 2016 年的 5.45 亿人增加至 2022 年的 9.95 亿人。虽然随着视频用户数量的增长，其增长速度已经明显减缓，但其影响力在持续增强。互联网公司持续创新视频制作方式，推出互动剧、竖屏、微短剧等形式的长视频，以此吸引用户为文化产品和服务买单。国家出台了一系列的优惠政策，加之其对动漫产业的大力支持，国内的网络动漫产业发展迅速，市场规模迅速扩张，截至 2022 年，网络动漫市场规模已达 272.3 亿元，而 2011 年仅为 21 亿元，2011—2016 年增速较快。2015 年之后是 IP（Intellectual Property，知识产权）时代，IP 的质量提升了消费者的购买欲望，推动了数字阅读市场规模的增长，从 2018 年开始，优质内容将会进入一个新的阶段。

（三）产业衍生品持续火爆

数字文化衍生产品的开发和营销是数字文化产业链的最后一环，受欢迎的文化衍生品将高质量的 IP 价值最大化。数字文化衍生产品的种类很多，主要有基于 IP 内容的玩具和盲盒等。例如，故宫文化创意产品，开创了故宫文化创意产品的历史，目前已有 9000 多种文化创意产品，每年为故宫创造近十亿元的利润。故宫口红和故宫日历等产品被称为“网红产品”，深受年轻人喜爱。受二次元文化的影响，中国潮流玩具以中国原创 IP 为代表，线上消费呈现爆炸式增长，泡泡玛特在天猫销量高达 1.42 亿元，占据了全国潮流玩具市场的半壁江山。

第二节　文化制造业

文化制造业属于文化产业的一个细分领域。文化产业可分为文化服务业、文化制造业、文化批发与零售业这三个细分领域。而文化制造业同属于文化及相关产业，国家统计局对于文化及相关产业的定义：为社会公众提供文化产品和文化相关产品的生产活动的集合。文化及相关产业涵盖了文化制造业的概念，而国家并未准确地给出文化制造业的定义。

文化制造业作为文化产业研究的一个新兴领域，一些学者也尝试准确定义文化制造业。韩东林、袁茜、李春影认为文化制造业具体是指在传统制造业生产流程中融入文化研发、设计、科技等特有元素，使产品附加值最大化和产业链多元化的一个新兴产业领域①。张荣刚、刘鹏飞认为文化制造业指的是与文化产业发展密切相关的制造业②。

总之，文化制造业处于文化产业与制造业的交叉领域，故而兼具文化产业、

① 韩东林，袁茜，李春影．我国中部地区文化制造业科技创新效率评价[J]. 科技进步与对策，2016，33（17）：43—48.

② 张荣刚，刘鹏飞．文化制造业效率与社会资本介入关系研究：基于 DEA—Tobit 模型的分析[J]. 西藏发展论坛，2016（5）：47—54.

制造业的产业特点与属性。而文化制造业的发展不仅仅具有经济效益，更具重要的社会效益。且文化制造业更倾向于文化产品的制造，更多地涉及“物质生产”领域，是具有“文化”特色的制造业生产领域。

第三节 文化创意产业

一、文化创意产业概述

（一）文化创意产业的概念

文化产业、创意产业、文化创意产业三个概念是密切相关的。不同的国家所采用的概念不同，但是基本可以肯定的是目前世界是注重文化创意产业发展的，我们可以说文化创意产业是在新时代背景下，在文化的基础上注重创意、注重内容、注重技术、注重渠道的产业。

上海社会科学院教授荣跃明认为创意产业脱胎于文化产业，并超越了文化产业。上海社会科学院部门经济研究所厉无畏和王慧敏的理解是，创意产业的含义所覆盖的范围远远超过了文化产业的内涵，它除了融合文化产业及第一、二、三产业，并促进三大产业与文化产业的彼此渗透之外，对文化的经济化及产业文化也非常重视，其概念和内涵与个人创造力及知识产权密切相关。通过这些学者对创意产业的探讨，可以发现创意产业不再只局限于文化，更强调了创意的重要性，人的创造力是创意产业的主体。香港首次运用“创意产业”的概念，更明确地在 2005 年提出文化创意产业是未来经济发展的新增长点，并更名为“文化创意产业”。

上海视觉艺术学院文化创意产业管理学院执行院长刘轶教授指出，在新经济时代，“文化产业”和“创意产业”都有各自的局限性，只有结合它们的长处，才能阐明这个概念的真正含义；采用“文化创意产业”命名。

文化政策与管理研究中心主任祁述裕教授认为以知识、信息、意象等为主要资源的知识经济是第三产业中最有活力的部分，而正是信息时代这个社会背景应运而生出文化创意产品，并强调了创意要素在文化生产和需求中的关键作用。他认为我国文化创意产业的概念是充分考虑了中国国情之后，在产业发展规划过程中提出的。

深圳大学文化产业研究院副院长胡鹏林研究和分析了大量国内外文献资料后指出，文化创意产业是一种崭新的产业形态，是文化活力被人类创造力高度激发、文化与相关产业被人类创造力有效整合、产业融合效应在人类创造力之下得以实现的结果。有几十种不同的定义存在于文化创意产业的外延之中，但并不明确，且缺乏界限限制。文化创意产业主要分为制作文化创意内容、传播文化创意产品及软硬件支持文化创意服务三大类。

我国“十四五”时期更加注重文化建设，提出以文化创意、科技创新、产业融合为核心，是建设社会主义文化强国的重要基石。各国日益重视文化创意产业的发展，尤其在数字技术发展的背景下，文化创意产业在产业结构转型、产业模式创新、文化消费扩大等方面都起到了一定的作用，文化创意产业已逐渐成为支柱行业。“文化创意产业”的概念首次被提出来是在我国台湾，是在对英国创意产业发展经验进行充分借鉴吸收的基础上，整合文化及创意产业概念的结果。该概念定义如下：这是一个可以提升民众整体生活质量的行业之一，其潜力在于可以创造无尽财富及就业机会，是一种创意和文化积累的产物。从另一个角度可以解释，文化创意产业是文化产业与创意产业的有机结合。从时间轴的相反角度来看，文化产业和创意产业这两个概念是对文化创意产业不同侧重点的诠释。

迄今为止，文化创意产业的概念还没有完全统一，但相关概念并不少，国内外都有大量学者展开相关研究，并且角度各不相同。尽管如此，我们依然可以发现很多相似的地方存在于上述文献之中，这个共性就是所有文化创意产业的概念，其核心要素都与创意相关，并不是简单粗糙地复制和发展传统文化产业，而是对传统文化产业的技术进行了创新和提升，同时充分利用高科技，是在文化积累和人力资本的基础上产生高附加值的结果。综合学者们的观点就会发现文化创意产业注重创意、技术、内容和渠道。观察整理之前学者所采用的文化创意产业指标，经过思考发现，文化创意产业统计指标可以建立在我国文化及相关产业增加值数据之上，虽然从对文化创意产业含义阐述的完整性角度而言，该数据统计并不完全精准，但是可以大概呈现文化创意产业相关方面的情况，也可以大致反映中国文化创意产业的发展情况。

（二）文化创意产业的特征

文化创意产业区别于传统的产业，它具有如下特征。

1. 高知识性

文创产品是艺术家的艺术素养、价值观等在文化创意产品中的具体体现。另外，文化创意产业目前越来越广泛地与大数据、文化传播技术等高知识型科技相结合，广泛地应用于旅游、广告、传媒、设计、音乐、影视等艺术领域。例如，2021 年在重庆举行中国智能产业博览会，“中国—上合组织数字经济合作展馆智慧旅游展厅”极富文旅特色的“山水”造型，就是利用高科技手段来呈现的。另外，重庆市智慧文旅广电云平台也利用了 VR/AR 技术、物联网、大数据等高知识性技术，重构了“山水之城”的场景。随着互联网的不断发展，文化创意产业的高知识性特征越来越明显。

2. 高附加值

文化创意产业的产业附加值往往会延伸到不同的产业领域，持续时间长，带来的经济效益也具有可持续性。例如，近年来，动漫文化开始渗透到旅游产业中，并以此衍生出一批以动漫 IP 为主题的特色小镇。这些特色小镇以 IP 为主题元素，将动漫人物、动漫场景、漫画家、动漫周边产品等与旅游业联系在一起，吸引旅客和动漫迷前来旅游参观，购买动漫周边产品，从而延伸动漫作品价值链，提高动漫作品本身的附加值。其中，最具有代表性的就是“柯南小镇”。它被标榜为“柯南迷”的朝圣之所，小镇内部随处可见柯南的身影，同时还开发设计了大量的《名侦探柯南》动漫衍生文创产品、旅游纪念品，种类丰富，如书签、笔记本、手机挂件、服装等，创造了巨大的经济效益和附加值。

3. 强融合性

文化创意产业是经济、艺术、文化相交融的产业，不仅可以促进经济发展方式的转变，同时还可以将文化创意渗透到文化产品中，从而提升人民的文化素养。

例如，博物馆文创是经济、文化、技术相融合的典型产物，许多博物馆打造了自身的文创品牌，在博物馆自身文化底蕴的基础上打造良好的品牌形象，跟随时代发展脉络的同时，也增加并提高了博物馆的收入与知名度。其中，发展较好的有“故宫文创”“国博文创”等品牌。

例如，众所周知，三星堆文物是宝贵的人类文化遗产，极具艺术性和历史性，其出土地点四川也具有底蕴深厚的川蜀文化，“川蜀小堆”主题盲盒就是将三星堆文物与川蜀元素相结合的设计。

（三）文化创意产业的分类

文化创意产业是近年来学术界使用的一个概念。它注重创意、技术、内容和渠道，在我国最早是由台湾省于 2001 年提出的，然后北京、香港、上海等地区开始使用。

目前，最新的文化创意产业分为 9 大类。在美国，文化产业又被称为版权产业，他们认为文化产品和服务理应受到版权保护，其版权产业涉及范围极其广泛，主要分为 4 大类。日本是亚洲文化创意产业最发达的国家，其文化创意产业被称为娱乐观光业，主要分为 6 大类。

目前，我国对文化创意行业的划分尚无统一的规范。据统计部门介绍，文化及相关行业是向社会大众提供文化和相关产品的生产活动的集合，共分 9 大类。中国台湾将创意产业分为 15 类。中国香港并没有对文化和创意产业进行清晰的定义，将其划分为 11 个类别。北京将文化创意产业分为 9 类。上海将文化创意产业分为 11 类。虽然分类各不相同，但是关注的方面大体上仍然是相同的，注重创意，注重版权，注重内容，注重渠道。

二、文化创意产业兴起的背景

（一）文化创意产业与社会发展水平具有密切关系

不同的社会生产力水平会导致不同的社会和经济发展水平，不同的经济发展水平又导致了不同的工业水平。作为一种新兴产业，文化创意产业具有特殊性，与传统意义上的经济产业有所不同，即属于经济发展到更高阶段后才出现的一种产业形态。从某种意义而言，文化创意产业属于经济产业中的“上层建筑”，其从传统的产业发展中逐步形成，并逐步从传统产业的附属部分升级为具有独立性与自主性的新型产业。众所周知，文化是人类社会出现以来就存在的产物。传统上，文化大多具有价值性与规范性，即具有“以文化人”的公益属性。而当今社会经济不断发展，文化通过它独特的性质，存在于经济建设的方方面面，并与市场相融合，因此具备了开发性和投资属性。文化与市场、文化与经济的这种相互作用，不仅成为文化影响力外溢的重要渠道，还推动了经济产业升级，并且进一步丰富了人民的精神生活。

（二）文化创意产业与科技发展具有密切关系

文化创意产业的发展不能与科学技术分开。各领域的科技发展对创意经济的出现也起到了促进作用，这构成了文化创意产业出现的重要前提。如今，科学技术水平得到了一个质的飞跃，特别是网络技术的提高，成为文化创意产业发展的一个重要技术基础。首先，科技稳固了文化创意产业发展的根基，产品的科技含量不同于传统产品；其次，科学技术的发展，使文化创意产业扩散至全球，以极快的传播速度与传统产业相区别；最后，不断增加的科技价值使文化创意产业链越来越广泛，并且在每个环节都创造了更多的就业机会。

（三）文化创业产业也与人居环境保护等有着联系

关于协调经济发展与人类环境保护之间的矛盾是如今人类社会发展无法回避的一个重要问题。为平衡产业发展的利与弊，人类研究得出一个人居环境保护的观念。现如今，不少发达国家和地区的产业已进行换代升级，将那些重污染产业加以升级改造甚至搬迁到市郊或农村。城市中心的产业新宠儿则是文化创意产业这种低耗能或零耗能的生态产业。产业结构的调整使城市的环境更加优美。

三、文化创意产业的发展现状

（一）文化创意产业演进脉络

1. 初步生成阶段

1978—1991 年是文化改革的初始阶段。在传统的计划经济体制下，文化组织与政府机构的关系影响着文化产业。信息传输、资源供应和权利的给付主要通过垂直通道进行。因此，中国文化娱乐市场仍处于发展的边缘区域。

1978 年 12 月，我国做出了“改革开放”的伟大决策，在这一背景下，文学、艺术、电影、电视、娱乐等方面，原本固化的文化消费形式逐渐消失，开始逐渐被音乐茶座、商业舞厅等各种娱乐消费形式所取代。这一时期文化市场方兴未艾，文化娱乐方式得到进一步发展。《关于加强文化市场管理的通知》于 1988 年发布，这是我国首次系统构建的文化市场管理体系。随着改革开放不断深入，社会物质财富不断增加，人们对于精神生活的需求也随之增加，文化和商业活动日益增多。与此同时，在文化需求的拉动下，我国的文化创意产业初步形成。

2. 官方认可阶段

伴随着一开始的自发阶段的发展，我国文化体系开始促进市场结构的转型。这一阶段是文化创意产业政策体系建设和逐步完善的阶段。国家层面聚焦文化结构，文化体制改革步伐加快，中国文化创意产业引入社会资本与外资，进军国际市场。中华人民共和国文化部印发了《关于进一步加快和深化艺术表演团体体制改革的意见》，调整了市场运营结构，激活内部运行机制。此后，政府又出台了一系列政策，旨在建立文化创意产业的动态治理机制，推动国家文化产业的改革。2001 年，随着中国加入世贸组织，中国文化创意产业的发展环境进一步标准化，颁布了一系列法律法规，在著作权与专利商标法方面更加完善，为文化创意产业的发展提供了坚强的法律保障。

3. 产业整合与战略支持阶段

这一阶段，在文化外部环境与国内市场发展需求的协同作用下，国内的文化创意产业市场开始与国际文化市场进行融合。在国际文化创意产业市场错综复杂的竞争中，我国文化创意产业进行了资源整合且调整了原有的产业格局与相关政策体系，开始涌现出一批具有我国独特优势和国际竞争力的文化创意产业。这一阶段是文化创意产业科学且合理的高速度、高质量发展阶段。

与此同时，我国创意产品、创意服务以及营销手段等逐渐形成一定的市场规模，产生了规模聚集效应，形成了强大的创意经济浪潮。2005 年，中共中央、国务院在《关于深化文化体制改革的若干意见》中提出，要推动文化机构改革，实行差别待遇和分类指导，明确了要深化国有文化事业单位体制改革，加快国家剧团的结构调整和内部体制改革。2009 年我国提出了“文化产业振兴规划”，积极发展文化创意等 9 大产业，这是我国首次提出“文化创意产业”概念。2011 年，中国共产党第十八届六中全会首次提出“建设社会主义文化强国”发展战略，将文化产业作为国民支柱性产业发展。2017 年，党的十九大报告指出，要坚定文化自信，推动社会主义文化繁荣兴盛。2019 年发布的《中华人民共和国文化产业促进法（草案送审稿）》，作为中国第一部文化法，将为公民提供更好的公共文化服务与制度保障。2020 年党的十九届五中全会明确提出，到 2035 年建成社会主义文化强国，随着社会主义建设步伐的不断推进，国家文化软实力、中华文化影响力必将进一步提升。

（二）文化创意产业发展趋势

1. 市场规模不断扩大

根据《文化发展统计公报》，中国文化创意园区的数量从 2009 年的 300 多个发展到 2022 年的 2 000 多个，目前有 1 个国家文化创意产业创新实验区、1 个国家动漫产业园、20 个国家级文化创意产业试点园与文化创意产业示范园、335 个国家文化创意产业示范基地。

从营业情况的角度来看，文化创意产业为我国文化建设和经济发展做出了一定的贡献，增加了社会就业岗位。国家统计局数据显示，截至 2022 年，全国规模以上文化及相关产业实现营业收入 121 805 亿元，营业收入较上年增长了 0.9%，整体处于稳步增长的状态之中。

2. 产业发展均衡，趋于稳定

国家统计局数据显示，2022 年中国东部地区文化及相关企业的销售额为 9.17 万亿元，发展速度较快。中部的文化创意产业销售收入达到 1.83 万亿元；西部达到 1.08 万亿元，东北地区为 0.1 亿元，中部具有一定的发展优势，西部地区发展较为缓慢，东北地区的文化创意产业明显处于较低水平，亟需创新发展思路。

过去一段时间，中国文化产业的发展处于不稳定状态。2010 年至 2013 年，各地区之间的文化和经济差距逐步缩小。2014 年至 2022 年，中国文化创意产业的不平衡发展有所改善，但仍存在较大的上升空间。在未来一段时期内，我国各地区的文化创意产业的发展结构将更加合理、均衡。

（三）文化创意产业内外部生态环境

1. 外部生态环境分析

从政策环境方面看，我国有关文化创意产业的整个法律体系是比较全面和完善的，无论是宏观上针对文化产业的经济政策还是微观上针对极个别的特定细分行业的经济政策都对文化创意产业的发展起到了支撑和促进作用，形成了以政府相关部门为主导，行业协会、地方文化办等相关部门协同的管理布局。

尽管市场上仍然存在部分盗版和侵权的行为，但法律体系的逐步完善、对违反《中华人民共和国知识产权保护法》行为的有力打击、有关部门对知识产权保护的宣传普及、公民法律观念的不断增强、知识产权服务平台的逐步完善，这些都将促进文化创意产业的繁荣与发展。

2. 内部生态环境分析

从国内产业的角度看，中国文化创意产业的规模正在迅速增长，文化市场也在迅速增长。以电影产业为例，国家统计局数据显示，2022 年全国电影票房收入 300.67 亿元，全国院线内影院 11 957 家，位居世界前列。

从产业链的角度看，中国文化创意产业链还有较大的完善空间，产品多元化往往滞后，难以体现其高附加值。例如，对于《哪吒之魔童降世》等广受大众好评的电影和电视作品的衍生品的开发仅限于表情包、公仔玩偶等。另外，关于产业商业模式，尽管中国的产业商业模式趋于多样化，但也存在包括缺乏创意和低质量的问题，商业模式仍处于初级发展阶段。同时，虽然文化创意产业园区数量众多，但盈利模式单一，自给不足。它们大多以文创产品和旅游业为主要收入来源。总之，文化创意产业在我国处于全面整体发展但问题突出的阶段。主要问题体现在产业范围不够大，多元化营销模式虽然已经萌芽，但尚未得到很好的保护和发展。

四、文化创意产业的影响因素

（一）创意

创意产业最核心的部分就是创意，应努力将这个核心价值体现出来，最关键的一步就是对知识产权保护体系进行完善，从而在促进创意产业长期快速发展方面起到保障作用。

（二）知识产权

将来世界经济发展的一个至关重要的要素就是知识产权。文化创意产业的最大保障就是将知识产权交易和保护政策制订出来，从而促进更多、更好的创意自创意工作者大脑里诞生。创意产业战略进程中最为核心的竞争力来自不断完善的知识产权制度。对知识产权保护的逐步加强是形成文化创意产业的前提条件之一，可以确保文化创意产业顺利发展。

（三）技术水平

在发展文化创意产业的过程中，缺一不可的要素就是信息技术，后者发挥的作用不容忽视。有非常明显的空间正相关关系存在于中国文化创意产业的发展过程中，说明中国文化创意产业发展过程中，起到巨大推动作用的因素主要是技术。

（四）人才

发展文化创意产业一是要将市场机制创建起来；二是使国际市场扩大；三是使行业投资增加，尤其对人才的推动作用进行了强调。

第四节　沉浸式文化体验

一、沉浸式体验理论概述

当人们进行一些包括但不限于学习、工作、娱乐等主体活动的时候，由于高度集中的精神和身体状态，会出现一种忽视不相关的周围事物的现象，而这种现象被称为沉浸式体验。沉浸式体验的本质是一种体验，沉浸本身是一种精神状态，造成这种状态的主要要素有两个，一是空间环境，二是感官的交互体验。

（一）体验

“体验”从字面与文字意义上看有两种含义：一是指亲身的实践经历；二是指通过亲身的实践经历所获得以及掌握的经验、知识或是技能。在英文语境中，“体验”对应的词汇“experience”，既可以用作名词也可以用作动词。结合中英文两种语言的释义，对“体验”可以如此理解：可以促使人们形成深刻感受与认知的一种实践经历。

从认知心理学的角度来看，这种体验本身可以理解为一种情感上的补充。在《体验心理学》中，苏联学者瓦西留克认为，体验的过程就是克服我们生活中危机的过程。体验从艺术的角度出发具有催化剂的作用，具有催化体验者实现自我价值的作用。这里所说的自我价值是双重价值，包括艺术家本人与体验者自身。体验者自身的需求通过艺术家作品所带来的体验而得到满足，艺术家自我价值的实现则是因为体验者的需求得以被满足。

（二）沉浸

沉浸又被称作心流，这个概念是由心理学家契克森米哈赖首次从心理学的角度出发，在分析心理学知识的基础上总结出来的。1975 年，他描述了人们会无意识地进入沉浸状态的心理现象：“人们在流动状态下最快乐，这是对正在进行的活动和情况的完全投资和集中。”① 流动意味着一个人不受时间和空间等外部因素的影响，当流动状态发生时，它将伴随着无私、高度兴奋和充实感。在这种感觉之后，即使没有奖励或刺激，个体也愿意继续这种行为以获得满足。总体来看，沉浸的过程是一种心理状态向更高级的状态转化的过程。

（三）沉浸体验

沉浸体验是基于“沉浸”概念的进一步探索。沉浸感是指通过人们的感官体验和认知体验创造一种氛围，让参与者能在做一件事的过程中享受某种稳定的状态。沉浸式设计不只要设计出一个完整的故事链来吸引产品用户，还需要创造出一个与主题相关的场景空间。

总的来说，沉浸式体验的一般特征可以概括为以下 9 点：第一，挑战与技能的平衡。第二，行为与意识合一。第三，清楚的目标。第四，明确的反馈。第五，专注于当下以及未来的任务。第六，控制感。第七，失去自我意识。第八，时间感。

---

① 契克森米哈赖．心流：最优体验心理学 [M]. 张定绮，译．北京：中信出版社，2017.

第九，自我体验的扭曲①。根据沉浸式体验的9个特征要素，提出了关于沉浸体验的6个维度：第一，注意力的高度集中；第二，行为与感知的合一；第三，知觉控制；第四，时间转换感；第五，难以自由掌控的自我意识；第六，自我目的体验②。

二、沉浸式文化体验的分类

（一）网络中的沉浸式文化体验

网络沉浸体验是指使用者充分融入网络活动中，产生了身心愉悦的心理感受，伴随着其他不同感官的丧失，甚至忘记了因为某些目标或自己的兴趣而体验互联网产品的时间。如果个人在从事网络活动时有这种心理体验，则可以认为用户已进入网络沉浸状态。

网络沉浸式文化体验让用户在通过网络构建的情景中逐渐沉浸的同时，意识慢慢脱离真正的现实世界，它主要用于游戏、网络界面和娱乐活动。网络艺术的沉浸主要体现在以下几个方面：创作与欣赏的交互性、交流的实时性、用户体验的多感官性和表演风格的丰富性。游戏领域经常被提到的“置入感”与“沉浸感”都是为了表达出用户被游戏所吸引，并置身于游戏中的忘我状态③。

（二）现实中的沉浸式文化体验

现实中的沉浸式文化体验可以如此理解：体验者在某一种特定环境中，专注于某一项特定活动。可以将其分成两种类型。第一种是主体人物在自然环境之中的体验，如极限运动和户外公园露营。在真实的自然空间中尝试集中体验者的注意力。另一种是主体人物在通过人的外力所建构的人为环境中体验，如沃尔特创建的迪士尼。迪士尼乐园将虚拟世界变成了现实，并创建了世界上第一个让游客流连忘返的主题公园，这种体验的关键点是为体验者提供了诸多令人印象深刻的难忘事件，创造出身临其境的体验效果。

① 辜秀玲．网络游戏沉浸感对网络游戏成瘾的影响：认知偏差和重复行为的序列中介作用[D]．武汉：华中师范大学，2016．

② 顾汉杰．基于虚拟现实的科普游戏设计[J]．中国教育信息化，2017（10）：92-96．

③ 袁美姿．艺术创作中的沉浸式体验要素研究[D]．杭州：浙江工业大学，2017．

三、沉浸式文化体验的特征

（一）外部沉浸与内部沉浸

沉浸式文化体验相关的研究都属于心理学的范畴，但就目前来看相应的研究主要专注于体验过程中挑战的对象和其自身技能所匹配的程度。这类的研究更多地运用在游戏的设计和开发中，这当然离不开与之相互动的装置本身，所有的科技发展可以说是以机械学科为基础演变过来的，尤其是随着近现代科技的不断发展，很多艺术家开始思考新的创作形式，这也为冷冰冰的机器带来了些许人情味。

匈牙利籍心理学家契克森米哈赖认为，当挑战的难度过低且自身技能较高的时候会产生无聊感，而无聊感会直接导致注意力分散。当挑战难度太大而自身技能太低就会产生焦虑感，进而影响感官体验。当挑战的难度与自身技能相匹配的时候便会产生强大的专注力，参与者进入这样的沉浸状态时，其自身会持续性产生高强度的充实感与兴奋感。

这种沉浸状态的原始动力是靠外部刺激不断地变化造成的，而沉浸感是通过感知行为的整个循环过程来形成的，体验者在受到外部刺激后经过意识内部一系列的反应过程再通过效应器反作用于外界环境，外界环境在发生变化后又以新的外部刺激重新传递给体验者进而达到循环。

在现实体验中，沉浸感的循环过程是由外循环和内循环共同形成的。所谓的外循环指的是感受器官在接受外界事物的刺激后，通过意识内部的转化并由效应器官反作用于外界事物的循环过程。而内循环指的是在意识内部通过认知因素形成内部刺激并对主体感受产生影响，再由主体感受反作用于认知因素的循环过程。在整个大循环过程中一次外循环可以包含多次内循环，而内循环的持久性则直接影响外循环的循环频率。

在沉浸感的循环过程中，根据外循环与内循环的不同状态可以将沉浸式体验分为外部沉浸和内部沉浸，其中外和内只是对循环过程中侧重区域的不同进行的描述。外部沉浸是指体验者将注意力集中在外部物质世界，而它的体验过程是靠人体感受器官感知外界事物，并在大脑中做相应的思考与判断，再用效应器官作用于外界事物。在这个过程中外循环的频率较快，内循环持续时间较短，体验者是在被外界事物刺激并反作用于外界事物的高频率循环过程中进入沉浸状态的，以此得出这种沉浸感主要依靠多次外循环。

内部沉浸是指体验者将注意力集中在内部精神世界，当体验者受到外部刺激后，并不是在较短的时间内做出反应，而是在意识内部通过回忆、想象、思考等认知因素反复作用于主体感受，使得体验者沉浸在其中。在内部沉浸的循环过程中，外循环的循环频率较慢，而内循环的持续时间较长，以此得出这种沉浸感的形成主要依靠于持久性的内循环。

（二）沉浸感的显性与隐性特征

在日常生活中人们似乎很青睐于沉浸式体验，原因在于沉浸式体验所产生的感受是趋于人们所能接受的正向感受，对于负向感受人们往往避之不及，更不会享受其中。但是，对于沉浸感而言，不论是正向感受还是负向感受，只要是某类感受高程度且持续地存在于体验者的意识中都会使人沉浸。内部沉浸主要体现在认知因素与主体感受发生相互作用的内循环中，而内部刺激强度的大小也会使沉浸感体现出不同的特征，从体验者发生内部沉浸时个体意识的显现程度来讲，可以分为显性特征和隐性特征。

1．显性特征

沉浸感的显性特征一般表现为，感受个体对某一个事物进行持续性地思考与回忆，这时人的内在意识是较为清晰以及活跃的，意识内部的主体感受会随着认知因素的刺激而发生变化。然而诱发这种沉浸行为的一般是外部刺激，当人接收到某一种特定的外部刺激时，意识内部会使记忆、思考和想象三种认知因素对主体感受产生不同程度的刺激，而注意力则处在被动的状态。

在这个过程中人们通过记忆唤醒意识中的一些画面或场景，再由想象连接到其他记忆点或是对还没有发生的事情进行幻想，抑或会间断性地进行思考并从思考中得到最终的答案，在现实情况下这三种认知因素都是相互叠加的。

记忆在沉浸过程中充当的角色更像是初始材料，而想象则像是加工、组合、改变初始材料的工具，思考则作为检测以及逻辑运算的判断机制，对材料进行规范的处理，但是这三种认知因素由于年龄的不同在沉浸过程中显现的程度也有所不同。

如果将比重等级分为十个刻度，那么从整个人生阶段来看，在人生的初期阶段沉浸感的想象部分占比较高，其次是记忆部分，思考部分几乎很少，随着年龄的增加，思考会在一段时间内大幅度地增加并在一个峰点保持持平，记忆则是有条不紊地继续增加，而想象增加得较为缓慢。这三种认知因素在不同年龄段的变化可以作为沉浸感显性特征的参考值。

2．隐性特征

沉浸感的隐性特征一般表现为，当人处于冥想或禅定的状态中，该状态下人的意识进行了放空，并不再执着于某些具体的事物。而这并不代表着要封闭所有的感官系统，它的重点在于即使人体的感官系统不断接收着外部环境所带来的信息，但是意识内部感受强度变化的波动依旧趋于一条平行线，而这时感受的强度并不一定为零，关键在于外部环境的整体氛围要相对统一。

当然沉浸感的隐性特征一般会出现在无意识的状态下，如果想要人为地使沉浸感的隐性特征表现出来一般需要营造一种特定的氛围，且体验者自身需要具有平静祥和的心态。

四、沉浸式文化体验的设计内容

沉浸式文化体验具备以下几个特点：被吸引、目标明确、主控感、全身心投入、即时反馈。这些特点需要营造一种“代入感”，而这种所谓的“代入感”被转化为设计内容时，可以从以下四个方面着手：场景化设计、抓眼球设计、故事化设计以及情感化设计。

（一）场景化设计

产品的使用场景与产品价值可在一定程度上画等号。将特定用户置于其所处的使用场景中，以此为前提来思考产品的功能性和审美性设计，这也是沉浸式体验设计的精髓所在。用户往往容易被场景设计中具有强烈替代感的场景所吸引，在这一过程中用户的感官与认知通过场景化设计的体验形式被生动有效地结合起来。在界面设计中，界面的场景化设计在满足了功能需求的同时，也带有情感表达的设计，同时用户在使用时也能被带入使用情景中，让人与产品产生更多的连接。曾经的拟物设计就是界面的情景化设计，笔记本样子的记事本图标，钟表一样的时钟图标，等等，让用户在一打开界面的时刻，就融入了使用场景。

（二）抓眼球设计

一项设计作品能否具有优秀的视觉效果关键在于其视觉设计所展示出的冲击感。创意设计可以从布局引导、符号与图形的识别、感官刺激、色彩的氛围和加深记忆等各方面进行。具有视觉冲击力的摄影图片或者插画，能在一定程度上迅速吸引用户的目光。可以通过结合冷光和阴影的表现加强设计的醒目程度，如重金属、激光等具有强烈质感的设计，在适应设计主题的基础上产生感官冲击，吸引用户的注意力。

（三）故事化设计

故事化设计可以理解为通过设计这一手段来讲述故事。讲故事的原因是用故事来影响他人，因为故事可以激发人们的灵感和共鸣，让听故事的人参与概念的交流，让用户越来越快地接受我们的观点。其主要表达形式以插画和分镜为主，可以通过壮丽的场景来展现故事的画面感，通过内容深深影响用户的心理。故事化设计常见的设计方法有场景故事、结构故事以及类比故事三种。

（四）情感化设计

情感化设计作为一种能与用户产生共鸣的设计手法，通常可以更好地改善用户体验。如今，简单地解决用户问题和改进功能已不再是设计师的唯一目的。在《情感化设计》一书中，美籍心理学家唐纳德将情感化设计分为三个层面来进行深入的分析，这三个层面分别是本能、行为和反思。

五、沉浸式文化体验的九大要素

契克森米哈赖提出达到沉浸状态需要满足九个条件要素，如图 3–1 所示。其中，技能和挑战两者之间的平衡十分重要。为了实现沉浸感，活动给人们带来的挑战应该与他们自己的技能需求相匹配。如果某项活动的挑战与个人的技能水平具有较大差距，个人技能无法顺利应对挑战，就会进入十分严重的焦虑状态；个人技能超出挑战难度过多时，则会导致用户产生无聊的状态。

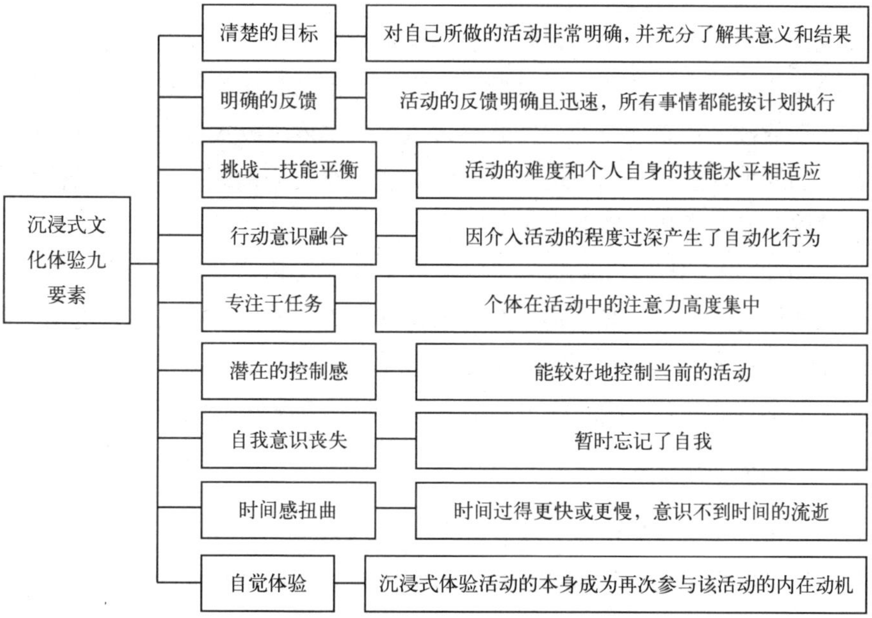

图 3-1　沉浸式文化体验九要素

沉浸要素又可分为三个阶段，如图 3–2 所示。

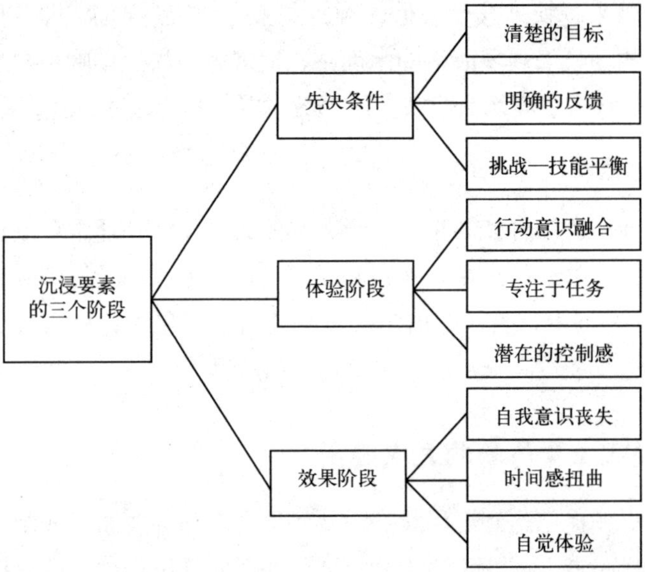

图 3-2 沉浸要素的三个阶段

六、沉浸式文化体验的发展趋势

传统艺术表现形式传递和接收信息的两部分非常独立，而网络技术、交互技术、沉浸式体验技术的普及彻底改变了人们发布信息和接收信息的方式，也使得与观众互动的技术越来越成熟，因此越来越多新媒体沉浸式体验的艺术形式逐渐出现在人们的视野里。正如郭晓寒所说：“人类社会形态的改变，必然会使得最适应它的媒体艺术形式获得最迅速的发展。”①

随着 2020 年文化和旅游部在《关于推动数字文化产业高质量发展的意见》中对“发展沉浸式业态”和“提升数字文化软实力”发展目标的明确提出，我国沉浸式体验的技术目前正在不断地优化、产业也在不断地丰富，未来的主要发展趋势有：全感官的融合、线上线下的融合以及多种表现形式的融合。

（一）全感官的融合

目前，市场上大多数沉浸式文化体验还是以视觉、听觉为主，触觉为辅，对于味觉和嗅觉的探索仍受技术和应用场景的约束，这离完全沉浸的五感体验还存

① 郭晓寒，何雨津．互动媒体艺术 [M]. 重庆：西南师范大学出版社，2008.

在一定距离。不过目前也已出现了通过化学模拟、电流刺激等技术手段模拟味觉和嗅觉的技术形式，如韩国济州岛以“Eternal Nature（永恒的自然）”为主题的展览，在这个无限镜面空间里，观众不仅可以观赏极光、倾听海浪、感受海风，甚至还可以闻到弥漫在空气中自然的清香。多重感官的包围，让人们在感知自然奥秘的同时也沉醉其中，故随着味觉和嗅觉的技术越来越完善，其运用的场景也会越来越多，未来沉浸式文化体验将会实现全感官的刺激，由此带来的交互感和临场感将会更强。

（二）线上线下的融合

受 5G 技术的影响，沉浸式文化体验正在探索线上体验的新路径，包括线上虚拟会议、线上虚拟演出、线上虚拟博物馆等。例如，“The Met Unframed（大都会无限游）”是美国大都会艺术博物馆在疫情期间的尝试，该项目用 AR（增强现实）技术的形式“复刻”了美国大都会艺术博物馆以及展品，让用户在家也可以 360° 无死角地访问虚拟博物馆。与线下参观博物馆不同的是，“The Met Unframed”不仅将部分原本静态的展品以动态的形式来呈现，用户在探索虚拟画廊的同时，还可以参加问答测试和小游戏，甚至还可以通过 AR 技术把你最喜欢的艺术品“借”回家。如脸书（Facebook）推出的“Horizon Workrooms（元宇宙虚拟会议空间）”，其运用了键盘跟踪、手部跟踪、远程桌面传输、空间音频等技术，用户可以自由创建虚拟人物形象加入视频会议，获得更加沉浸式的会议体验。所以，随着线上沉浸式体验的技术与设备越来越成熟，未来沉浸式文化体验必然会进行线上线下空间的融合，扩展沉浸式文化体验的新边界。

（三）多种表现形式的融合

文化与科技的融合，极大地丰富了新媒体艺术中沉浸式体验的业态，同时也吸引了更多的消费者进行线下体验，如《幻境 2020 中国沉浸产业发展白皮书》中所提道：目前我国沉浸式文化产业呈现指数级增长，主要集中在沉浸式主题公园、沉浸式演艺、沉浸式灯光秀、沉浸式展览、沉浸式餐厅、沉浸式实景游戏等方向。而且数字技术的不断完善，也为创作者们带来了更多的创作手段，未来更多的题材内容将会不受媒介与技术的限制。如上海纽约大学的《达达山水》，就是利用了人工智能与机器学习技术，参与者只需要在屏幕上随意勾勒几笔简单的线条，人工智能技术将会帮助参与者在线条的基础上创作一幅有模有样的山水水墨画。这种新的技术形式颠覆了以往传统媒介所达到的表现效果，使得以往需要通过文人墨客才可以表现出的山水水墨意境，让参与者也可以轻松画出来。

所以，在当下政策支持、技术完善、内容创新等共同作用下，在不久的将来更加舒适、新奇、多元的沉浸体验项目会越来越多。

七、沉浸式文化体验的发展对策

正如“赛博朋克之父”——威廉·吉布森所言，“未来早已到来，只是尚未均匀分布”。[①] 从全球来看，沉浸式体验发展正当时，在中国也是方兴未艾，未来可期。有鉴于此，中国亟须探索出一条有中国特色的沉浸产业发展道路，以期在沉浸产业未来发展的全球市场占据一席之地。

（一）满足文化产业增长和科技进步的需求

中国若要实现文化产业的长足健康发展、提升文化软实力，就必须落实文化与科技深度融合、推动新型文化业态发展、提升文化产业数字化水平等工作。文化与科技融合发展是时代发展的必然之趋，两者的结合可使得文化内涵有效注入科技产品中，也可使得创新性技术为文化资源赋予新的表达方式。国与国之间文化产业的竞争主要是先进科技之间的竞争，对核心技术的把握与引领尤为关键，这决定了一国的文化传播力与文化主导权。各国间综合国力竞争的核心已聚焦在文化竞争力上，在国际竞争激烈的大环境下，谁能够紧抓文化与科技融合的机遇，并做好深度融合工作，谁就可以提升文化生产力，也就为增强文化软实力提供了良好助力。在文化与科技融合领域中，沉浸式体验就属于其中一种新兴业态，该体验模式也是文化产业发展的新动力和新的增长点，具有强大的生命力。

科技发展日新月异，每一次科技革命，都深刻地改变了世界的产业结构，对文化的传播形态产生影响，也在一定程度上加速了世界经济的全球化发展。当前，世界正处于第四次科技革命带来的工业 4.0 进程中，各国都抢占机遇，以科技进步推进文化产业链升级，通过积极发展高科技含量、大张力形式、强互动感、长产业价值链的文化产业来提高文化竞争力。

一方面，沉浸式体验等新兴业态依赖先进技术产生创意内容，凭借新颖的形式、领先的技术、前卫的内容等独特优势，极大地诱发了人们的消费需求，形成了相当可观的经济效益；另一方面，正是经过一次次产业的应用和检验，科技才能不断地更新，不断地进步。虚拟现实、全息投影等高科技在沉浸式体验中的应

① 威廉·吉布森．神经漫游者 [M]. 姚向辉，译．南京：江苏凤凰文艺出版社，2013.

用，使其不再是单一枯燥的技术手段，不仅拥有了文化底蕴和丰富的表达方式，而且促使其不断积累经验并与不同的产业结合，迸发出新的活力，与此同时，在应用过程中向着更加精细化、智能化、个性化的方向升级，形成了独特优势和强大竞争力。

（二）满足中国文化消费不断升级的需要

在国民生活水平日益提高的同时，人们也会相应地增加精神文化层面的需求，在提升国民生活质量与幸福感方面，文化体验项目扮演着重要角色。

满足人民美好生活需要，弘扬社会主义核心价值观以及构建现代文化市场与产业体系，都需要我们大力开展文化消费活动，促进文化消费的发展。尽管我国在近些年文化消费总量不断增加，但是仍然存在文化供给质量较低、增速放缓、与国际水平差距较大等问题。而沉浸式体验能够灵活融入不同的文化场景及业态，有效解决我国文化消费的盲点和痛点，充分满足人民日益增长的文化需要，促进消费升级。

（三）把握沉浸式体验产业化应用的规律

中国沉浸式体验的发展壮大离不开科技、内容的创新与产业化运作。文化在成为产业的过程中，技术是不可或缺的条件，文化缺乏技术自然就无法成为产业。技术的革命推动文化生产方式的革新，数字技术的涌现无疑为文化消费升级贡献了新思路。文化产品原本的单一膜拜价值，在技术的推动之下转变为包含展示、体验、膜拜三个价值的复合价值形态产品。

现阶段数字技术升级在文化活动中的主要作用就集中体现在日益沉浸且逼真的体验中。作为科技创新与文化创意高度融合的新业态，沉浸式体验要想发展壮大，就离不开数字创意技术的大力支持。文化产业对复制性与商业性极为重视，而且它还有生产手段技术化、生产主体企业化、生产规模效益化等特征；文化经济若要实现科学发展，则文化资本、符号价值、知识产权等要素都是不可或缺的，只有在多种要素协同努力下，文化与产业才得以真正融合，成为真正的文化产业，基于此，可通过创设文化品牌及产业价值链整合来促进各产业的价值提升。

作为文化产业的一种具体形态，中国沉浸式体验要想发展壮大，不仅要以行业需求为风向标，以实现经济与社会效益统一为目标；还要依托专业服务和精细化管理，形成产业化和品牌化的经营模式与组织架构，从而实现可持续发展。

第四章　文化科技融合发展的历史与现状

文化科技融合既是一个顺应新时代发展要求的新术语，也是一个有着漫长演进过程的历史事实。回溯人类文明发展的整体进程，文化科技融合的事实一直存在，科技的发展一直为各种文化形式以及艺术形式提供技术支撑和手段，同时文化的形式和内容得到丰富之后又反向促进了科技的进步和更新。本章则围绕文化科技融合的历史演进、文化科技融合的机遇与挑战、文化科技融合取得的成绩以及文化科技融合存在的问题等内容展开研究。

第一节　文化科技融合的历史演进

历史上，人类的文化传播方式可以归集为两类，一类是以符号或者文字的形式记录在器具上，如甲骨、竹简等；一类是借助人类社会的日常交往活动口口相传。第二类传播方式由于受限于当时的社会环境，人类的活动范围极其有限，所以借助这种方式传播的文化也有极强的距离限制。相对而言，第一类传播方式就具有传播范围更广、传播时间更长的特点。

文化的传播方式与社会进程和科技水平有着极其紧密的关系，文化与科技融合发展的历史，可以说是文化和科技的历史，是文化科技互相影响的历史。文化科技互相促进或融合，在整个世界的历史里一共有三次比较重要的历史节点。

一、生产力水平极为低下的上古时期

在上古社会，因为生产力水平的限制，科学、技术和文化可以视为是一体的。而人类认识自然和改造自然的活动是从人类与自然界相分离才开始的。在这个时期，工具制造和火的利用是最为先进的科技创新成果。在当时，火在某种程度上就是科技，远古人类对火的崇拜文化，对夜晚黑暗的恐惧文化，推动着远古人类科技的进程。人类最初使用的都是自然火，但自然火主要靠雷击产生，需要一直保留火种，这非常难做到。人类运用自身智慧“造火”，于是产生了钻木取火、

击石生火，人类可以随时使用“人工火”。火的应用，使人类适应了黑夜，增加了人类活动时间。

石器工具的制造表明，上古时期的人类从自然中学习到新的生存知识，他们运用这些新知识指导具体的实践活动，在实践中深化了对这些新知识的把握和了解，同时还会接触并学习到更多的知识。如此循环往复，上古时期的人类的认知水平不断提高，制造出更多的兼具复杂性和实用性的工具。由此可以看出，在这个时期，人类的科学活动和技术创造是具有同一性的。

与此同时，对于上古时期的人类来说自然界又充满着许多未知的力量，这些力量超越了他们现有的智力认知和知识储备。一方面，上古时期人类的生存受到雷电、洪水等各种自然灾害的严重影响；另一方面，昼夜交替、四季轮回等“神秘”自然现象也是没有被解密和探知的，这深深地吸引着他们的注意力。然而，处在蒙昧时期的上古人类还不能理解和把握这些自然现象的奥秘，所以他们便发挥自己有限的想象力，通过各种幻想的方式试图去揭开这些神秘现象的变化原因和规律。这个时候，原始信仰和各种巫术活动便出现了，英国人类学家詹姆斯·乔治·弗雷泽认为巫蛊之术是人类艺术的最初形式，它的出现与上古时代人类的生存紧密相关。各种图腾崇拜、巫术活动便可以体现出人类对未知的自然现象的追寻，也就是说这个时候，原始人类对世界的认识和想象是同一的，即其认识活动和艺术活动是融为一体的。

在上古社会时期，受限于当时的文明水平和生产力水平，人类的科学认识活动、技术创造活动和艺术生产活动是三位一体的，进入早期文明时期后，这种现象依然在延续。从上古时期到人类文明社会早期，当时的社会背景和生产力水平决定了科学、技术和艺术是三位一体的，但是随着社会的进步，三者也渐渐走上了自立的道路。

二、人类历史上第一次大分工时期

历史唯物主义认为，原始社会的生产力水平十分低下，人类的劳动是为了满足生存的需要，不能提供剩余产品，家庭中的每个适龄成员都要参加劳动，这样集中广泛的生产劳动背景下，认识、想象和实践活动是无法分离的，这时候脑力劳动没有从体力劳动中分离出来，每个人都从事着繁重的体力劳动，不可能有专门从事脑力劳动的人。

随着生产力的发展，人类的劳动已经开始能够提供剩余产品，这个时候人类历史上的第一次大分工出现了，于是体力劳动和脑力劳动发生了分离。这就是从事单纯体力劳动的群众同管理劳动、经营商业和掌管国事以及后来从事艺术和科学的少数特权分子之间的大分工。这种分工的最简单的形式，便是奴隶制。从此，体力劳动不再需要所有人参与其中，两类劳动的从事者开始出现区别，人类便开始了体力劳动与脑力劳动分离的历史过程，表现为底层人员终生从事繁重的体力劳动，而特权分子完全脱离生产劳动，一部分人主要是知识分子得以专门从事文化以及管理社会共同事务之类的脑力劳动。

在早期的脑力劳动中，由于当时学科的统一性，人文学科与科学学科的界限并不明显，如在古希腊许多哲学家还是数学家、天文家，典型的代表就是亚里士多德。随着社会实际和统治阶层具体需要的改变，慢慢地这些知识分子有了不同的分工。如中国古代的礼部、工部之分，也就是说文化与科学的分离属于脑力劳动的内部分工使然。

在中西方历史上，从事文化活动与科学活动是贵族及其他统治阶层的特权。这种现象在中国也是普遍的，在中国历史上，一般的科学家都有官职身份，而从事文化活动的则大多属于社会的中上阶层人士。

总之，不管是西方还是中国，在体力劳动和脑力劳动开始分离之后，技术作为具体的体力劳动的重要表现形式依然存在于体力劳动之中，而文化与科学因其独特的脑力劳动特性成为脑力劳动形式，三者慢慢走上了各自独立发展的道路，这种情况一直延续到近代才发生改变。

三、工业和科技革命时期

在经历长达数千年的独自发展之后，第一次工业革命的到来一方面引起了生产力的巨大变革，另一方面也将科技和文化推上了逐渐融合的道路，而以后经历的第二次和第三次工业革命则慢慢将科技和文化的融合程度加深。

归根到底，科学的发展和推动是促进科技和文化融合的根本原因。蒸汽机的改良使得社会生产方式发生改变，由工场手工业向机器大工业进行转换，实现了从传统农业社会向现代工业社会的重要变革，产生了商品文化、工人文化等多样文化的繁荣。第三次历史节点出现在信息革命时代，计算机、空间技术、生物工程的发明和应用，极大影响了人类的生活方式和思维方式，又催生出了新的文化。

事实上，经过三次工业革命后，科学与技术已经密不可分，如航天工业、原子能产业以及生命科学为代表的高新科技，可以说在这些领域，科学技术化和技术科学化已经基本实现，现在人们习惯称之为“科技”。

工业革命之后，新的科技逐渐开始在文化艺术领域应用。例如，在现代印刷术发明之后，图书出版业快速发展，同时也促进了文学创作的繁荣；又如，随着人类对光学的发展，照相机和摄影机出现，造就了摄影艺术和电影艺术，这两种艺术已经成为当代重要的文化艺术形式。而20世纪中叶以来的第三次科技革命则带来了计算机技术，由此而产生的网络文化更是主宰了当下的文化市场。

如果说在古代，一个人进行文化消费或者说文化欣赏，一本诗集、一幅图画或者一张戏院的门票就可以了，只要你具备欣赏这些文化艺术形式的基本素养，同时进行文化艺术创作也只是依靠创作者的个人艺术天分或者经验性技术基本就可以了，欣赏者和创作者不必依靠其他工具。而在现代，新型的文化艺术从创作到欣赏无不通过各种科技手段，电影、电视、电子阅读、移动视频等，没有了这些高新技术做支撑，这种文化产品就不会出现。

另外，文化的传播和接受范围由于科技和文化的融合而被扩大，在古代，文化艺术是具有阶级属性的，是专门服务于统治阶级和少数人的，而在文化科技融合时代，文化艺术的传播范围则被无限扩大，显示出明显的大众化发展趋势，科技的发展提高了文化艺术的普及率，审美的民主化倾向也愈发明显，文化产品逐渐被普通大众接受和消费，普通大众的审美话语权也在逐步提高，反过来，这也促进了文化的繁荣与发展。总之，文化与科技的融合与每一次科技革命息息相关，一方面，科技为文化艺术产品提供技术支撑和媒介载体，极大地丰富了它的表现形式，带来文化艺术革新；另一方面，当代新型文化艺术产品拓展了科技的应用领域，展现了科技的美学价值，同时又促进科技不断发展。

总之，文化与科技的融合正在广泛覆盖并深刻影响我们的生活方式。已经完成的两次工业革命以及正在发生的第三次科技革命是世界史上最伟大的事件。提高物质生产的效率是前两次革命的目的，而提高非物质生产的效率则是第三次科技革命的目的，精神生产和物质生产的高度融合是第三次科技革命的核心目的，换言之就是加强科技与文化的高度融合。

技术是文化成为产业的必要条件，文化成为产业是技术发展的结果，技术从来都是文化产业发展的关键要素之一。从某种意义上来说，文化产业的形态是由科学技术的样式所塑造的。从世界文化技术史来看，当今的“文化和科技融合”概念，并不是一次崭新的历史性出场，而是具有历史的必然脉络和发展轨迹。

第二节　文化科技融合的机遇与挑战

一、文化科技融合的机遇

（一）国家战略机遇

党的二十大报告指出：增强国内大循环内生动力和可靠性，提升国际循环质量和水平。我国要想实现高质量发展目标，实现“弯道超车”就要紧紧抓住文化科技融合这一重点领域，充分释放文化科技融合新动能。文化科技融合是文化强国的主要内容，是数字社会发展的重要支柱，更是增强国内大循环内生动力和可靠性的关键因素，文化科技融合已是大势所趋。

“文化与科技融合”正在成为当代文化产业的基本内容与核心标志，也是文化产业转型升级的主要杠杆，因此，世界各国特别是欧美、日韩等文化产业发展先行国家便把文化与科技融合作为发展战略的重点内容。我国的文化产业发展虽然起步较晚，但是社会各界紧紧跟随时代潮流，积极整合力量，在探索文化与科技融合的产业化实践领域实施各项具有针对性的发展对策。正如有学者认为：“在文化与科技融合的发展面临机遇与挑战的时刻，我们要着眼战略定位，科学谋划，扎实推进，从深化文化体制改革、完善政策法规体系、健全融合新型体制、改善投融资环境、重视人才培养、攻克关键技术，扩大文化消费等方面入手，建设一个‘政府正确引导，市场积极参与’的文化科技创新体系，以探索形成国家文化建设的高新科技发展道路，形成文化与科技融合的大好形势。”①

在很长一段时间里，科学技术一直在推动着世界文化产业的发展和演进，它给人类的生产和国际市场格局带来了很大的改变，对人类的思想和行为方式产生了深远影响，尤其是在内容、形式、传播和影响方面，以及对文化产业的转型和升级、对文化产业链的延伸、对国家文化软实力的提升等都具有重要作用，是国家树立良好国际形象、提升国际影响力和国际地位的重要方面。另外，文化科技融合不仅有利于我国提升国际影响力，在国家内部，文化科技融合也是树立文化自信的重要方面。文化科技融合的进程加快，可以使文化的影响力借助当下越来

① 李凤亮，谢仁敏．文化科技融合：现状·业态·路径：2013 年中国文化科技创新发展报告[J]. 福建论坛（人文社会科学版），2014（12）：56-65.

越大众化的科技手段渗透到民众生活中，增强大众的文化自信。

总之，文化科技融合已经成为不可阻挡的时代潮流，我们要勇立潮头、奋激博发，努力探索出一条适应中国发展实际、符合中国国情的道路。文化科技融合既是顺应时代发展的巨大机遇，同时也充满许多未知的挑战，我们要紧抓机遇、科学规划，走出一条高质量发展之路。

目前，从政策层面而言，推动文化产业高质量发展已经被确定为国家战略，国家发布的文化产业战略规划明确指出，到2050年前后，建成世界一流的文化产业强国和文化强国。国家为实现这一战略目标陆续推出了一系列利好政策，文化产业现在正站在新的时代风口前。科技与文化的融合将为文化发展注入蓬勃动力，以科技助推文化繁荣，同时也可以文化促进科技进步。

（二）经济全球化机遇

1. 经济全球化概述

（1）经济全球化的内涵

经济全球化的内涵研究，在世界各国范围内都拥有悠久的历史，并且直到现在人们对其内涵也在进行广泛而深刻的研究。当前，学界对于经济全球化的内涵多以经济全球化所引起的现象来进行界定，所以在对经济全球化概念的解释上学界也莫衷一是，可谓是众说纷纭。“全球化”概念的首次提出是在美国著名经济学者T. 莱维所写的《谈市场的全球化》一文中，在其概念被提出之后，世界各国的学术界都对“经济全球化”展开了广泛的研究与探讨。1997年国际货币基金组织定义“经济全球化”的内涵，即各国商品和服务贸易的流通，以及先进的科学技术的广泛传播，加强了世界各国的经济联系，使各国经济互联程度提高。

从上述定义中，可以把经济全球化的理解角度概括为三个：首先，世界各国的经济联系因为经济全球化而更加密切；其次，世界各国的经济规则也不断受到经济全球化的发展的辐射影响；最后，经济影响力是经济全球化对世界构成的影响的核心，与此同时，国际社会的政治格局也受到经济全球化的深刻影响，这种影响也同时辐射到全球范围的科技、文化等其他多个领域。由此可见，经济全球化不是对单一领域的小范围影响，而是以单一领域为核心，凭借其强大的影响力辐射带动多个领域的发展，经济全球化的影响呈现出多领域、全方位的特点。

总的来讲，经济全球化的内涵可以概括为，在资本主义社会生产力发展的需求驱动下，以市场经济为基，以先进生产力为辅，由发达资本主义国家主导，从而实现生产要素在全球范围内合理配置的过程。从根源上，生产力发展水平是推进经济全球化进程的根本力量，人类社会生产力水平的提高催化了经济全球化的产生，包含资本、人才等在内的生产要素因为经济全球化的出现而被打破区域性限制壁垒，加快了各生产要素在区域间的自由流动，国际市场的分工与合作也因此而更加细化和科学，先进的生产技术在全球范围内得到交流和传播，经济全球化的飞速发展也展现了人类社会的巨大进步。但是，事物的发生发展经常会伴随着积极影响和消极影响两方面的特征，经济全球化在给世界带来积极改变的同时，其消极影响也应得到及时关注。因为经济全球化本身孕育产生于资本主义世界，它所携带的资本主义世界的弱点和弊病是与生俱来的，资本主义的基本矛盾会由于经济全球化进程而被扩散至全球范围。例如，剥削现象的产生就是最大化地追求经济利益而忽视社会利益所带来的恶果。

所以经济全球化既是机遇又是挑战，文化和科技的融合如果想要最大限度利用经济全球化带来的机遇获得快速高质量的发展，就要以谨慎的态度预防它可能带来的挑战，决策者要科学地制订文化和科技融合发展的战略，广泛听取社会各界的意见建议，用发展的眼光看问题，开拓全球化视野，借鉴学习国外发展的先进经验，切忌盲目空想、坐而论道，将战略理论运用于实践加以检验，同时总结实践中发现的问题，提炼经验，反作用于理论的制订，使文化和科技融合理论更加科学化。

（2）经济全球化的影响

①全球的经济、政治格局发生变化。世界因经济全球化而受到的影响既有积极的一面也有消极的一面，对事物的评价不可一概而论，而应该全面客观地看待。

从积极的影响来看，它促进了全球范围内生产要素的高效流动和合理配置，世界经济的增长速度得到提高，人类社会生产力发展水平也获得极大提高，部分国家也借此难得的历史机遇，强化本国经济领域和世界其他各国的联系，加快国际贸易发展，同时本国的科技、文化、教育等多个领域也借助经济全球化的历史机遇得到长足进步，国家整体实力大大提升。

但其消极的一面也不应该被忽略，资本主义社会及资本主义理论都具有明显的逐利性特点，国际竞争因为经济全球化的消极影响而加剧，国际金融风险等级也相应增加。另外，世界各国的发展水平呈现出不均衡的特点，以美国为首的西方国家经过多年的资本积累和经济发展，占据着世界上大部分的金钱和资源，与之相反，非洲各国则在长年积贫积弱的情况下发展水平严重落后。世界各国在自身资源保有量、生产力水平方面有着很大的差异，这使得经济全球化过程中的优势更多地被发达国家占据。

具体而言，发达国家所拥有的生产要素，诸如原始资本、生产力水平、科学技术、知识型人才在全球分工系统中均处于上乘。借助这些优势资源，能耗低、收益高的高新技术产业在发达国家如雨后春笋般快速发展，同时发达国家逐渐淘汰那些环境污染较重的传统工业，把它们转移至生产力水平低的发展中国家。另外，能够推动全球范围内生产要素的有效配置的跨国公司，它的出现成为经济全球化的实际载体，在很大程度上影响改变了全球经济发展格局。而在全球跨国公司中，来自发达国家的跨国公司就约占总量的95%。发达国家利用这一优势，借助跨国公司的扩张实现在全球范围内的兼并、扩张以进一步发展其高发达、高集约的国家经济，从而进一步稳固其产品的竞争力。

在这个过程中，世界经济受到占有优势的发达国家和跨国公司的巨大影响，同时受到冲击的还有发展中国家的主权、国内产业、国内市场，发达国家和发展中国家的贫富差距也在这一过程中不断被拉大，甚至导致一些国家和地区逐渐被“边缘化”，经济全球化带来的福利在分配上不均衡，难以平等地惠及每一个国家。20世纪末以来，高新技术产业围绕技术革命的中心迎来跨越式发展，催化了上面论述情况的进一步形成和发展。

②为中国带来了机遇。从中国的实际情况来看，除了经济全球化的上述宏观层面的影响在中国的现代化进程中得到显现以外，更多的机遇也给中国的发展创造了条件。主要包含以下几个方面。

第一，资本和先进管理经验从国际社会引入我国，同时在国家发展层面得到运用，并且立足于中国国情进行了本土化创新。通过数据可以看出，20世纪80年代初，有约为11.7亿美元的投资额是国际市场向中国的直接投资，并且投资金额在此后不断增加，尤其在20世纪90年代国际投资数额呈跨越式增长。从近年的发展形势来看，单2019年我国引入国际社会资金投入额已达1 400亿美元，约占全球国际社会对外投资总量的1/10，在发展中国家中中国吸引国际社会投资数额靠前且实际外资利用率自1993年以来一直居于世界第二。同时，经济全球化进程中，资本、人才、信息、技术等生产要素在全球范围内流动，世界上其他国家的先进管理理论和管理经验，在国际资本流入中国的过程中，不断被我国学习、运用，并得到改良创新，中国企业在“软实力”方面因此获得发展进步。

第二，加快了中国工业化进程，优化了中国的产业结构。在经济全球化的时代浪潮中，我国吸收其他国家科学的生产经验，推动了本国经济结构和产业结构的优化升级，我国的工业化发展程度也获得提升。以分析把握国内和国际市场需求为导向，对产业结构及产品类型进行优化升级，释放经济发展活力，增强经济竞争力，同时，开拓了国外市场，中国深度地参与到国际分工之中，在国际市场上提升了中国的影响力和话语权。经济全球化促进了中国企业更好地走出去，使中国企业获取了更多的参与国际竞争的机会。

第三，新一轮的技术革命带来了更广阔的发展空间和发展机遇，我国应该紧紧抓住这一难得的时代机遇，大力促进高科技型产业的发展，努力实现经济又好又快发展，助推中国的现代化进程。在世界范围内，经济全球化进程极大地促进了技术要素的活跃发展，我国要广泛地参与到经济全球化进程中，有效利用科技的蓬勃发展，借由科技的进步助推高新技术水平的提高，从而健全完善我国的高科技型产业，实现经济结构的转型升级。

2. 经济全球化为文化科技融合带来的机遇

随着经济全球化进程的逐步推进，世界各国间的联系包括文化联系也变得日益密切，因此文化也受到了经济全球化背景的深刻影响。经济全球化的时代潮流，为文化科技的融合发展提供了全新的历史舞台，这个舞台广阔且极具包容性，文化科技融合的各类尝试将在这里得到充分尊重以及全方位的支持。如何面对文化与科技融合这一新的时代课题在一定程度上决定了经济全球化背景下的中国将会在世界上展示什么样的文化形象。我国的文化与科技融合战略从近些年才开始实施，相较于西方发达国家已经呈现出明显的滞后性，想要更加科学地进行文化与科技融合的产业化发展布局，构建强大的文化产业国际竞争力，就要清醒地认识文化与科技融合的理念、机制与意义，只有这样才能赢得新形势下的文化产业发展机遇。

自 20 世纪 80 年代起，欧美发达国家就开始了文化与科技融合发展的讨论。迄今为止出现的“知识经济”“文化产业”“数字地球”“互联网生存”概念都是文化与科技融合发展的产物。一些信息产业高度发达的国家或地区，已经逐步形成以数字游戏产业、电脑动画产业、移动内容产业、数字影音应用产业等为主的数字内容产业群，为文化产业发展注入了新的动力。这些欧美发达国家，以文化与科技融合战略，转变经济发展范式、推动城市更新，发挥文化与科技融合的聚合效应。

当代文化产业的基本发展模式是文化与科技融合。文化产业要想实现可持续发展的战略选择，顺应产业发展的时代潮流，就必须告别文化产业的传统发展模式。新兴文化业态、创意产业、创意经济与创意社会在文化与科技融合的影响下被缔造出来，并且在例如纽约、伦敦、巴黎、柏林以及东京、悉尼等经济中心城市成为活生生的现实。通过文化与科技融合战略，发展文化与科技融合产业集群，缔造创意经济，实现创新驱动城市转型，构建创意城市，走向创意社会。我国的北京、上海、深圳等经济中心城市，近年都被联合国教科文组织授予“设计之都”称号，通过文化与科技融合战略，发展以创意设计为核心的创意产业，改变整个城市的经济结构与文化生态，重构城市发展范式，走向创意城市。

（三）数字化机遇

1. 数字化发展背景

互联网时代，数字化发展已经成为必然趋势。数字化技术是与计算机技术相辅相成的技术，每次的科技革命和产业变革都是颠覆以往信息技术的过程，数字化就是将复杂的信息整合为可度量的数字与数据，建立数字化模型。数字化发展经历了两个阶段：第一阶段是早期的数字化管理，只能进行简单的推算，从物理格式转变为数据格式；第二阶段聚焦转型，将科技与文化相融合，促进新型产业的发展。

时至今日，数字化发展经历了多次变革和创新。最早，数据化层面的大量工作是数据化管理，从物理格式转变为数据格式，多被应用于财务类的计算。随着时代的发展，通过数字化技术，可以综合资本、技术、人才、市场因素，带动产业的多方面发展，推动产业结构调整，进行专业化分工。

2. 数字化为文化科技融合带来的机遇

（1）科技创新带动文化繁荣发展

文化与科技相互促进、相互融合，先进的文化理念是科技创新的重要组成部分，科技创新能推动文化进步、推动文化产业发展与转型，实现高质量的发展目标。

数字化快速发展的背景下，作为新时代最具影响力的板块——科技对改善生活、传递信息具有重要意义，科技发展也为文化带来了新的表现力。文化是一个民族的历史记忆，包含传统习俗、文学艺术、艺术形态。文化具有非常强大的渗透性，在发展过程中，可以以一种无形的意识和观念转变为物质对象。《关于促进文化和科技深度融合的指导意见》提出2025年基本形成覆盖重点领域和关键环节的文化与科技融合创新体系，实现文化与科技的深度融合。

（2）科技创新促进文化传播方式的多样化

文化以物质为基点，与科技发展相辅相成。科学技术是文化的载体和重要表现形式，科技创新也在不断丰富人们的精神世界和思维方式。随着时代的发展和科技的不断进步，数字化经历了不断的发展和转型，文化与科技进行了深度融合，科技创新在很大程度上改变了文化的传播形式。

二、文化科技融合的挑战

（一）数字鸿沟挑战

1. 数字鸿沟的概述

（1）数字鸿沟的概念

数字鸿沟这个词语最早出现在美国电信和信息管理局在 20 世纪 90 年代发布的一篇研究电话、计算机普及率的报告中。数字鸿沟一词是指在数字化发展过程中，信息技术的所有权、应用和创新能力的差异而导致的信息差距和贫富差距进一步扩大的趋势。根据程度的不同，可以把数字鸿沟的等级划分为一级、二级、三级。在网络、科技信息技术获取层面的差异被称为一级数字鸿沟，在网络、科技信息技术使用层面的差异被称为二级数字鸿沟，所谓三级数字鸿沟便是指二级数字鸿沟所造成的不平等后果。

（2）数字鸿沟的形成原因

根据不同历史阶段的时代背景和社会特点，关于数字鸿沟形成的具体原因，也显现出多个互不相同的理论体系。随着时代的进步和研究手段的更新，学界进行了关于数字鸿沟形成原因的广泛而深刻的探讨研究，目前学界一般从宏观和微观两个层面来归纳数字鸿沟形成的原因。

从宏观层面来看的话，主要包含经济、地区、社会、文化等方面的原因。如经济发展水平和生产力水平的差异便是数字鸿沟问题形成的重要原因，经济发展水平高的地区会有更加强大的物质实力投入各类社会基础设施建设，诸如网络等基础设施的完善能够更加便捷地搭建起当地社会与世界沟通交流的桥梁，人们能够接触和掌握到的信息将变得更加多元。同时一个地区在有了雄厚的经济实力后，也会投入更多的精力关注文化建设，使文化繁荣发展的成果更大范围地惠及大众，当数字科技发展的速度在普通大众层面几乎同步的时候，便会大大降低数字鸿沟问题产生的可能性；反之，经济发展水平低的地区，产生数字鸿沟问题的可能性就会更大。

另外，从微观层面来看，数字鸿沟产生的原因主要包括收入、职业、性别、教育、年龄等方面。以年龄因素为例来看，当下老年人便和年轻人之间存在着巨大的数字鸿沟。例如，老年人不习惯使用智能手机，对于电子支付、网络购物等新兴事物更是知之甚少，在年轻人已经借助一部智能手机满足日常生活需要，了解世界上每个角落正在发生的事情时，老年人还是习惯于出门携带现金，通过看电视新闻甚至是看报纸了解外界信息，可见年龄已经成为代际个体之间数字鸿沟产生的重要诱因。

2．数字鸿沟给文化科技融合带来的挑战

（1）数字鸿沟挑战的背景

文化与科技融合既给我们带来了战略机遇，也给我们带来了严峻的挑战。有学者认为，与发达国家相比，我国目前存在严峻的数字鸿沟问题。在文化领域，对以数字为代表的新技术浪潮所带来的文化发展方式的转型认识不足，大多从局部应用角度进行理解，未能充分认识到数字技术对于传统文化领域的全面性技术覆盖以及以数字技术为基础的新兴文化业态的变革力量。在这种背景下，我们必须借鉴国际经验，制订符合我国国情的文化科技创新政策。可以看出，我国虽有具有竞争力的文化资源，但与西方的科技差距明显，因此，面临文化与科技融合的本土化挑战，首先需要更新理念，实施顶层设计。

数字技术已经与人们的日常生活非常紧密地联系在一起，大多数人的工作效率得到显著提高，生活也比以前大为方便。数字技术可以帮助整个社会解决长期以来存在的经济和社会问题，但同时也带来了新的挑战。那些无力获取信息与通信技术和知识的人越来越难以融入当今日益依赖技术的经济与社会生活。由此而产生的“数字鸿沟”已成为摆在各级决策者面前的主要挑战。它们向人们显示了一个显而易见的风险，即离开了政策的干预，信息与通信技术将会加深各种社会隔阂，而不是消除隔阂。

（2）数字鸿沟挑战的应对措施

在一个完全由市场机制调控的社会中，数字鸿沟有很大的可能性会随着自发的市场行为的调节而不断扩大。那些受过较好教育、经济上更富有同时也具备技术素养的个人，很有可能因为他们愿意也有能力支付开发新的更高级产品与服务的费用而成为技术开发和更新换代所关注的重点，从而忽略其他个体或组织的需求。因此，决策者将面临一个重要挑战：如何确保文化科技融合的成果平等地惠及全体公民，如何保证他们对参与文化科技融合进程的设备和技能拥有平等的使用权，以及如何确保在文化科技融合战略推进的每个阶段，都能最大限度地减小数字鸿沟的影响，最大程度地消除科技壁垒，使每一个个体都能广泛参与其中。

要想更好地应对数字鸿沟挑战，需要从政策层面发力，弥合数字鸿沟。

第一，从供给层面发力，增加数字资源供给数量。政府应重点关注互联网移动通信基础设施领域的建设，加大投资力度，使互联网的普及率得到进一步的提高，同时要重点提升农村地区的网络供应能力。“村村通”是农村地区互联网基础设施建设的目标，农村人口聚居区、生产经营区等区域要成为网络延伸的方向，农村地区的网速要与城市地区达到相同水平。与此同时，可能出现的网络“盲点”问题，即使是在城市地区和经济发展水平较高的地区也不应该被忽视，互联网全行业应该深化协同观念，持续贯彻共建共享方针，加快5G基站和数字人民币生态体系建设，提高应用场景覆盖率。人口老龄化问题已经成为当前中国社会发展面临的重要命题，我国已初步进入人口老龄化社会阶段。因此，老年人群体数字化转型应作为决策阶段的重要考虑因素，政府应进一步推动互联网应用适应老龄化、无障碍转型的专项行动，包括对各种终端、网站进行适老化改造，各App操作界面的设计也要考虑适老化改造要求。手机银行App等金融产品也是进行适老化改造的重点领域，金融机构可以推出大字版本的操作界面，同时推出操作提醒、语言辅助等新功能，关注老年人群体日益丰富多样的服务需求，打造更加受到老年人欢迎的理财产品。

第二，提高全民的数字素养和数字技能。数字教育平台和训练系统的建立要以为民众提供终身学习机会为宗旨，数字设备要注重提高其易用性、便利性和兼容性，为农村居民提供更多的互联网应用安全教育与训练，提升数字服务的可应用性，促进乡村地区接收到更加完备的数字服务教育和系统培训，使全民的数字素养得到全面提升。其中，关注的重点应该聚焦于老年人群体。产品的老龄化转型之路，不仅需要企业主动适应，还需要有关方承担社会责任，针对老年人的实际需要，为其提供手机使用的相关培训。大学对提高全民的数字素养的作用应该得到充分发挥，在大学阶段的专业结构和课程设置中，开设专门的班级和课程，并定期组织巡回讲座。同时，中小学信息技术课程建设也是一个重要的领域，一方面，学校要为中小学生提供内容丰富的数字教育和培训资源，另一方面，家长的作用也不容忽视，家长应积极发挥引导作用，促进学生使用互联网的行为更加规范化。

第三，网络宣传教育也需要强化提高。数字社会的道德规范是约束公民网络行为的重要标准，需要利用新媒体等平台优势提高公民的网络安全意识，强化网络安全的思想防线。同时，日益增加的老年网民群体被欺骗的风险也应该得到重视。近些年来，老年网民的规模逐步扩大，但是由于数字鸿沟的存在，再加上老年人群体本身并不擅长使用互联网，对互联网领域缺乏理性认识和防范意识，非法网站和网络钓鱼链接的陷阱因此就更加容易使老年人受害。因此，针对老年人群体的反欺诈宣传应该得到重点加强，主要宣传方式可以借助社会公告栏、楼道、业主群活动等途径。此外，不仅要积极发挥报刊、广播电视等传统媒体的作用，广泛开展宣传；还要重视新媒体平台的使用，如微信公众号、微博等；印制反诈知识宣传手册也是一个重要方式，在宣传手册里简洁明了地说明网络诈骗的常见形式和巨大危害，帮助老年人充分了解网络诈骗的形式和本质，使老年人充分掌握反诈知识，强化反诈意识。

（二）区域发展不平衡挑战

党的十九大报告提出，我国的社会主要矛盾已经转化为人民日益增长的美好生活需要和不平衡不充分的发展之间的矛盾。地区之间的不平衡是发展的“不平衡”的首要体现，在技术进步、人口老龄化、产业结构转型等多种因素的影响下，这种不平衡呈现出不断加剧的趋势。地区之间经济发展水平差距的扩大是一个重要的表现，除此之外还表现为福利水平、发展能力等方面的差距也都出现了不同程度的扩大，相对落后的地区也有可能因此陷入低水平的发展“陷阱”，地区性的财政风险、社会风险等加剧；相对领先的地区又可能由于经济活动和人口的过度聚集而引发严重的生态环境破坏、交通拥堵等问题，既不利于整个国家资源要素空间配置效率的提高，也不利于经济社会可持续健康发展，更加不利于文化科技融合整体战略的高质量推进。

经济发达的中心城市具有经济优势、科技优势与人才优势，具备文化与科技融合的实现条件。而我国经济的发展呈现出区域不平衡特点，显现出明显的东中西阶梯布局的发展格局。东部一些经济中心城市正在向后工业化时代挺进，城市发展已经或正在实现“退二进三”的战略布局，似乎可以实施文化与科技融合战略，但有可能受到科技、人才以及城市文化资源的制约。

同时，中西部的经济中心城市可能还处在工业化初、中期，看起来难以实施文化与科技融合战略，但这不是绝对的，例如，依据其特色文化资源通过技术扩散、人才引进等方式，也是有可能实现“弯道超车”的。但同时也要认识到弯道超车只是一种可能，更大的可能是文化与科技融合战略实践的溃败，并造成巨大的损失与惊人的浪费。所以，实施文化与科技融合战略，一定要认清现实，遵循文化与科技融合的市场规律，一定要将“摸着石头过河”的探索方式与顶层设计结合起来，创新文化与科技融合的产业化发展模式，迎接文化与科技融合战略的各种挑战。

从世界各国的发展历史和发展进程可以看出，各国在发展过程中普遍存在区域发展不平衡现象，并且这一问题长期都没有得到妥善解决。理论上针对如何理解和面对这一问题也有不同的观点。早期有学者提出，极化和溢出两种效应是发达地区的经济增长对落后地区所产生的，会自动形成一种均衡的状态。近期出现了一种与之相反的理论，越来越多的学者认识到，经济社会是一个开放动态的系统，简单的守恒或者均衡并非各地区的发展形态，"累积循环"效应也发挥着较强的作用。所谓"累积循环"效应就是当经济活动偏离初始的均衡状态之后，想要调节回均衡状态单纯依靠市场自身的力量是难以达成的，而且规模效应的影响还会使这种非均衡状态的程度加深。因此，在区域差距扩大的过程中，需要制订一系列的区域政策，缓解区域差距的扩大，为文化科技融合的推进减少阻力。

区域发展的不平衡具体体现在文化资源储备情况、经济发展水平、科技创新实力以及民众集体素养等多个方面，这种不平衡的发展局面在长期的历史演进和社会发展过程中形成，需要多方努力、长久发力才有可能改善，不会在短时间内产生根本性的变化。因此，对于现在正在大力推进的文化科技融合进程而言，区域发展不平衡的问题必须得到重视，最大限度地减少这类问题对进程的阻碍。

（三）伦理隐患挑战

数字时代，智能技术在驱动文化创新与社会变革的同时，也助推文化科技伦理成为学界热议命题。数字时代文化科技伦理挑战主要表现为技术异化牵引下的科技伦理危机及其文化泛化风险，以及隐私、安全、公平等伦理困境。从数字时代文化科技伦理隐患的形成机制来看，其不仅受到技术发展外因的影响，还牵涉人类自身的内因以及受多主体博弈牵引。

在数字化与智能化并行的数字时代，智能技术全链赋能文化生产、文化流通、文化消费等环节，在文化和科技高度融合、伦理问题频出的大背景下，文化科技伦理正成为文化产业研究的全新命题，其不仅关乎数字技术应用领域的科技伦理风险，还在更高维度上研判了技术导致的人文异化。作为文化伦理和科技伦理的耦合，文化科技伦理主要有如下三个内涵：第一，基于科技是重塑文化产业业态的核心驱动力，文化科技伦理演化与科技发展同步并与之契合；第二，文化科技伦理不应仅局限于狭窄的应用领域，而应嵌入全球伦理的社会关系中进行考量并思考其非人文效应；第三，文化科技伦理应关乎智能技术驱动下的人文精神，即与文化实践等具体情境一致。

1. 技术异化

技术异化指新兴科技在研发与应用过程中，受技术至上主义、功利主义等价值观影响，技术逐渐违背人文主义精神，从而使人类社会可持续发展受到威胁。

这在文化科技伦理维度使科技价值陷入悖论并在文化泛化中引发风险。

一方面，科技存在本质无功利追求真理与应用中追求功利的悖论，这种辩证性与科技价值如影随形并在数字时代的文化科技伦理议题中显现为技术异化。早在20世纪60年代，伴随着“人工智能”概念的诞生，人们便已展开对智能技术伦理含义的辩论，直至近年深层神经网络和机器学习广泛应用，才使数字科技的潜在效用和对社会影响的矛盾呈迸发之势，技术异化现象日渐凸显。如智能控制系统可能会对人类的人身安全构成直接威胁并对人类赖以生存的环境产生负面影响，大数据广泛应用使通信隐私管理问题拓展至社交媒体与数字营销等人类生活的方方面面，等等。无论是智能控制系统，还是大数据技术，其初衷无疑是造福人类社会，但伴随数字科技广泛融入人类社会，特别是技术奇点到来后，人类社会将过渡到由强智能主导的数字阶段，届时无疑将面临更大的技术风险与价值危机。

另一方面，技术异化不仅局限于新技术或新模式，更是一种文化现象与社会现象，在更泛化的社会人文领域，数字时代的文化科技伦理挑战不容忽视。其一，在万物互联的大背景下，算法引发或潜含的社会文化问题也更加凸显，如黑人运动的文化渊源使算法中的种族歧视负面风波在美国更加猛烈，又如深度伪造技术在美国最初服务于总统大选的舆论造势在中国则成为网民恶搞的工具等。正如技术哲学家唐·伊德所言的，人类文化与技术互为因果，没有非技术的文化，人类的所有文化都通过人造物呈现，后者涉及技艺，也不存在非文化的技术，技术由文化嵌入。可见，文化本体的广泛性使得文化科技伦理挑战更加复杂多样，全球范围内的技术异化现象因地缘差异与文化不同而对人们造成了不同程度的影响，挑战也更加严峻。其二，在数字技术的影响下，文化产业和其他产业的耦合程度不断增强，并愈发趋向多维度跨界协同发展，说明文化科技伦理议题不仅是应用型伦理，更关乎对技术本质、科技价值、文化渊源的求索和反思。

2. 伦理危机

（1）隐私困境

数字时代侵犯隐私现象的盛行成为文化科技伦理问题的重要表现形态。在大数据赋能下，不同主体均展现了对数据的急迫需求，如在工具理性和利益至上观念的驱使下，企业无限制使用数据并将其应用于内容生产、精准营销之中，科研机构则呼吁开放由人、物及其相互作用产生的大量数据，政府管理机构需要将大数据融合至系统以实现精准治理。可以说，数字时代的大数据已然成为科研、资本、管理的重要组成部分，在缺乏有效数据保护机制的情况下，侵犯个人隐私将成为数据应用的客观结果——无处不在的摄像头细致地记录着人们的行动轨迹，手机摄像头、门禁系统、检票系统精准地记录着人们的面部信息，聊天软件、娱乐平台、电商系统等事无巨细地记录着人们的喜怒哀乐……数字时代，每个人都毫无保留地处于技术装置中。

（2）安全困境

智能系统自身缺陷和使用者操作不当引发的安全事故是文化科技伦理议题的重中之重。就个人维度而言，深度合成、深度伪造等数字科技在传播场景中的使用易导致人们失去判别真伪的能力从而带来安全隐患。例如不法人员通过深度伪造人脸进行诈骗损害人们的财产安全，公众人物的面部信息经深度合成后被传播而损伤名誉等。就社会维度而言，数字科技降低了人们获取盗版文化产品与侵犯他人知识产权的难度，从而使社会信息安全受到威胁；缺乏监管和评估的基因调查则将为人类社会带来潜在风险；社交媒体中的技术涉入激增使公共关系的不确定性增加；电子商务在提供便利的同时使数字环境遭受道德问题……可见，数字科技在应用过程中可能导致的安全问题遍及社会各个领域。

（3）公平困境

作为黑箱的算法在应用中隐含或显现出层出不穷的公平问题。推荐算法在种族、性别、阶级和价格等诸多方面存在歧视——广告服务潜含种族歧视，若用户姓名中包含具有黑人特征的字眼，无论其是否有过犯罪记录，都更可能被推送暗示逮捕的广告，而使用具有白人姓名特征的字眼显示的广告副本则更偏中性；自动投放的招聘信息也存在性别歧视，男性看到高管职位信息的比例是女性的六倍，这意味着男性更容易看到高薪招聘信息，女性则相反；算法技术系统歧视穷人，穷人被推送信贷类信息而富人则被推送理财保险类信息，技术系统通过在穷人面前树立隔绝富人的墙而构筑起数字贫民窟等。虽然算法本身是客观的数字，但潜含在人类身上的歧视与不公投射至算法中，无疑会使社会中的公平问题急剧增加。可见，文化科技伦理危机可被具化为多元形态。

第三节　文化科技融合取得的成绩

一、文化科技支撑体系初步形成

政策保障体系是文化与科技融合的强有力支撑，同时支撑平台的建设也是十分必要的。近些年来，国家和地方两个层面同步发力，致力于打造一批支撑文化与科技融合发展的平台。

科技部以国家科技支撑计划为依托，支持以数字、信息、网络为代表的新技术广泛应用于公共文化服务和新型文化产业领域。现在，科技部与文化和旅游部两部委已经在推进文化与科技融合方面展开协同合作，发挥部门合力，建立并完善跨部门的工作交流协商制度，共同牵头组织实施专项行动计划，打造有利于文化与科技融合的文化创新环境，构建文化与科技融合蓬勃发展的体制。

现有支撑平台的优势效能也在两部委的协同推进下得到充分发挥，两部委高效整合现有优势资源，加大力度支撑文化与科技融合项目的发展。例如，科技部牵头实施的《文化资源数字化关键技术及应用示范》《文化演出网络化协同服务及应用示范》两个项目已被确立为2012年度国家科技支撑计划项目，在两个计划的影响下，一大批文化与科技融合发展重点项目获得了极佳的发展环境，这些项目在经济、政策等多个方面都享受到了专项优惠政策，呈现出欣欣向荣的发展势头并且展现出巨大的发展潜力。

而在文化和旅游部牵头组织实施的国家文化科技提升计划与国家文化创新工程中，文化与科技融合项目也是重点扶持的对象。其中，该计划以开展文化科技基础性研究和高新技术在文化建设领域的应用研究为设计定位和基本目标，重点解决一批具有未来性、整体性和带动性的重大文化科技问题。该计划于2009年正式开始实施，实施以来入选项目全部为文化与科技融合类项目。国家文化创新工程在2012年度的工作重点中，也把文化与科技融合类项目选定为重点关注对象，有多个文化与科技融合类项目通过严格的评选机制，最终被确定为该创新工程的最终立项项目。

2011年，科技部出台“国家科技支撑计划项目”的文化科技工作政策，以该政策为载体支持具有巨大发展潜力的重大文化科技项目。支持本项目实施的组织主要包括宣传部、新闻出版总署、广电总局、中国科学院、教育部，以及各省、自治区和直辖市相关科技主管部门。2019 年 8 月，科技部等六部门联合出台《关于促进文化和科技深度融合的指导意见》，加强文化大数据体系建设是促进文化和科技深度融合的八大重点任务之一。2020 年 1 月，国务院正式发布《“十四五”数字经济发展规划》，随后各省份纷纷启动加快新基建的战略部署，5G 网络、物联网、大数据中心、工业互联网等基础设施布局建设加速推进。2022 年 5 月，中共中央办公厅、国务院办公厅印发《关于推进实施国家文化数字化战略的意见》，对国家文化数字化战略的战略目标和路径步骤进行了明确部署。上面所涉及的文化科技项目资助组织分工明确、相互补充，使得本项目支持体系更加丰富完善，能够形成合力，最大程度上推动项目顺利实施。

健全完善的科技项目资助体系是文化科技融合发展的重要物质支撑，在政策层面，国家将文化产业发展上升为国家战略，在具体的工作实施过程中，由国家多部委牵头组织，集中优势力量，推进文化与科技融合支撑体系走向常态化、科学化，助力文化与科技融合发展的长远进程。

二、重大文化科技项目顺利实施

科学技术是第一生产力。这一至理名言在国家发展建设的多个领域被证实，科技的巨大发展潜力和强大能量还将在实现中华民族伟大复兴的历史征程上施加强劲影响，文化与科技融合是关系到整体布局的国家战略，在这一战略的推进实施过程中，科技将成为最强劲的助推剂，助力该战略的高质量发展。

现在，社会的生产生活方式、世界的格局都因为科技创新的进步而迎来重大变化，科技创新深刻地影响着人们的日常生活和思维模式，同时文化也深受其影响，文化的内容、形式、传播途径和传播范围等各个方面在科技创新的推动下发生着深刻的变革和演进。

科技化是文化与科技融合发展的趋势，为了顺应这一内在发展趋势，需要整合文化行业内外的科研力量，相关部门在实际的工作开展中，在公共文化服务、文化资源数字化、文化遗产保护、演艺科技等方面组织实施了一大批重大文化科技项目，带动文化科技创新能力不断提升。2013 年的“国家科技支撑计划项目”将“文化科技创新工程”单独列为重要类别，有 50 余个文化与科技融合项目进入“文化科技创新工程”的名录。2020 年 5 月中宣部文改办下发《关于做好国家文化大数据体系建设工作通知》，强调未来大力支持文化资源完成数字化转化，将数据形态作为生产要素，与传统产业结合和其他新经济业态加速融合，诞生越来越多样的新业态、新产业、新模式。此外，文化和旅游部、科技部也正在和相关的教育部门协商，将对教育系统进行整体安排，努力培养出适应文化与科技融合发展需要的高层次复合型人才，人才建设是各项工作高效推进的重要支撑，在文化与科技融合发展领域，高素质的人才将在科研成果领域发挥巨大作用。

三、文化科技企业融合层次水平提升

相关部门打出一套政策“组合拳”，发布了一系列推动文化与科技融合的政策，同时因为政策是影响市场运行的重要因素，灵敏的市场在政策的影响下迸发出巨大的相关需求，在明确的政策引导以及市场需求的强力带动下，科技与文化融合发展已逐渐成为社会共识，企业也紧紧抓住这一重要的战略机遇，积极调整发展策略，推动自身转型升级。许多企业受限于公司规模、科研力量等因素，在以往的发展过程中可以钻研于某一领域或者少数几个领域，导致自身的产品和发展无法进行多领域的开拓创新。但是在新的政策导向和市场背景下，企业逐渐认识到单打独斗的力量始终是弱于协同合作的力量的，于是转变发展思路，积极开展行业合作，这使得多个个体的力量被集中到一处，各个个体之间可以相互学习、共同合作，共同促进行业的创新和进步。

另外还有一些企业，在本身发展战略的制订过程中虽然认识到科技研发和创新的重要性，但是会把研发的地位设定得过于独立，未与产品领域全方位结合，这样的结果就是有些科技创新成果是领先的，但是该创新成果并未在产品的设计上得到充分体现，也就是说创新成果的效用在产品设计环节是大打折扣的。企业在政策和市场的激励下，逐渐认识到这一问题，开始强化自身的整体战略意识，从未来的整体战略发展层面，促进企业内部的信息高效传递，推动产研结合。例如，《文化资源数字化关键技术及应用示范》等国家科技支撑计划项目，充分发挥了对外文化集团公司、民族民间文艺发展中心、国家图书馆等相关产学研机构的研究力量，聚焦关键科技问题，展开协同攻关，促进了相关成果的实际应用。

现在，企业的主动性、积极性被充分地调动起来，越来越多的相关企业牵头申请国家文化科技提升计划和国家文化创新工程项目，这些申请多是以联合申报的形式来承担项目，可以看出科技研究机构的力量被高度重视，同时市场需求牵引与科技研发的深度融合的重要性逐步显现。

四、文化科技融合创新开放生态逐步形成

文化科技融合创新的生态体系包含文化资源和创新技术，数字化技术为古老的历史文化资源注入了新鲜活力，促使历史文化资源展露新颜。文化资源在多方机制的保障下被高质量开发，文化产业的生产链条和创新链条的联系日益紧密，科技的创新性体现在文化资源开发过程中的多个环节，如创意设计、内容生产、渠道传播、体验消费等，这种文化资源和创新技术的有机结合，使得传统文化产业的价值链条被改变，文化内容的增值来源和价值链条占比发生了巨大改变。新技术目前处于发展初期，文化产业的全新生态环境由新的数字应用场景、产业链、增值方式、法律政策环境构成，在创新技术的助力下逐渐发展完善。

国家出台相关政策，引导地方政府和企业积极参与到文化科技融合发展的整体战略中，不断激活传统文化企业的发展活力。如故宫博物院与腾讯建立长期合作关系，共同创新，打造了一系列经典 IP。云南利用物联网、云计算、大数据、人工智能技术打造了“一部手机游云南”平台，是“中国第一、世界一流”的全域智慧旅游数字化平台。凤凰集团、江苏有线、新华报业、苏豪集团等江苏传统文化龙头企业纷纷进军“文化 + 科技”领域。凤凰集团加快数字化转型，旗下学科网、凤凰云校园、凤凰云计算中心、凤凰职教虚拟实训平台、凤凰传奇影业公司成长迅速。江苏有线推动广电网络与传统产业的跨界、跨域融合，已获批国家文化大数据华东区域中心。

良好的市场环境，促进了科技创新型企业的发展壮大。科大讯飞致力于语音识别技术和人工智能开发，让机器能听会说、能理解会思考，用人工智能建设美好世界。锐丰智能在数字科技体验等新业态领域快速成长，发展了全息投影、VR/AR 互动体验等现代感应技术及产业链全流程解决方案。奇趣智能基于完善的软硬件解决方案研发实验室、供应链管理及生产基地，推进 AR/VR 技术与文化产业融合，逐渐发展为国内领先的虚拟现实技术（VR）开发应用企业。

文化科技融合创新的生态体系的建立需要国家政策、完善的法律法规等多方面的支撑。我国把文化科技融合发展上升为事关国家整体发展格局的战略，以国家力量为引导，协调地方政府和相关企业，科学规划，狠抓落实，充分调动各方的参与积极性，使得文化科技融合创新发展的活力被充分激发。

五、文化科技融合创新发展格局日益成型

目前的文化科技融合发展格局，呈现出整体性和示范性兼具的特点。一方面，

文化科技融合战略的规划依据国家整体发展实际，具有全局观和整体观；另一方面，由于全国各地在经济发展水平、文化资源质量、科技创新能力等方面存在差距，划定区域性的文化科技融合示范基地就显得十分必要了，示范基地作为“先行者”，可以把自己在实际发展中总结的问题和经验介绍给其他地区，让其他地区进行借鉴学习。示范基地的发展可以发挥良好的辐射作用，在潜移默化中影响和带动其他地区的文化科技融合发展。

我国现有 34 家国家级文化和科技融合示范基地，这些文化基地大多集中于文化资源较为丰富、科技创新能力强的大型城市群，现阶段的区域布局可以概括为“三极一带三中心”式，即京津冀、长三角、粤港澳三极，长江沿线发展带和成都—重庆—西安西部中心、武汉—长沙—南昌—合肥中部中心、大连—沈阳—长春—哈尔滨东北中心。其中的京津冀、长三角、粤港澳便是“三极”，这些地区的市场环境成熟、科技发展强劲以及文化资源丰富，所以它们便成了文化科技融合创新的领头雁、先锋团。

全国各地立足文化科技资源优势，逐步形成以“三极”为龙头、一带多中心为主干、带动辐射全国城乡的新业态发展布局，并呈现由西向东渐次升高的梯度格局，即东部文化科技产业发展趋势层次较高，西部层次相对较低。文化科技融合新业态在发展的过程中存在着鲜明的城市集聚特征。

六、文化传播的数据性和瞬达性大大增强

信息技术时代，受创造力不佳、传承人缺失、表达传播方式乏善可陈、文化延伸缺乏等因素的影响，有些传统文化在内的优良文化难以进入大众视野，所以许多机构尝试使用科技来丰富传统文化的表达。

例如，中国河南卫视节目《国家传统节日》系统中的《唐宫夜宴》，将《簪花仕女图》《万里江山图》等诸多我国古代名家之作作为节目的历史背景，同时穿插“贾湖骨笛”等精妙绝伦的我国古代文物，并在 5G+AR 等高新技术的加持下，让观众们仿佛一举穿越回那个雍容华贵、乱花迷人眼的大唐王朝，身临其境，难以自拔。

此外，曾引起中国网民热议的高科技文化展演项目《清明上河图 3.0》通过高清视频、交互装置、3D 造像、全息投影等新型手段，让中华优秀传统文化与精妙的悠久工艺以更生动、更直观的形式加以展现，使得观战人既能沉浸式地体味千年古韵，又能与古人的智慧相互动。观展的沉浸感和互动性在现代科

技的辅助下大大增强。

除此之外，受众多游客预约不上、多次展览会使文物损伤等因素影响，故宫博物院在其官网运用 VR 等新科技上传了 5.2 万余件文物的三维影像，影像像素高达数十亿级别，使观众足不出户就能身临其境地欣赏及 360° 触摸“三维文物”。科技手段的革新让文化重新被“激活”，文化焕发出了新的面貌。

当今的文化传播路径已经不再是口口相传或通过书本纸介质，开始逐渐趋于电子化、数据化。科技加速了文化传播的数据化，使得线上的数据化课程完全可以在困难时期代替线下课程。

随着 5G 时代的来临，人们的信息交流越来越便捷。5G 时代下理论峰值为 2.5GB/s。也就是说一秒钟就可以从云端下载一部电影，让文化具有了瞬达性。文化传播已经不再受地理位置甚至时间的限制，就在 2022 年北京冬奥会期间，清华大学成功完成世界首次 W 频段涡旋电磁波轨道角动量（OAM）1Tbps 高速中继传输演示验证实验，完成了 6G 新突破，可在 1km 范围内提供 1T（1024GB）/s 的高速中继传输，速度是 5G 的 50 倍。意味着以后的未来，文化的转播速度真的可以用毫秒来计算，为文化科技融合提供了新的展示方式。

第四节　文化科技融合存在的问题

在良好的市场环境的带动下，我国文化与科技融合的潜力不断被挖掘，进程不断加快，并且在支撑体系建设、科技创新投入等方面取得了巨大成绩，一些新兴业态应运而生，呈现出全新的产业特点和良好的发展态势，并且这种融合发展的步调正在逐步由自发走向自觉，走向高质量协同发展之路。但是，文化与科技的融合仍然是不充分的，存在着诸多问题，如促进文化科技融合的相关立法缺失、产业高地的特色不明显、打造国际市场影响力任重道远等问题，这些问题在实践的过程中不断显现，需要我们高度重视，妥善解决。只有这样，才能更好地守护文化科技融合的成果，从而促进文化与科技的融合沿着健康的轨道不断向前推进。

一、促进文化科技融合的相关立法缺失

从我国目前已经制订推行的促进文化科技融合的相关政策与相应的法律法规来看，目前在有关文化科技融合领域，并没有出台有针对性的完善的法律文件，也没有运用已有的科学的立法宗旨和立法理念进行指导。因此，文化科技融合属

于一个新兴领域，已有的法律体系下没有一部专门的法律对该领域的行为规范进行明确的规定，文化科技融合的相关立法之间缺乏衔接。

总的来看，我国文化科技融合领域的立法方面，显示出法律和行政法规、部门规章之间极其不平衡的问题，即国家层面的立法远少于行政法规和部门规章。特别是关于那些在文化科技融合过程中涌现出来的新业态，这些新业态相关的立法内容在现行的法律框架下存在大量的缺失。

现有的文化科技融合立法体系中，与文化科技融合密切相关的部门立法和实际的发展进程并不匹配，是明显滞后于该进程的。在国家相关政策的激励下，文化科技融合示范基地如雨后春笋般纷纷建立起来，呈现出蓬勃发展的态势。按照现行的规定，由相关政府进行资质认证并批准挂牌是文化科技融合示范基地成立的标志，财政、税收等优惠政策也只有经过政策挂牌认证的基地才可以享有，但是在这一过程中发挥着客观依据作用的认证标准在不同的政府之间存在着差异，认证标准并没有进行统一的清晰化制订。在示范基地的认证方面是存在立法空白的，这就导致在文化科技融合示范基地建立管理方面，存在着标准不清、管理混乱的问题，这将大大影响示范基地发挥效能，导致文化与科技融合过程中出现的实际问题无法得到有效妥善的解决。

另外，示范基地大多立足于当地特色的传统文化而建立发展，立足传统的同时兼顾创新，充分发挥高新技术在推动当地传统文化的传播与发展中的积极作用。为了促进文化科技融合的发展，各地政府相继出台与之相关的法律法规，但诸多条款之间存在不确定和不清晰等问题，特别是在立法水平层面，各地政府没有达到一个统一的标准，这就很容易造成立法冲突和立法死角的出现。综上所述，文化科技融合相关立法还是不够专业化和科学化。

二、产业高地的特色不明显

目前，我国各地的文化产业发展显示出明显的同质化特征，如几乎每个城市都有的小吃街等。过去，由于以农业为主的产业结构以及经济水平、交通能力的限制，文化一般以它的起源地为范围进行传播，现在由于互联网技术、交通运输技术等的发展进步，在全国范围内人员频繁地跨区域流动，人员的流动带动了不同地区文化的交流，文化打破了地域的限制将其影响力延展到全国范围内。如果各地的文化产业能够在立足本区域文化特点的基础上吸收借鉴其他文化，将其他文化融合于本地区的文化，树立自己本区域的文化底色和文化品牌，就能产生最好的文化产业交流融合的效果。可是遗憾的是，很多地区在与其他地区的文化产业交流融合的过程中，逐渐丢失了自己的文化底色，只是简单地照搬其他地区的文化，严重忽视了融合创新。

目前，文化科技融合已取得了较大成功，也催生了许多以数字化等高新科技为基础的文化创意产业新业态，这些新业态如雨后春笋般蓬勃发展，但是如果把文化与科技产业融合发展视为文化要素的简单的"加法运算"便是极大的错误观念了。目前，文化与科技融合示范基地在许多地区已经建立，但是除了以哈尔滨的冰雪文化产业、兰州的敦煌文化和伏羲文化产业、长春的关东文化产业为代表之外，其他地区都没有形成品牌鲜明的地区文化产业。这些没有形成特色的文化与科技融合示范基地绝大部分将数字产业作为主打方向，但是数字产业是一个庞大而繁复的体系，不同地区为了避免做无用功，就很容易互相之间跟风模仿，长时间的跟风模仿的结果就是各地的文化产业越来越同质化，逐渐丢失地方特色，导致人们出现走到哪个城市都感觉差不多的错觉。

同时，产业种类过于单一也是这些示范基地存在的问题，不同地区的特色文化不仅包括民俗文化，还包括戏剧文化等其他类型，然而从这些基地的具体实践过程来看，一些传统的文化产业仍然以内容打造为主，缺乏运用高新技术的思维和手段。例如戏剧行业，一些科技企业考虑到机会成本高昂，缺乏相应的动力去做内容，因而目前我国不同地区间文化与科技产业融合发展并没有出现极具代表性的成功案例。

三、打造国际市场影响力任重道远

经济全球化是不可阻挡的历史潮流，也是百年难得的历史机遇，在经济全球化背景下，各国的交流和联系日益密切，在经济、政治、社会等多层面的互通交流发展得如火如荼之际，文化的交流也是一个重要的领域，在国际社会上的文化影响力也是一个国家软实力的重要组成部分，彰显着一个国家的文化自信。在和国际社会进行文化交流方面我们已经取得了一些成就，如儒学在国际社会上广泛传播并深受欢迎，孔子学院更是在世界上的许多地方落地生根；中国的美食文化也是我国在国际市场上一个闪亮的招牌。但是，我们在因为这些成就而骄傲的同时，也应该关注到一个问题，那就是我国是文化产业输出的大国，而非强国，我国的文化产业输出仍然存在低质量的特点。

我国文化产品和服务出口依然存在档次低的问题，物理实体等"硬"商品仍然占据主流地位，服务类等“软”要素出口较弱。文化与科技融合发展较为密切的产业诸如影视业、动漫业等，发展历史悠久，目前产业模式已较为成熟，且话语权被发达国家所垄断，我国在这些领域的发展较发达国家起步晚。发达国家目前产品后期制作费普遍在总预算的70%左右，而我国目前文化产品后期制作投入仅为总预算的30%左右，投入的不足导致科技支撑力度不够，产品科技含量不高，市场前景有限。① 示范基地作为后发地区目前在国际上影响力还较弱，参与国际交流与展示目前还是只能借助于一些科技展或者文化展等专项展览，尤其是文化展览大多数以国际文化交流活动为主，并非商业行为存在，文化与科技融合特色交易活动较为缺乏，在国外获奖的影视作品还是集中于传统纪录片，技术因素集聚的科幻电影整体来看发展水平还比较低。

四、文化科技融合的执法管理机制不协调

与文化科技融合相关的立法体系的不完善是阻碍其发展的重要原因，规则不明晰导致有关部门在实际处理文化科技融合过程中的困难和问题时，缺乏有力的理论抓手和法律依据，难以有效应对并解决问题。

长此以往，便会形成负面的辐射效应，使人民对政府公信力产生怀疑，对文化与科技融合失去信心。执法管理部门在日常工作中需要重点审慎考虑如何在相关立法不健全的情况下，合理地处理文化科技融合过程中的问题。在文化科技融合过程中，执法行为显露出来的不足包括以下几点。

（一）政府主导，企业参与度低

经历五千年的发展，中国的文化灿烂而丰富，它有着五彩缤纷的特点。外来文化的入侵，导致国内的各种文化参差不齐，在如此纷繁复杂的文化背景下，政府应扮演好“领路人”的角色，为在文化大潮中行进的企业把握好文化与科技融合的方向。除此之外，由于政府主导、企业参与度低，所以企业无法在文化科技融合的过程中获得政府的资金、政策、战略支持，从而导致该新兴业态面临很大的发展阻力。

（二）无专门的政府行政部门

只有在政府部门间充分沟通协调的基础上，才能最大程度地发挥联动效应的

① 袁锦贵．国内外文化与科技融合发展战略的经验与启示[J]．科技和产业，2020，20（1）：44—50．

积极效能，才能促使文化科技融合充分发挥整体优势。目前，针对文化科技融合的实际推进工作，各地政府没有设立专门的行政管理部门进行有效管理与统筹规划，这使得地方政府与企业难以充分对文化资源进行整合与划分，从而造成了文化资源的利用率低，资源的产出率也非常低。文化科技融合的进程会因为文化资源分配的不均衡而受到阻碍，也会对文化资源本身造成极大的浪费。

（三）数据标准体系尚未建立

数据的重要性随着大数据时代的到来被越来越多的政府、企业、自然人认识到，只有数据体系健全完备，才能在发生突发情况时及时应对。而目前我国关于文化科技融合的数据标准体系仍未建立，该体系的缺失，使得相关部门对文化资源的使用量及剩余量、运行效率等数据缺乏清晰的认识，进而导致在分配文化资源的时候出现与现实不匹配的情况，如供求关系不匹配等。

五、文化科技融合的知识产权法律保护体系仍需完善

透过我国文化科技融合的发展现状可以看出，许多新的文化产品诞生于文化科技的融合过程中，例如借助互联网媒体而大火的文创产品，这些新产品已经出现了很长时间，也被很多人所喜爱，对于类似产品的保护就涉及了知识产权。目前，我国关于知识产权保护的相关法律体系是较为健全的，但是，文化科技融合作为新兴领域，该领域的知识产权保护力度还是不够，层次较低，仍处于初级阶段。特别是关于知识产权保护的部分规定存在模糊不清的情况，对保护的必要性以及保护的方式的规定都比较笼统，在具体实施的过程中执行者的裁量空间比较大。

另外，知识产权的法律宣传存在欠缺，很多人对于这部分的法律知识不了解。基于这种情况，在文化科技融合发展中，应该强化对于知识产权的保护，建立健全知识产权的法律保护体系，补足法律内容的缺失，使文化科技融合领域的法律体系更加完善。

在文化科技融合发展的进程中，创意性产品的知识产权纠纷案得不到解决的有很多，特别是同时兼具传统文化和现代科技文明的产品。例如，短视频、人工智能等创意产品，它们在是否能够获得知识产权保护方面仍存在较大争议。其中的典型案例就是曾经轰动一时的快手“短视频”创意纠纷案，2015 年快手用户在快手 App 上发布了采用摄制电影的方法并具有艺术创造性的展示二人转文化的短视频，2017 年广州华多公司在其运营的软件上发布了该短视频。快手公司以华

多公司的行为损害了该短视频的著作权为由对该公司提起了诉讼。本次案件在认定创意性短视频是否具有版权方面产生了很大程度上的意见不统一。

类似的代表性案件还有“美在花城”和“女子十二乐坊”创意产品侵权案。这些案件的审理结果均是不构成侵权，法院的判决理由是著作权法没有明确保护创意。而这些现象沉重打击了创意性产业发展的积极性，阻碍了我国文化科技融合的不断发展。此外，在对知识产权进行具体管理的工作中，相关执法部门存在分工不明、权责模糊的问题，这类问题极不利于知识产权的统一化管理。司法救济不仅存在成本高、效果差的问题，还面临确权和法律适用等一系列问题，司法救济会消耗大量的人力、物力和财力成本，因此司法救济常常会造成诉讼的结果。

六、融合转化机制不健全，融合品质仍需提升

从文化科技在世界范围内的发展历程来看，文化普及率的提高得益于科技的发展和使用，但是科技在助力文化繁荣发展的同时，也带来了一些问题，如各类文化内容的泛滥。很多国家都经历了从严格细致的内容审查到混乱宽松的文化管理的演变过程，都经历了从印刷特权到现代版权的保护、知识共享与专利垄断的双重平衡。健全完善的内容管理和知识产权保护机制是推进文化科技融合发展的根本保证。以知识产权保护为例，侵害知识产权的行为具有很强的隐蔽性，能够在一定周期内隐藏而不被发现，要在经历一定的时间之后才会显露出来。由于该行为具有隐蔽性强的特性，所以当侵害知识产权的行为发生时，被侵害的一方大多数情况下很难在短时间内发现并及时进行维权，这就导致关于知识产权的诉讼案件会普遍存在举证难度大、时间周期长、维权成本高的问题。

所以，相关责任方一方面需要重视对民众进行知识产权观念的培育，加大宣传力度，充分利用新媒体等新兴平台进行普及宣传，帮助民众树立保护知识产权的意识，同时，还要进一步普及侵害知识产权行为的后果，使民众保持敬畏之心。另一方面，司法保护是知识产权的根本保障，所以需要加大司法保护的力度，完善法律法规，健全知识产权保护的法律体系。

从观念培养和司法保护两个层面进行文化科技融合机制的健全完善，为相关产业创造一个积极高效、公平公正的发展环境，在这样的环境下，企业的积极性可以得到最大程度的调动，高昂的积极性会激发出无限的创新创造的热情，进而产出更多的文化科技融合发展的成果，促进文化科技融合整个产业的蓬勃发展。

立足于整个文化科技融合产业的发展，评价标准决不能仅限于成果数量的多

少，低质量的成果即使再多也只是低科技附加值的简单重复活动，只有保证质量的发展才会有更加广阔的未来，才是整个产业的良性发展。

文化产品的消费体验通常归结为以下三个方面：以视觉、听觉向触觉、嗅觉转换的立体感官体验；具有故事性的情感体验；追求价值高度认同的精神体验。一方面，科技的作用主要体现在视觉、听觉等感官层面上，而想要触及更深层次的情感和精神体验，就不是单纯依靠技术手段就可以做到的了。另一方面，科技的进步极大地提高了文化产品的大众普及率，文化产品的发展战略可以划分为低成本战略和差异化战略，低成本战略是以文化产品的同质化和标准化为特点的，手工定制为文化产品增添了个性化和定制化的标签，这便是差异化战略。要在文化产品的价值和价格方面平衡兼顾，实现全方位创新发展。

第五章　文化科技融合发展的机制与模式

科技文化融合已成为当今时代的一个主题，科技兴国、文化强国是提高我国综合国力和软实力的战略支撑，国家大力支持科技文化融合，出台了一系列政策。文化要实现高水平的发展，必须与科学技术相结合。文化产业要得到更快发展，要与科技产业进行创新融合，满足人们的精神文化需求。政府部门应鼓励并支持科技文化融合项目，在有条件的情况下，开展政府与社会的资本合作，实现社会效益和经济效益的共同提高。本章则围绕文化科技融合发展的机制、文化科技融合发展的模式等内容展开研究。

第一节　文化科技融合发展的机制

一、文化科技融合发展的运行机制

（一）人才驱动机制

高素质劳动力是文化科技融合高质量发展的重要新动能，能够为文化科技融合发展提供智力支撑。随着“互联网＋”的深入发展，尤其是大数据、人工智能等新技术的应用，文化科技融合发展将面临更多跨行业、跨学科的挑战，文化新业态也将不断演化，高水平人才将成为文化科技融合产业高质量发展的决定性因素。因此，要不断强化高水平人才供给，形成包括文化创作人才、文化技术人才、文化管理人才以及复合型人才等在内的人才梯队。一方面，要根据高水平人才特点，制订具体的引智政策，不仅要“用得好”，还要“留得住”，使大量人才能涌向文化科技融合产业。另一方面，通过构建高质量的高等教育体系，对人才培养模式进行改革创新，优化产学协同育人机制，形成大量的高水平人才储备。

人才驱动是文化科技融合发展运行机制的实质。文化科技融合发展的人才驱动主要从“培养”和“激发”两个方面去加强人才队伍建设。在“培养”方面，深入实施人才强国战略，弘扬科学家精神，根据人才成长规律不断完善人才培养机制，为创新能力的锻炼、创新精神的培育、创新意识的增强提供良好的环境。在“激励”方面，主要建立健全适宜人才培育的人才评价体制机制，坚持以贡献、质量和绩效为导向，依靠人才评价改革，充分发挥出人才的创新价值。另外，保障人才的科技成果转化利益，让其拥有更多的获得感。

（二）自主创新机制

创新是一种新的生产要素，创新力作为生产中必不可少的一环，与现有生产要素相组合，从而得到新产品。新的技术会打破原有的技术，通过优胜劣汰的方式，实现技术的升级，从而得到新的组织形式。

创新也是我国文化科技融合发展和区域经济发展的第一推动力，文化科技融合发展中要坚持贯彻新的发展观，加快努力建设文化科技融合发展的创新型国家。创新加快了新知识在不同地区的传播，减少了获取外部知识的障碍，它带来的新思路、新技术，可以达到优化区域间生产要素布局的效果。

自主创新能力决定科技竞争力，是文化科技融合发展的关键。一方面，我国通过建设国家实验室等平台去夯实自主创新的物质基础，另一方面，通过政策去深化文化科技融合体制机制改革以释放社会创新活力，为提高我国自主创新能力提供了物质基础层面和制度层面的坚实保障。

二、文化科技融合发展的动力机制

（一）利益驱动机制

国家文化科技融合发展的相关政策在文化科技融合发展的初期阶段会起到很明显的作用，随着市场经济的不断发展，文化科技融合发展就要将市场放在首要位置。文化科技融合发展中出于盈利目的要力求文化科技相关产品、相关企业和相关产业结构升级，不断提升文化科技融合产业的行业竞争力，在市场经济发展中取得主动地位，在利益驱动下助力文化科技融合发展。

（二）科技推动机制

科技是推动文化科技融合发展的又一大动力机制。要充分发挥出科技创新对于文化建设的促进作用，破除文化共性关键技术难题。2019 年我国出台实施的《关于促进文化和科技深度融合的指导意见》中将加强文化共性关键技术研发作为促进文化科技深度融合的重点任务，要求通过不断加强以智能科学为代表的基础研究，着力攻克文化共性关键技术的难题，推动智能技术在文化领域的创新应用。

以科技规划引领科技事业发展是新时代中国共产党发挥科技规划优势的实践经验。新中国建立以来，中国共产党领导中国人民实现了科技发展由跟跑阶段向并跑和领跑阶段的转变，其重要经验在于中国共产党始终坚持以科技规划引领科技事业的发展。新中国成立以后，中国共产党便充分利用规划优势去推动中国的科技发展。其中，五年计划是中国共产党治国理政的重要手段，该计划能对整个国家的社会资源进行有效调动和配置，是中国共产党在治国理政的长期探索中形成的科学制度安排。预则立，不预则废。科技规划决定了国家科技发展的长期目标以及实现长期目标所要完成的主要任务，它对于指引国家科技创新以长期目标为导向向前发展，起到压舱石的作用。而能否以科技规划引领科技事业发展则决定了科技规划的规划优势能否得到充分发挥。历史经验已证明，中国的科技发展之所以能取得今天的伟大成就，离不开中国的科技规划优势，更离不开党和政府坚持以科技规划引领科技事业发展的决定，这是中国共产党成立以来发展科技的优秀经验。

党的十八大以来，党中央在发挥科技规划优势的过程中，始终坚持以科技规划引领科技事业发展，以提高科技规划质量为基础，推进科技创新治理体系和治理能力现代化，促进了我国科技规划质量的提升，发挥了科技规划对于促进文化科技融合快速发展的独特优势。

第一，提高科技规划质量。科技规划质量能直接决定规划遵守效果，从而影响到文化科技融合创新发展的好坏。党和政府从目标牵引和国家需求两个方面去提高科技规划的质量。目标牵引方面，强调科技强国建设是社会主义现代化强国建设的重要支撑，在该目标的牵引下，围绕如何通过强科技实现社会主义现代化强国目标，党和政府结合中国发展的实际情况，确立了中国建设科技强国的基本方案和步骤。国家需求方面，在科技规划中，党和政府将中国经济、文化、国防和军事等重要领域涉及科技的产业共性关键技术和民生科技等技术发展需求作为科技规划突出的主要内容，促进国家需求与科技发展紧密联系，以强国目标为指引，以国家需求为内生动力，促进科技规划的可操作性、前瞻性、实践性不断加强，科技规划质量不断提高。

第二，推进科技创新治理体系和治理能力的现代化。推进科技创新治理体系和治理能力的现代化是以习近平同志为核心的党中央提升科技制度执行力的重要举措，也是以科技规划引领科技事业发展的重要保障。为了推进科技创新治理体系和治理能力的现代化，党和政府主要从完善科技创新体制机制、增强科技规划实践性两个方面入手。在完善科技创新体制机制方面，党和政府通过采取健全国家实验室体系、创新人才培养和激励体制、打造支持基础研究发展的高校创新体系等举措，去促进一切支持科技规划顺利落地的体制机制得以优化和完善。在增强科技规划实践性方面，中国式的科技规划，一般分为总规划与子规划，总规划是子规划的服务目标，子规划是总规划的目标细化，二者相辅相成，共同推动科技创新发展。为了增强科技规划的实践性，党和政府在科技总规划的基础上，制订出了一系列严谨缜密的科技子规划，在目标牵引的作用下，依靠加强子规划的顶层设计，逐步细化科技总规划的主要内容，将科技总规划的大目标细化为各个小目标，增强实操性，以达到科技规划更好实践和遵守的目的。

例如，为了增强《国家创新驱动发展战略纲要》规划的实践性，党和政府结合十三五时期我国科技发展的主要任务和目标，出台实施了《中华人民共和国国民经济和社会发展第十三个五年规划纲要》，不仅如此，党和政府还在该子规划的基础上，进一步出台实施了《“十三五”国家基础研究专项规划》等专项规划，这些专项规划增强了科技规划的实践性和协调性，为党和政府坚持以科技规划引领科技事业发展，发挥科技规划优势，推动我国文化科技融合发展提供了更加细化和具体的方案。

（三）消费升级机制

近年来随着收入水平的提升以及消费观念的改变，人们对个性、时尚、健康、文化、科技的追求愈发明显，消费水平的提高是人类物质生活水平发展的自然产物，这种发展已经达到一定的程度，这就使得人们更积极地追求文化科技等精神方面的享受。因此在居民消费能力提升的大背景下，要把握消费者的实际需求，全面认识和满足消费者的消费需求。消费升级有别于居民的普通消费支出，它更多的是强调消费升级中的再生产和价值增值属性，有利于人力资本的培育和再生产。消费升级是居民消费从物质消费转向精神消费的过程，是生存型消费转向发展型和服务型消费的过程，也是从数量消费转向质量消费的过程。消费升级的表现应是多维度多层次的，包括以居民可支配收入增加为代表的“消费能力升级”、以生存型消费转向发展型和服务型消费为代表的“消费结构升级”以及以消费内容高端化和消费渠道多样化为代表的“消费品质升级”。

消费升级是居民消费构成的整体提升，直观反映着居民消费水平的档次和变化趋势。自改革开放以来，我国经历了三次消费升级。①第一次消费升级：粮食食品消费占比下降，轻工业产品消费占比上升。②第二次消费升级：前期是“老三件”（收音机、自行车、手表）消费向“新三件”（冰箱、洗衣机、彩电）消费转变；后期是家用电器迅速普及，消费品逐渐高档化，摄像机、高画质大屏电视、影碟机、微波炉、大容量冰箱、空调成为城镇居民的消费热点。③第三次消费升级：教育、医疗卫生、交通、通讯、住房、文化旅游等方面的消费占比上升，享受型、发展型、服务型消费逐渐替代生存型消费。

基于文化产业的经济和意识形态双重属性，文化产业的发展要求与科技创新深度融合，转化为创意性的文化产品，满足居民的文化消费需求。消费升级对文化科技融合发展的影响可以分为直接和间接机制两个方面。前者通过要素协同和供需协同效应发挥作用，后者通过人力资本和技术创新两个中介变量间接促进文化科技融合发展。除此之外，地理空间位置因素也是消费升级影响文化科技融合产业的关键因素。

①消费升级影响文化科技融合发展的直接作用机制。消费升级带来的文化消费需求为文化科技融合发展带来了充足的动力源泉，促使文化科技融合供给需求双方协调发展，主要通过以下两个效应发挥作用。

第一，供需协同效应。从文化科技融合发展的市场需求角度来看，消费升级通过创造新的文化消费需求推动文化科技融合产业的供需协同发展。文化科技融合发展的目的是满足人民日益增长的高品质和个性化的文化消费需求。首先，居民消费能力升级使得居民用于文化的消费支出潜力不断提升，这为文化科技融合发展培育了更为广阔的文化消费市场。在一定程度上有利于文化科技融合发挥规模效应，从而提高文化科技融合发展的生产水平和效率。其次，消费升级意味着居民消费结构的升级，居民发展和享受型消费的支出比重持续上升，文化消费偏好也会愈来愈强，促使文化科技融合产业向收入弹性高的产品部门转型升级。除此之外，消费者的文化消费需求层次和结构也发生了转变，为文化科技融合发展的结构体系调整和转型升级提供了方向。最后，消费升级意味着文化消费品质不断升级，这对文化产品的质量、表现形式和传播渠道有了更高的要求。

第二，要素协同效应。从文化科技融合发展要素投入的角度来看，消费升级为文化科技融合发展提供了充足的内生动力源泉。文化科技融合发展主要依靠人才、技术和宽容的社会环境这三个因素实现文化创意内容的输出，故文化创意人才资本才是文化科技融合发展的不可或缺的原动力。与此同时，消费升级中的文化消费不再简单地被视为消费的一种类型，而是看作能够促进人力资本水平提升的教育投资，从而有效地提升人口素质。因此消费升级能够促进文化科技融合产业创意人才的培育和积累，发挥创意人才效应，助力文化创意内容的生产，为文化科技融合发展创造适合文化需求的产品和服务。作为生产要素的文化创意人才，也有助于优化文化科技融合产业的生产模式，为文化科技融合发展的高效产出提供内生条件。

②消费升级推动文化科技融合发展的内生机制。消费升级推动文化科技融合发展的机制是较为复杂的，除了能够通过供需协同推动文化科技融合产业进步之外，要素协同更是为文化科技融合产业持续发展提供了内驱力。因此，消费升级对要素投入的影响分解为技术创新和人力资本两个途径，借助中介变量来探究消费升级驱动文化科技融合发展的机制，并基于此提出相关假设。

第一，技术创新中介效应。消费升级通过促进技术创新水平的提升，进而促进文化科技融合产业转型升级，即遵循“消费升级—技术创新—文化科技融合发展”的影响机制。一方面消费升级背景下居民的消费需求倒逼技术创新，另一方面文化消费的支出通过发挥知识外溢效应，加速了新技术的研发。

首先，技术创新水平的提升能够支撑个性化文化创意产品的生产，从而更加高效地服务于差异化群体，实现文化产品供给与居民文化需求之间的精准匹配。

其次，技术创新能够加速文化科技融合产业数字化转型。数字技术的进步创造了新的文化消费渠道，使得传统的电影、电视剧、文艺演出和旅游等传统文化产品的表现形式由原来的线下模式转为在线观看和 VR 旅游等线上模式，同时也孵化出新的文化创意产业，如以抖音、快手和网络游戏为代表的数字文化创意产品。

最后，技术创新能够降低文化产品的传播成本。技术创新不仅能够通过优化文化产品的制作工艺和流程来提升文化产品的流通效率，同时也能通过生产销售一体化来减少中间环节进而降低文化科技融合产业的传播成本。

第二，人力资本中介效应。消费升级通过促进人力资本积累提高文化科技融合产业的效率，即遵循“消费升级—人力资本—文化科技融合发展”的影响机制。随着消费升级中文化消费支出比例的不断提高，居民关于教育的投资支出随之不断增加，人口素质因此得到大幅度提升，这有助于人力资本的积累。而人力资本水平对文化科技融合产业的影响可以从文化的消费和生产两个视角进行阐释。其中从文化消费的角度看，人口素质的提升使得居民的文化消费需求和结构发生了变化，高品质的文化需求促进供给端的文化科技融合产业进行结构转型。而从文化生产的角度来看，知识消费一体化有利于文化科技融合产业“劳动力蓄水池”的积累，培养更多的文化创意型人才，为丰富和创新文化科技融合产业的内容提供了新的可能，有助于文化科技融合产业生产效率和全要素生产率的提高。消费升级通过提升人力资本水平使得技术创新成为可能，进而加快文化科技融合的发展，即遵循“消费升级—人力资本—技术创新—文化科技融合发展”的影响机制。人力资本是技术创新的内在要求。人力资本决定了技术进步的类型，有助于技术创新的实现，为文化产品的表现形式和传播渠道开拓了新的模式。

③消费升级对文化科技融合发展的空间溢出效应。消费升级对文化科技融合发展的影响存在空间溢出效应。数字经济时代，文化产品的多渠道传播模式为居民消费方式的多样化提供了便利条件，居民跨地区进行文化消费和就业也成为一种常态。从居民消费的角度出发，如果当地的文化科技融合发展水平未能满足当地居民的文化消费需求，居民会出现选择周边城市进行文化消费的行为，从而产生外溢效应带动周边地区的文化科技融合发展。

因此，当地的消费升级不仅影响其自身的文化科技融合发展，更可能产生空间外溢效应，即对其他省市的文化科技融合发展产生影响。与此同时消费升级有利于人力资本水平的提升，促进各地区的人才流动和技术创新的进步，从而影响周边地区的文化科技融合产业的要素投入和文化科技融合产业的生产效率，故从要素投入的角度看，消费升级对文化科技融合发展的产业结构升级也存在空间溢出效应。

三、文化科技融合发展的保障机制

（一）政策推动机制

政策推动是文化科技融合发展的保障机制之一。数字经济时代的新一轮发展对文化科技融合产业的发展模式造成了巨大冲击。转变文化科技融合产业的发展方式是实现文化科技融合产业发展的有效工具。

在《文化及相关产业分类（2018）》中新增了文化科技融合产业的相关活动小类，包括诸多文化与科技相融合形成的文化新业态：观光旅游航空服务、可穿戴文化设备制造等。文化产品和文化服务的生产、传播、消费等相关环节日益数字化、网络化，加之我国近年来实施文化科技融合产业领域数字化战略，当前广播电视集成播控、手机出版、动漫游戏、视频直播等基于互联网的新兴文化业态发展得愈发强劲，已经成为我国文化科技融合产业发展的新动能，是文化科技融合产业发展的新增长点。以数字文化新业态为特征的文化行业小类营业收入逐年增长，高于文化企业平均水平。

文化科技融合包括三个层面：①技术层面。在我国的文化科技融合产业发展中，文化共性关键技术的研发和标准制定与推广非常重要。为了推动文化创作、生产、传播和消费的各个环节，我国正在开展人机交互、混合现实等共性关键技术的研发。科技创新和文化创意的结合是促进文化科技融合产业发展的关键。在数字化、智能化和网络化的技术基础上，我国积极整合虚拟现实、人工智能、5G技术、区块链等新兴技术，将其应用于文化产业领域。这些技术的结合可以促进文化创意和科技的有机融合，推动文化科技融合产业发展出新的业态。例如，虚拟现实（VR）技术、全息三维展示系统和互动视觉拍摄装置等科技成果的应用，使得文化企业能够从基础的科研数据延伸出更多的文化新供给。这些技术不仅能够提供更丰富、沉浸式的文化体验，还能够增强文化产品的创新能力。在标准制定方面，我国也在积极推动文化技术标准的研制与推广。制定统一的技术标准，可以推动文化科技融合产业的发展和规范化，提高产业的整体水平和竞争力。②生态层面。形成区域协同、要素协同、产业协同的文化科技融合新生态。依靠区域特色的文化资源，初创文化与科技公司形成了“创业孵化、创业投资”的服务系统。搭建集企业宣传、项目和产品展示、信息发布于一体的信息资源共享平台和知识产权服务平台等，推动文化科技企业的信息推广渠道与方式的发展。③文化科技成果产业化层面。文化科技融合成果的落地，实现了创新链和产业链的精准对接，实现了产品制造、技术突破、产业发展、市场模式的链式转化。

（二）融合环境机制

融合环境是文化科技融合产业赖以生存和发展的基础，尽管政治、经济环境等宏观环境对产业发展有很大影响，但就文化科技融合产业来说，公共文化服务环境、文化创新环境以及文化信息环境是影响其发展质量最直接的外部环境。

首先，有效的公共服务供给是文化科技融合产业高质量发展的重要动力。要进一步加大公共文化资金投入，强化公共文化服务的标准化与均等化建设，形成较为完备的公共文化服务体系，以高质量的公共文化供给提高人们的文化素养，陶冶人们的文化情操，为高质量文化内容创作助力。

其次，通过强化知识产权保护与利用，不断创新知识产权交易模式，提高创新主体的创作积极性和创意经济价值，并且利用现代信息技术对文化遗产进行内容开发、表达与传播，提高文化产品的艺术内涵，促进文化消费体验感的升华。

再次，文化科技融合已经成为文化科技融合产业高质量发展的重要路径，把技术创新贯穿到文化科技融合产业链的各个环节之中，提高文化科技创新的供给能力，促进传统文化科技融合产业升级，创造文化科技融合产业新业态，为消费者提供更多的高质量文化产品与文化服务。

最后，要正确引导文化消费风尚，树立质量意识、精品意识，不断优化高质量文化消费环境，使得高质量文化消费群体不断扩大。

文化科技融合发展的环境培育方面，从公共文化服务、公共信息服务以及研发与保护三个维度进行表征，具体以博物馆人均藏品数、公共图书馆人均图书总藏量、一般公共预算文化体育与传媒支出、人均文化事业费四个指标来评价公共文化服务水平，以互联网宽带接入用户数来评价公共信息服务水平，以规模以上文化制造业企业研究开发经费内部支出和知识产权保护强度两个指标来检测研发与保护水平。文化科技融合产业人才培育方面，从文化科技融合人才培养与文化科技融合人才发展两个维度进行表征，其中以每十万人口高等教育在校生数来评价人才培养水平，以文化市场规模以上经营机构从业人员数和文化市场规模以上经营机构从业人员年工资两个指标来评价人才发展水平。文化内容创作方面，以作品自愿登记数和文化及相关产业专利授权数来评价。文化产品与服务生产制造方面，从产业结构、生产效率、产品质量三个维度进行表征，具体以规模以上文化服务业企业营业收入占比、数字文化企业营业收入占比来评价文化科技融合产业内部结构情况，以全要素生产率、劳动产出率、资本产出率三个指标来评价生产效率水平，以新产品销售收入来表征文化产品质量水平。文化消费体验市场发展方面，从消费潜力、区域协调、城乡协调、国际市场四个维度进行表征，具体以居民人均可支配收入、居民人均文化娱乐消费支出占消费支出比例两个指标来评价文化消费潜力，以各省与全国居民人均文化娱乐消费支出对比来评价区域协调水平，以城镇居民与农村家庭人均文化娱乐消费支出对比来评价城乡协调水平，以规模以上文化制造业新产品出口销售额来评价国际市场发展水平。

平台经济作为互联网技术发展的新产物，有助于降低中国文化科技融合发展的交易成本，提升企业间合作效率。在促进文化科技融合发展的过程中，发改委等相关部门联合颁布了《关于推动平台经济规范健康持续发展的若干意见》，对平台经济予以肯定与规范。为促进中国文化科技融合产业向好发展，可以从以下几个方面入手。首先，提高对平台经济重要性的认识。提高“边缘”地区对平台经济的认识。通过互联网平台集聚中国文化科技融合产业的文化资源，实现全国范围内共享，促进文化科技融合产业的升级。发挥平台经济的枢纽功能，实现“核心—边缘”地区之间的联动。其次，完善平台经济的管理与运行框架，为平台经济提供健康运行的持久方案。

第二节 文化科技融合发展的模式

一、理论层面融合发展的模式

（一）单向度融合

文化科技的单向度融合，是指文化科技融合过程中，只发生或强调一方对另一方的作用，而不发生或考虑对方的反作用。

文化对科技的单向度融合，主要指人的思维方式方法对科学技术的促进作用。文化先行为科技提供动力源，文化是科技创新的动力源，是科技更新的内核。如果只有科技，不把文化掺合在其中，科技也就毫无价值，技术是为文化服务的。只有将文化科技融合，才能创造出海量市场和巨量价值。文化始终是科技的压舱石与灵魂，科技是创新手段。

科技对于文化的单向度融合则指科技通过技术手段、技术理念影响文化的内涵及发展方式。紧随科技的发展，文化的传播方式、生产方式、表达形式都在变化。科技引领文化传播的变革，如虚拟三维全息影像等技术打破了传统的口口相授、口书相授、物人相授等传播、传承方式，摆脱了时间与空间上的限制。以科技的发展带动文化事业的发展，让科技丰富文化的表现方式、传播形式。

文化科技的单向度融合作用方向明确，但是容易导致人们片面地认识文化与科技之间的关系，从而忽略文化与科技之间的作用规律和特点。

（二）双向度融合

文化科技的双向度融合，强调文化与科技的共同相互作用。不仅包含文化与科技对彼此的单方向作用，而且更加注重文化与科技之间空间维度的平行交叉作用，使文化与科技间的关系更为立体、全面和客观。

文化科技融合是文化与科技两大系统通过协调与交换，实现发展与共生的过程。科技创新可以使文化更快速、有效地传播、传承与发展。相对的是，思想的进步、文化的繁荣、人性的解放会给予科技良好的发展土壤。正是这种相互作用使得文化与科技融合发展成为必然。

二、实践层面融合发展的模式

（一）产业融合

对正处在转变发展方式、优化经济结构、转换增长动力的攻关期的我们而言，进一步推动产业结构转型升级是客观需要，也是历史必然。在此背景下，文化科技融合发展成为国家战略部署的重点，以文化为内容、科技为载体的文化科技深度融合，是促进文化科技融合产业转型升级的重要路径，是文化自信话语体系下文化事业和产业发展的重要趋势，也是创新驱动发展战略条件下科技制造业和服务业提升自身附加值的有利因素。赋予科技创新文化深意，以科技力量助推文化传播，有利于促进文化科技融合发展，从而促进产业结构转型升级。《关于促进文化和科技深度融合的指导意见》为地方文化科技融合发展提供了实践指导，也为政府相关政策制订提供了方向。另外，在我国社会主要矛盾转化后，人们对于精神文化的需求日益强烈，文化科技融合应这一需求而发展，同时也开辟出了更多的需求空间，为国家社会发展提供了新的经济增长点。如数字出版物、网络文学、3D 电影及短视频等新型文化消费品的出现，满足了居民对精神生活的需要，同时也催生了众多文化科技新业态，创造出巨大的经济效益。

在文化强国和创新驱动发展战略实施的背景下，文化科技融合发展是必然趋势，其对经济发展带来的影响不容小觑，尤其在助力产业结构优化升级方面影响甚大。既有利于为地方政府制订差异化产业政策提供新思路，又有利于优化文化及科技产业要素在区域间的配置。

文化科技融合的实质是产业融合。从投入产出视角来看，其融合机制包含两个层面：一是基于投入角度的产业相互渗透机制。文化产品和科技产品均作为中间产品投入对方产业生产过程中，实现各自产业链的延伸，表现为文化产品中的文化符号或文化理念与科技产业的研发设计、生产销售、技术服务等环节相融合；科技产品或服务中的高新科技元素及创意嵌入传统文化科技融合产业链的各个环节，提升文化产品的价值。二是基于产出角度的产业相互拉动机制。在渗透机制作用下，文化产业与科技产业最终输出的新产品会使得产业间的经济技术联系愈发紧密，文化科技融合产业必然会吸收科技产业新产品进入其生产过程中，同样地，科技产业会进一步投入文化科技融合产业新产品作为中间产品，如此一来两个产业形成了一种互相的后向关联关系，表现为相互拉动作用，也可称为二次渗透。通过渗透机制与拉动机制的循环往复作用，产业边界逐渐模糊，促使新业态形成，实现了文化科技融合。

以数字技术支撑文化科技融合产业发展是鼓励文化科技融合发展的重要方式。2017 年我国出台实施了《关于推动数字文化产业创新发展的指导意见》，其中明确指出我国将专注于数字文化科技融合产业关键领域的发展，并以创新驱动和优化供给为基本原则，依靠自主创新，加强内容创新和科技研发，培育数字文化科技融合产业发展动力，建立健全数字文化科技融合产业发展体系，增强数字文化科技融合产业高质量供给。这一系列的政策措施为我国依靠数字技术支撑文化科技融合产业蓬勃发展提供了科学指导。

此外，以“互联网 + 文化产业”为代表的数字文化技术迅猛发展，数字文化科技融合产业异军突起、逆势上扬，文化科技融合发展持续释放出发展新动能，不断满足人民群众的精神文化需求。

在党和政府的领导下，随着鼓励文化科技融合发展举措的推进，我国的科技发展对于文化建设的支撑作用不断增强，突出表现为文化科技融合产业转型升级加快。我国数字出版产业近年来发展迅猛，极大地促进了数字经济与文化科技融合产业的深度融合发展。从短视频看，抖音、快手等短视频 App 是网络文化创新和传播的重要载体，短视频平台发展势头迅猛，已经逐渐成为网络文化传播的聚集地。从网络文学看，网络文学肩负着中国文化走出去的重要使命。我国的网络文学已“出海”到多个“一带一路”沿线国家和地区，让部分包含中国文化的优秀文学作品以网络形式流传到其他国家，不仅扩大了中国文化的影响力，还弘扬了中国文化。尤其是 2020 年以来，触发和催生出云演艺、云展览、云直播、沉浸式体验等文化新模式、新业态，以优质供给的提质增效去满足人民日益增长的精神文化需求。一系列高质量的网络文化作品出现在大众视野中，极大地丰富了老百姓的文化生活。同时，网络消费、智能消费、定制式消费、体验消费、互动消费等新型消费模式异军突起，增强了文化资源的可获得性和文化体验的多元性。而电子票、云排队等网络消费新方式为传统线下文化服务业注入新动能，提高了文化消费便捷程度，激发了数字文化科技融合产业的消费潜力，互联网技术手段极大地促进了网络消费文化的蓬勃发展。

加快创新链和产业链的融合。科技创新是保障产业链供应安全的必然选择。在核心技术发展不足的情形下，发展中国家要提升自身的核心竞争力，打造竞争优势，可以通过促进创新链与产业链融合发展这条路径去实现。党和政府主要从“强长板”和“补短板”两个方面去加快创新链和产业链的融合。

“强长板”方面，鼓励企业围绕产业共性关键技术去进行重点攻克，重视和加强基础研究，增强原始创新能力，加快传统产转型升级，在不断解决重大技术难题的过程中，促进我国日渐成熟的中低端产品和产业链朝着高端方向发展。

“补短板”方面，深化科技体制机制改革，有针对性地促进产业发展过程中的“痛点”“堵点”和“难点”逐一破解。例如，建立各种类型的科技中介机构，为科技型企业在知识产权质押融资、研发管理、人才培养等方面提供全面的服务，建立健全符合科技企业创新规律的科技人才培养和项目评价体系，为释放科技企业创新活力营造良好的环境。

加快推进重点领域产业链的国产化替代工程，增强国内企业间的供应链联系，在关键核心技术领域科学布局一批国家级企业创新平台或中心，提升整个产业链、创新链和供应链的风险抵御能力。此外，通过有效市场和有为政府协同发力，充分发挥各方面的积极性、主动性，促进创新链和产业链深度融合发展。

（二）制度融合

文化科技融合发展的制度中存在制度层面变迁所导致的相互影响和促进，这种相互影响和促进主要表现在两个方面，一是文化制度制约下科技管理的日趋完善，二是科技驱动下文化制度的变迁。科技制度和文化制度二者之间相互影响、相互作用，与制度变迁理论相符。文化科技在制度层面的融合也同样遵循自下而上和自上而下两种变迁模式，其中自下而上的变迁模式是指现阶段需要充分认识文化与科技在新时代的新的发展趋势。在此基础上，顺应二者所带来的制度层面的相互影响。自上而下的变迁模式则是以政府为主导，依据文化科技融合的新趋势和内在发展规律，制订相关的政策法规，积极引导文化与科技在制度层面的融合。

（三）价值观和行为规范融合

文化和科技在价值观和行为规范方面的融合具有相互影响和相互作用的特点。这种相互作用有助于形成互相补充和支撑的价值体系和规范体系，这对于促进区域协调发展具有重要意义。

在价值观方面，科技创新精神与文化创意的融合主要表现为对科技进步和社会发展的积极追求，以及对文化传承和创新发展的重视。这种融合有助于形成一种开放、包容、创新和进取的价值观念，推动社会不断进步和发展。

在行为规范方面，文化和科技融合主要表现在以下几个方面。

政策规范：政府需要制定相关的政策和规范，以保障文化科技融合发展的顺利进行。这些政策规范应该涵盖产业发展、人才培养、投资融资等方面，以促进文化科技产业的健康有序发展。

行业规范：在文化科技融合发展过程中，需要建立行业规范和标准，以确保不同领域之间的协调。例如，在数字文化产业方面，需要建立数字内容格式、数据交换标准等方面的行业规范，以确保不同平台之间的互操作性和信息共享。

道德规范：在文化科技融合发展过程中，需要遵循一定的道德规范。例如，在处理文化资源方面，需要尊重知识产权、保护文化多样性、避免文化资源滥用等。同时，也需要关注科技对人类福祉和社会发展的影响，积极推动其可持续发展。

高新技术对人类对文化的认知产生了深远的影响，这种影响不仅体现在科学精神的引导下，传统的人文精神向现代人文精神的转化，也体现在科学家们对科学活动及其成果对于人类的利与害、对于人类命运影响的重视。

科学的发展已经从单纯追求知识、解决问题的初期阶段，逐渐转向了为人类谋求最大利益的阶段。这种转变使得科学成了推动人类社会进步和发展的重要力量。科学家们越来越关注科技成果的应用和影响，以及如何通过科学技术的手段来解决人类面临的各种问题。

在这个过程中，科学和人文的融合也在逐步加深。科学家们开始关注人类的价值观、道德观和文化传统等问题，并将这些因素融入科学研究和探索中。这种融合有助于更好地理解人类社会的复杂性和多样性，从而为人类社会的进步和发展提供更加全面和深入的视角。

第六章　文化科技融合发展的国内外经验和启示

科技创新是文化发展的驱动力，文化科技融合发展已成为增强文化产业核心竞争力的重要途径，也是世界各国文化产业发展的主要着力点。科技的发展带来了文化产业的飞速发展，国内外在促进文化科技融合发展中取得了丰富的经验。面对全球文化科技融合发展的浪潮，我们要吸收借鉴国外在促进文化科技融合发展方面的优秀经验，适度调整政策着力点，优化资源配置，更好地促进文化科技融合发展。本章则围绕国外文化科技融合发展的经验、国内文化科技融合发展的经验、国内外文化科技融合发展的启示等内容展开研究。

第一节　国外文化科技融合发展的经验

一、美国文化科技融合发展的经验

美国是当今世界经济、文化产业强国，在多个领域引领文化科技融合的发展。美国的产业形态众多，门类齐全，拥有多家大型文化企业集团，所占全球市场份额大。美国善于运用国际资本、全球文化资源和各国文化科技融合产业人才，在文化产品的生产和出口上有着较高的国际化水平和专业化程度。同时，美国国内文化消费旺盛，人们喜欢读书、看演出、看电影、参观博物馆，社会的整体文化氛围浓厚。当前，美国出口最多的商品不是工业和农业产品，而是文化产品，其文化科技融合产业的出口额已超过了农业、飞机制造等产业。美国文化产业在文化艺术、出版传媒、电影电视、音乐旅游方面处于世界领先地位。

美国文化科技融合产业的投资主体多元，投融资体制健全、政策完善。美国也没有专门的文化管理部门，实行自由主义的经济政策。它坚持市场调节，通过市场配置文化资源，政府负责监管和协调，为文化科技融合产业发展创造了适宜的环境。同时，美国积极开拓国际市场，文化产品在全球同步销售，宣传和营销活动丰富。此外，美国还鼓励文化企业兼并重组，让它们发挥各自特长和资源优势，从而促进文化产品转型升级。

美国注重文化与科技的融合。在美国的文化科技融合产业中，网络传输、数字化、通信卫星、数字电视等先进科技应用广泛。例如，电影《阿凡达》采用了先进的3D技术，画面逼真，受到观众青睐。

美国大力发展文化科技融合产业，并取得了巨大的成功。美国文化科技融合产业发展的显著特点在于完善的立法保护机制。美国针对文化科技融合发展先后颁布了一系列的法规，包括《跨世纪数字版权法》，正是这些法律的颁布实施，为文化科技融合发展提供了良好的社会环境。法律清晰地记录了版权保护的方方面面，使版权拥有者的合法权益得到了有效的保护，促进了美国人创新的积极性。同时版权的保护提高了侵权者的成本，侵犯版权会触犯法律，并因此受到一定的制裁，这对于违法分子有一定的震慑作用。美国完善的法律保障制度为数字化的发展提供了坚实的基础与保障。在这样的大背景下，美国的数字化取得了举世瞩目的巨大成功，处于世界遥遥领先的地位。在美国文化科技融合产业发展的十几年里，纽约的文化科技融合产业发展尤为迅速，更加具有代表性。

纽约作为世界著名城市，是充满活力的美国大都市之一，高度重视文化科技融合产业的发展，集聚了大量的文化科技方面的人才，走在了全球创意经济的前列。美国在国家层面上对文化科技融合产业给予了很高的关注度，美国在文化科技融合发展中有其独特方面，在行政制度上没有文化部门，没有明确的官方文化政策文件。美国这种宽松的发展环境非常适合文化科技融合产业的发展。文化科技融合发展主要以市场为导向，根据市场的供需情况制订发展措施。政府只起辅助的作用，不过多干涉市场，只是提供优质的政府管理服务。

美国拥有世界上一流的科学技术、数字化技术、网络信息技术等。更加值得注意的是美国的科技转化率非常高。文化产品可以与高新技术有机融合。文化科技融合产业中融入高新技术不仅改变了传统的文化产品，还改变了人们的生产生活方式，为美国带来了巨大的经济利益。美国在满足国内需求的同时积极向海外输出，获得了巨大的利润。科技创新与文化创意的有机融合使美国的文化科技融合产业处于产业链的最高端，具有最高的产业附加值。比较有代表性的当属美国的苹果手机，苹果手机是美国文化的载体，苹果手机改变了传统手机只是联络工具的定位，他加入了非常多的创意元素，赋予了手机用户震撼的体验。苹果手机为美国带来了巨大的收入。

文化科技融合发展初期都离不开资金的扶持。美国政府针对这一情况积极探索解决的措施。美国政府制订了一系列的资金保障扶持措施。解决小微企业融资难的问题。途径很多，主要包括多元化的混合投资、通过金融制度筹措资金以及利用国际直接投资等。为促进文化金融融合发展，美国采取了多种措施，主要包括政策支持中小型文化企业融资、成立国家艺术基金会、畅通文化科技融合产业融资渠道、营造活跃的金融市场环境等。

第一，政策支持中小型文化企业融资。美国颁布了《国家中小企业法》和《小企业投资法》，为中小型文化企业的投资者提供长期低息贷款等优惠。美国的进出口银行为本国中小型文化企业提供信贷担保和风险担保，并为外国投资提供各种贷款优惠政策，体现了国际直接融资在为美国文化科技融合产业提供资金保障方面也起到重要作用。

第二，成立国家艺术基金会。美国文化科技融合产业最大的资助者是国家艺术基金会，成立后发挥政府引导作用，推进民间基金会参与文化科技融合产业。依照规定，基金会每年拿出相应比例的资金投入到支持文化科技融合产业发展。国家艺术基金会采取了具有巨大乘数效应的配套拨款制度，其资助的项目包括了各个艺术领域，如艺术社团、传统艺术、视觉艺术、文学、音乐、舞蹈表演等，还鼓励和推进了美国文化产品走出国内，进入国际市场。

第三，畅通文化科技融合产业融资渠道。美国拥有相对成熟的资本市场，因此有较好的融资平台为文化科技融合产业的发展提供资金支持。在美国资本市场中，文化科技融合产业的融资形式主要包括股权融资、夹层融资、优先级债务贷款与发行 AAA 级债券。夹层融资是广泛运用的一种融资方式，它处于优先债券和股本融资之间，通常情况下采用的是次级贷款、可转换票据、优先股等方法；优先级债务贷款是将预售发行权合约作为担保筹得保底发行金；发行 AAA 级债券的意思是将投资银行作为主体向投资人提供金融产品，把预期收入和衍生品可能取得收入基础资产取得资金支持。

第四，营造活跃的金融市场环境。美国具备相对完整的“全国性交易所市场—区域性交易所市场—柜台交易市场”，且市场体系不断完善以契合经济环境与市场需求的变化，确保企业从创建到成熟发展的全过程得到充分发展。如今，文化科技融合产业主要的融资渠道主要包括文化资产证券化、成立文化艺术银行、建立文化艺术众筹平台、推动艺术品保险市场发展等，推动文化金融融合发展。

美国完善的法律制度法规、活跃的市场经济、严格的文化产权保护政策都是美国文化科技融合发展尤其是以好莱坞为代表的文化科技融合产业快速发展的重要因素。完善的市场使美国成为文化相关产业公司快速繁荣发展的沃土，也成就了一个又一个文化创意企业的美国梦，最终也促进了美国经济的发展。

二、法国文化科技融合发展的经验

法国是一个历史悠久、文化底蕴深厚的国家，是印象主义、超现实主义等艺术流派的发源地，文化产业是其支柱产业之一。法国有戛纳电影节、阿维尼翁戏剧节等国际性文艺盛会，有格拉斯、依云、科尔马等特色小镇。法国集美妆商品、奢侈精品、前卫时装于一身，充满了浪漫与精致。法国的文化产业国际综合竞争力指数已居世界第二，仅次于美国。法国的优势产业是电影业、旅游业、出版业和设计业。法国有多个古迹和博物馆，是世界旅游大国。同时，法国拥有大量的纪录片和动画片制作公司，其电影节的数量位于世界第一，是欧洲最大的电影生产国。

法国是世界上首个建立文化部的国家，极力推行文化民主化，尽力让法国民众更多地接触人类文明成果，从而提升文化素养。在艺术教育方面，政府会依据居民家庭收入情况确定学费金额。法国对文化科技融合产业的投入资金巨大，其首都与外省、城市与乡村之间的文化设施和服务水平差别不大。法国还实行文化协调员制度，政府开展电影节、音乐节、博物馆节等多项票价不高的活动，引导公民欣赏交响乐、芭蕾舞等高雅艺术。同时，全国的公园和教堂几乎均免费向公众开放，连巴黎圣母院在内的著名景点收费都很便宜。

法国的文化保护意识较强，一方面，法国十分注重维护和复兴法语的国际地位，它建立了涵盖五大洲的法语文化技术合作机构。同时，在法国文化政策中，文化遗产的保护居于首位。法国是世界上首个创设文化遗产日的国家。它通过设立节日增强民众保护传统文化的意识。在投入上，法国花费了巨大的人力、物力、财力在宗教建筑等文化遗产的保护上，先进的科学技术也首先运用于文物古迹的修复。在法律上，出台了《景观保护法》《历史街区保护法》《建筑法》等一系列法律。另一方面，法国认为文化科技融合产业关系到国民素质、民族凝聚力、国家形象和国家文化安全，因此反对美国的文化入侵和文化渗透。为此还提出了“文化例外”主张，反对文化市场的自由贸易，批评美国大众文化的庸俗性和过度娱乐性，限制美国文化产品流入市场。

三、英国文化科技融合发展的经验

为了调整落后的产业结构，英国政府开始积极拓宽产业发展渠道，探索新的增长模式，在此背景下英国政府提出了大力发展文化创意产业的战略规划。文化创意产业具有高附加值的特征，对于提振经济增长有着显著的作用。因此，英国政府将文化创意产业作为其主导产业，并给予了高度的重视。

英国政府为了促进文化创意产业的发展，制订了一系列积极的政策措施。在政府部门设定上，设置了文化创意产业工作组。该工作组的主要工作在于协调各部门的工作，为文化创意产业的发展营造宽松的政策氛围。英国是典型的政府主导型产业发展模式。针对文化科技融合产业政府从政策法律等角度对其积极扶持。

积极的政策措施提高了科技创新工作者的热情，数字化水平取得了飞速发展。文化科技融合产业中数字化的比重越来越高，文化产品品质以及水平得到了不断提升，创造出了高端的文化科技融合产品。政府政策法律等一系列的制度保障措施营造了良好的社会环境，从而加大了国内外对于文化创意产业的投资力度。

对于缺少资金的小微企业政府给予积极的支持，帮助企业度过困难时期。文化创意产业中多为中小企业，资金实力薄弱，在发展过程中资金往往成为限制其发展的瓶颈。针对这样的情况，伦敦政府给予积极的资金扶持措施，并为资金需求者与资金供应者提供相互沟通联系的方式，帮助小微企业从银行或是政府部门获得资金帮助。

英国伦敦的文化创意产业能够成为促进经济发展的增长点，并且在发展中取得举世瞩目的成就，与政府的高度重视是密不可分的。在文化创意产业发展的初期，针对这一新的产业发展路径，政府制订了详细的发展规划，指明了文化科技融合发展的方向，政府在产业发展过程中，为小微企业提供资金帮助、技术指导和政策支撑，这一系列的举措也为伦敦发展成为世界著名的文化中心打下了坚实基础。

四、日本文化科技融合发展的经验

在日本，文化产业体系完备，企业队伍成熟。日本是全球仅次于美国的第二大文化产业输出国。日本是世界上第二大游戏消费国，游戏产业是其支柱产业之一。日本的音乐市场位居世界第二。在电影业，它的本土片所占市场总份额高于海外片所占份额。在动画业，世界65%的动画片来自日本。同时，动漫产业是日本的第二大支柱产业。此外，日本还大力发展戏剧、文艺演出、电影、美术展览等产业，在建筑设计和时装行业已处于世界领先地位。

日本坚持“文化立国”的发展理念。20 世纪末日本进行产业升级和结构调整，大力发展文化科技融合产业，确立了以知识产权保护和文创产品打造为核心的“文化立国”政策。日本颁布了一系列文化科技融合产业法律法规，有《21 世纪文化立国方案》《有关振兴文化艺术的基本方针》等。这些法律维护了其文化市场的基本规范，创造了良好的营商环境。日本文化科技融合产业市场化程度高，充分发挥市场配置资源的作用。但政府也会通过恳谈会、幕僚会议等途径制订宏观调控政策，对文化科技融合产业进行战略布局。日本政府在支持文化科技融合产业上采取政府主导、民间资本共同参与的模式，出台可以促进文化金融良性融合的相关政策；从顶层设计上为融合领航，通过财政补贴和税收优惠等方式，推动文化创新企业的建立和发展，面向文化领域中的高科技产业，如电子信息等产业实行多管齐下的优质政策，采取优惠税制与折旧制，对研究开发给予政府财政补助，促进文化领域的高科技产品研发。日本政府主导设立了艺术文化振兴基金，为文化科技融合产业吸引了更多优质的民间资本。除中央政府之外，日本一些文化科技融合产业部门也联合起来建立国家基金，但是从融资效果来看，这些基金并不是日本文化科技融合产业融资渠道的中坚力量，所以日本政府鼓励券商发起的文化科技融合产业基金，以便吸收更多民间资本，满足文化相关产业发展需要。在日本文化科技融合产业发展过程中，文化科技融合产业基金起到了至关重要的作用。

建立多主体合作联盟机制，日本政府通过金融支持文化科技融合产业发展的重要手段还包括利用合作联盟体系。该体系包含了政府和企业的合作联盟、投资者建立起的合作联盟。

首先是政府和企业的合作联盟。许多中小企业信用担保公司和其分支机构是由政府与企业共同出资成立的，根据分工不同规定了职权范围。为了保证这些机构的资金安全，配套成立了信用保险金库，中小企业可以根据需求、规模从保险金库领取一定比例的贷款金额或申请保险。在文化企业融资过程中，担保公司起到了非常重要的作用，优质的担保工作可以为企业的融资过程开辟通道。

其次是投资者建立起的合作联盟。为了使文化科技融合产业快速、直接地获得资金支持，日本政府鼓励投资者建立文化产业合作联盟，为文化科技融合发展开创了一条畅通的道路。为了解决文化科技融合产业融资不够便利的问题，日本政府建设并完善了融资担保体系。除此之外，在文化科技融合产业融资平台上各个参与投资的企业可以分享投资经验和经营模式，让投资者和文化企业掌握更多的融资信息和问题解决方案。

通过知识产权证券化的方式完善知识产权服务体系。日本政府成立了管理与营运知识产权的公司，将文化企业知识产权证券化后投入市场中，通过向使用者收取专利使用费获得资金。日本十分重视传统文化保护，对传统木质建筑、传统工艺、文化遗产、民族特色文化等给予人才和资金的支持，帮助它们发展振兴。专门制订方案培养文化科技融合产业人才，向国外派遣人员进行学习，表彰杰出机构和个人。日本不断提升国民文化素养，注重整理保护风俗、工艺、生活习惯等文化资源，不断加深民众对本国文化的认识和理解。政府积极引导家庭文化消费，曾风靡一时的卡拉 OK 就诞生于日本。同时，日本美术馆、图书馆、博物馆数量众多，而且这些机构资金来源广泛，经常举办展览活动。日本还鼓励大众接受外国文化，通过文化体验提升审美能力。

日本对文化科技融合产业的发展从国家层面给予了高度的关注。将文化科技融合产业培育为国家的支柱性产业。为了促进日本文化科技融合产业的发展，国家给予了积极的政策保障。日本制订了详细的文化科技融合发展规划以及文化科技融合产业产权保护制度。中央政府与地方政府还会定期举办全国性的文化节。该文化节的举办大大提高了日本文化的知名度，同时文化节也给文化产品的推广提供了一个平台，让越来越多的人认识了解最新的文化产品。日本制订了一系列的法律来保障知识产权人的合法权益，主要包括《知识产权战略大纲》《知识产权基本法》等法律法规。《内容产业振兴政策》法规的主要作用在于进一步完善内容产业振兴政策，主要包括法律、资金扶持、人才培养、税收优惠等方面。该政策的颁布为文化科技融合产业的发展营造了良好的社会环境氛围。

日本文化创意产业取得了巨大的成功，其中占据主导地位的当数日本的动漫产业，在日本的文化创意产业中，动漫产业占有重要的地位，影响力最大。通常来讲，动漫产业是指以“创意”为核心，以动画、漫画为主要表现形式，包含动画片、漫画书、报刊、电影、电视、音像制品、舞台剧和基于现代信息传播技术手段的动漫新品种等动漫直接产品的开发、生产、出版、播出、演出和销售以及与动漫形象有关的服装、玩具、电子游戏等衍生产品的生产和经营的产业。日本动漫产业取胜的关键在于数量，注重依靠数量众多的动漫作品占领市场，同时也注重动漫作品的精神内核以及故事情节的趣味性。日本动漫产业多积聚于东京及其周边地区，但早期动画相关作品并非源于东京。最早的日本动画可以追溯至平安时代的浮世绘，浮世绘也就是日本的风俗画、版画。其以日本民间的日常生活、民间风俗为主要描述内容，起初盛行于京都和大阪。而江户时代的走马灯以及明治时代传入的西洋镜在日本的广泛流行，也为日本动漫的发展埋下了种子。日本最早的动漫作品出现在 1917 年，在此之后，关于日本动漫产业发展的一系列活动开始兴起。诞生初期的日本动漫，并非像我们现在看到的动辄数十集上百集的长篇作品，一般都是十分钟以内的动画短片，会在电影播放之前以换场片或者广告片等形式播放给观众。这一时期日本电影业主要集中于京都、大阪等地区，所以作为电影业的伴生品，动漫产业的活动也主要集聚于日本的京都、大阪等地区。自 1869 年日本将首都从京都迁往东京之后，日本众多知名的动漫企业、与动漫相关的节日与展览活动逐渐在东京成立或者汇集。1948 年日本动画有限公司（即现今的“东映动画”）在东京成立，后发展成为日本最具实力的动漫企业之一。而日本最著名的三大漫画出版社——集英社、讲谈社与小学馆也都集聚于东京，著名的“动漫街”、号称动漫迷圣地的秋叶原（日本最大的电器商业街）也位于东京内。经过数十年的发展，东京现在成为日本当之无愧的“动漫王国”。由此可以看出，日本文化科技融合产业在产生巨大的经济效益的同时，也向全世界传播了日本的文化，扩大了其海外知名度。

在一百余年的发展之中，日本动漫产业的制作技术也经历了多次的革新。从早期的技术引进到现在的技术自主研发与合作创新，日本动漫企业均发挥着至关重要的作用，并一直都是技术的应用者与创新者。无论是对国外先进制作技术如赛璐璐技术、3DCG（三维计算机图形）制作技术的引进与应用，还是诸如 AI 绘画技术、数字技术等的创新，日本动漫企业一直都在深度参与。赛璐璐技术起源于美国，原本是一种塑料制品。随着摄影技术的发展，赛璐璐开始用于制作摄影机所需的胶卷。在动漫这一新艺术形式出现后，赛璐璐便开始应用于动漫产品的制作之中。这一拍摄手法在引入日本之后，日本动漫制作企业开始大规模使用赛璐璐技术来制作动漫，并在原始赛璐璐技术的基础上不断地进行改进和革新，创作了不少的佳作，并推动了日本动漫产业生产技术中的技术创新。尽管在日本动漫制作技术中，2D 一直占据着主流位置，但近年来日本动漫企业也在不断地进行 3DCG 制作技术的应用与创新，推动 3DCG 制作技术在动漫制作领域内的更多应用。

不仅是动漫制作技术，日本动漫企业也很重视相关技术的转化以及与其他企业之间的技术合作。作为日本国内实力最强、规模最大的动漫制作企业之一，东映动画历来注重动漫制作技术的研究与创新。以东映动画为首的日本动漫企业也积极地与日本政府开展技术创新与合作，如每年诸多数量的动漫企业都会与文部科学省开展一项名为“青年动画制作者育成计划”的项目，用以培养动漫专业人才，提升动漫制作水平。如此多的创新措施使得日本动漫的竞争力得以提升，促使日本动漫的创作一直走在世界前列，也表明以东映动画为代表的日本动漫企业凭借一系列的创新活动，在动漫产业创新体系中发挥着“核心”作用。

五、韩国文化科技融合发展的经验

第一，韩国政府一直致力于推动文化科技融合产业的国际化发展，并将其作为战略目标来推进。韩国在文化产业方面表现出色，将其文化科技融合产业打造成一个有全球影响力的品牌已成为其重要目标。韩国政府采取了多种措施来促进文化科技融合产业的国际化发展。首先，通过各种国际文化交流平台和文化展览活动，加强了与其他国家和地区的文化交流和合作。通过参与国际文化展览、文化艺术节和电影节等活动，韩国的文化产品在国际市场上得到了更广泛的推广和认可。其次，韩国利用现代的信息网络等渠道，进行了广泛而深入的文化传播。通过韩剧、音乐、电影等媒介，韩国的文化产品在全球范围内获得了较高的知名度。韩国的娱乐产业在亚洲市场上非常具有竞争力，在一定程度上推动了韩国文化科技融合产业的国际化发展。此外，韩国政府还制定了专门针对国际市场的政策和目标，为文化科技融合产业提供了较大支持。政府通过财政支持、税收优惠和创意产业基金等措施，鼓励企业增加研发投入、提升技术创新能力。这些政策措施有助于韩国文化科技融合产业在国际市场上获得竞争优势。

第二，韩国重视文化科技融合发展的技术开发、人才培养和资金支援。韩国政府高度重视文化科技融合发展的技术创新，通过各种政策和项目支持技术研发。例如，韩国科技信息通信部专门设立了“文化产业专门投资组合”，为文化科技融合领域的创新项目提供资金支持。韩国政府认为，人才是推动文化科技融合发展的关键因素之一。因此，韩国教育部和科技部等机构通过提供奖学金、培训课程和实习机会等方式，培养和吸引具有科技和文化创意背景的人才。为了解决文化科技融合产业企业的担保问题，韩国政府通过技术信用保证制度提供了资金支持。

第二节　国内文化科技融合发展的经验

一、北京文化科技融合发展经验

（一）注重提高产业集聚化程度

文化科技融合产业的集聚发展和其他传统产业的集聚发展是有一定区别的，集聚不仅要遵循产业发展的一般规律，更要充分考虑文化科技融合产业集聚区自身特点。文化科技融合产业的集聚从功能结构看，具有服务性和生产性；从内容表现看，具有多样性和丰富性；从空间分布看，具有分散性和特殊性；从产业关联看，具有横纵联合性；从演化周期看，具有“自我毁灭性”。目前我国各地区文化科技融合产业的集聚特色各异，主要有以下两种。

第一种，水平型集聚模式。该集群内各企业生产的文化产品或提供的服务相似或大致相同，存在共同的潜在消费者，利用相同的文化资源、人力资源等，不需要太多的人力和资金资源。集群产业内企业间的专业化程度越低，也就是文化产品或服务越同质，竞争力就越低；反之，专业化程度越高，竞争力就越高。集群内企业大多是一些微型企业，有的还是一些私人工作室之类的，虽然形态小，但是大多较为有生命力。

第二种，垂直型集聚模式。此类文化创意产业集群中上下游企业间存在着产业链关联导向，上游文化产品或服务能够为下游文化企业提供资源，下游的企业想要完成一定的文化产品的生产或设计需要引用上游企业的成果，也就是，上下游的企业之间存在着“原材料”、半成品或服务供应的投入产出联系，形成微型内环境。集群内企业是生产专业化的文化创意产品或提供服务的企业，从事文化创意产业中的一项或多项文化创意生产服务。产业内或有核心企业，其他中小微企业甚至私人工作室围绕其合作共存；或不存在核心企业，企业间并不存在所谓的领导与被领导的角色定位，主体之间常以合作竞争的形式生存，其合作大于竞争。北京市建设了中关村国家级文化和科技融合示范基地，坚持产业发展集聚为先的方针策略，吸引了无数企业入驻。

文化科技融合产业集聚的效应表现为如下两个方面。

①文化科技融合产业集聚可以优化创新环境。区域文化科技融合产业始终潜移默化地影响着每个创新主体，并以这些创新主体为中介和载体渗透到创新系统

的各个环节，确保主体之间能够融合互补、交流合作，进而能够使整个系统的创新功能大于各个主体的功能之和。

②文化科技融合产业集聚有利于积累人力资本。文化科技融合产业发展能力和后劲不足的核心正在于其创造力不足，而创造力不足的根本原因在于人力资本存量匮乏。文化科技融合产业生产率与高学历人力资本投入之间存在显著且稳健的“倒 U 型”关系。文化创意产业的发展所形成的文化创意资本累积也促进了经济的增长，其产出弹性超出了物质资本投入的产出弹性。北京市在推进文化科技融合产业数字化进程中发布了《关于加快国家文化产业创新实验区核心区高质量发展的若干措施》。该政策将“行业＋区域”的结合模式作为文化科技融合产业发展的方向，成为全市文化科技融合产业集聚发展政策的重要组成部分。在政策指引下，北京与青岛合作推动中视实业集团、北京歌华传媒集团与青岛西海岸发展集团合作，完成了良渚文化教学视频的制作。

北京注重本地高校与其他地区高校和企业的合作。北京大学、南京理工大学以及华为科技有限公司之间具有较强的合作关系。这些校企间的合作专利主要集中在数字内容的获取、处理以及管理方面，如手机电视视频处理、数字内容管理系统等。清华大学与其他省份的高校及电网企业的合作密切。其中，清华大学与广西电网、海南电网之间合作密切。合作的专利主要集中在信息传播技术方面。比较具有代表性的如一种基于新型样条插值法的输变电主设备运维数据预处理方法、广播信道数据发送方法以及广播信道数据接收方法等。这些校企间的跨区域合作构成了完备的创新网络，促进了知识溢出，参与主体主要有高等院校、国有企业或国家控股公司以及私营企业。高等院校包括北京大学以及清华大学。国有企业主要包括国家电网以及移动、联通、电信等通信企业。私营企业主要包括京东方科技集团、与北大合作密切的北大方正集团，主体多元，取得了多方共赢的局面。随着文化科技融合产业发展的不断成熟，越来越多的文化集群为城市创造了巨大的经济价值，而这些所创造的经济价值又被投入城市的创新活动中，从而促进城市创新能力的提升。

（二）打造文化创意产业生态系统

2005 年，北京市对经济进行结构性调整，确定了作为未来重点产业之一的文化创意产业的发展目标，并对相关产业发展进行了政策调整。作为首都经济新的动力引擎，北京市文化创意产业依托深厚的历史文化底蕴的同时表现出了令人欣喜的发展动力。北京市的文化创意产业已发展成为仅次于金融业的支柱型产业。

经过一系列关于文化发展战略的重大讨论，发展文化创意产业被北京市列为工作重点。关于文化发展战略的讨论和调整表明，文化科技融合在城市发展和结构转变中开始扮演重要角色，面临新的发展机遇。受政策刺激，文化艺术、影视、广告会展、设计服务、休闲娱乐等领域的文化创意产业形态开始萌发并逐步摆脱文化事业管理体制的束缚与传统的文化事业形成了鲜明的对比。其中，北京市新闻出版业经过改革开放以来 40 多年的发展已从传统传播媒介拓展到新媒体领域，形成了多层次格局和多元发展模式。北京的设计服务业形成了工业设计、建筑设计、规划设计、平面设计等优势产业，并涌现出一批经济效益良好的龙头企业以及一批在国内市场具有领先地位的专业设计机构。2003 年，中国文化体制改革正式启动，北京被确认为文化体制改革第一批综合试点地区。文化创意产业成为带动北京市经济快速发展的重要引擎。近年来，文化和创意产业保持着快速增长，产值每年以较大幅度增长。北京市文化创意产业近年保持持续增长的态势，已成为北京市的重要支柱产业，在北京市产业升级中发挥着越来越重要的作用，并在全国形成示范效应。从产业生态学的视角来看，北京市文化创意产业生态系统的主体种群、支持种群、无机环境不断演进，并协同推动文化创意产业生态系统的发展。

文化创意产业是知识密集型产业，产值的增加对生产者数量的增长有较大的影响，就业人数相应随产值的持续升高而增长。文化创意产业生产者呈现出总量不断壮大、素质能力不断提升、结构不断优化、产业贡献度与日俱增的发展趋势。北京作为全国文化中心，拥有丰富的高校教育资源和人才资源，北京高校、科研院所等作为创意来源的生产者在知识的生产与创造上也逐渐成熟，科研转化速率越来越快，产出成果丰富多样，国际影响力和竞争力不断提升。北京市文化创意企业正从数量的增长转变为结构的优化。

在新闻出版领域，北京既有新华社、北京出版集团等传统出版传媒单位，这些出版单位日益重视向数字化转型，也有中印集团数字印务有限公司等大型印刷企业以及北京神州鸿儒文化发展有限责任公司等知名发行单位，还有中文在线、凤凰新传媒、中影克莱斯德数字媒介有限责任公司等数字出版和新媒体单位。在设计服务领域，北京设计机构众多，发展迅速，活跃在国内外设计产业的各个领域。分解者需求日益增长，规模逐渐扩大。近年来，北京市民的文化消费需求不断增加，文化消费对文化创意产业的拉动作用越发显现。居民文化娱乐消费结构的不断升级，以及当前北京文化娱乐市场存在的供需错配等，都在一定程度上影响着居民文化娱乐消费的增长。同时，随着突破性创新技术和产品的出现和增多，新的文化娱乐消费形态日益增多，北京市文化创意产业生态系统中的分解者对文化创意的消费更加多样化和科技化，对文化创意产业的需求也与日俱增。

北京文化科技融合产业集聚通过促进创意阶层集聚影响城市创新能力，文化科技融合产业的集聚会带来新闻、广播、广告、设计、演艺、信息服务等行业工作机会的增加，从而吸引这些行业的从业人员来到集聚区工作。

第一，通过引导创意阶层的不同思维碰撞产生新的创意。由于创意阶层的特点是他们的工作领域往往是以知识为基础的金融、艺术、法律服务等产业，这些人从事的工作往往都与产生新的想法、构思和解决难题有关，不同于其他的工作阶层和服务阶层，他们有着更多的独立性和灵活性，因此相比于其他人群，他们较少受到刻板制度的束缚。而创意阶层相对于其他人群，更少关注物质层面的收入，而更多地关注周遭环境的舒适性、所居城市精神价值的多元化、所处地区文化氛围的浓厚性。具有这样一些特点的创意阶层随着相关就业机会的集聚、良好文化氛围的营造而聚集在一起，其强烈的个性化与表达自我的欲望得到了实现。在这一过程中，不同的不分对错的想法互相交流碰撞，产生了许多创新的想法并予以落实，从而提高了城市的创新能力。

第二，提高交流的频率和效率。创意阶层的集聚导致城市涌入了更多第三产业的从业人员，也是城市有了更多从事知识密集型产业岗位的精英型人才，城市的人员结构得到了改善。而人员结构的调整和完善，能够提高城市从业人员中更善于表达、善于思考的人群的比例，多行业从业人员的补充还能够降低城市中跨行业的交流难度，降低沟通成本，提高人员的交流效率，从而可以提高城市各行各业的生产效率和创新频率，丰富城市产业集群发展的人力资本。创意阶层集聚使人与人之间关系密切、相互理解，为该地区的技术人员提供了更有效的交流机会，为区域内企业间的相互学习和模仿提供了便利的环境，提高了整体创新能力。

第三，优化城市的创新知识网络。创意阶层的集聚催生出了更多的创新企业、高校和科研院所，在城市中覆盖起一张巨大的创新知识网络。这些机构也在集聚过程中发挥自身的作用，在供应商、竞争对手、客户等主体之间架起桥梁，引导他们相互学习和交流。这些企业、客户、供应商、大学、科学研究院所和有关政府机构组成综合知识网络，加强基础设施建设、公共服务、政策支持，向客户和供应商传播相关信息，为生产活动和生产交易条件提供了坚实的物质基础，也为聚集区提供了智力资本，支持聚集区企业的创新活动。

政府、产业协会、金融机构等是文化创意产业生态里面的主要支持种群，它们对文化创意产业的发展起到了重要的支持作用。从政府层面来看，政府通过政策调控各生产要素之间的关系，表现出对产业可持续发展的重要掌控力。从文化创意产业的概念提出开始，到相关发展战略的实际实施，北京市政府给予了充分的重视和支持。《北京市“十一五”期间文化产业发展规划研究》的提出更将北京定位在成为世界的创意中心，成为能与纽约、伦敦等创意城市相提并论的、在世界文化科技融合发展方面占有重要地位的世界城市，北京市财政工作会议决定投入专项资金用于推动北京市文化创意产业的发展。北京通过《中共北京市委关于发挥文化中心作用 加快建设中国特色社会主义先进文化之都的意见》，标志着文化创意产业由此进入繁荣发展期。自此开始，北京市文化创意产业进入专业化、精细化、特色化发展阶段。北京市出台《关于优化人才服务促进科技创新推动高精尖产业发展的若干措施》，提出要加大文化创意人才引进力度，为首都文化创意产业人才队伍建设提供了良好政策保障。全方位、多角度的政府支持，为北京市文化创意产业的发展起到了积极的助推作用。产业协会等第三方机构是支持文化创意产业的另一股重要力量，产业协会作为独立于政府和企业的第三方机构，在促进市场的文化活力方面有着不可或缺的作用。

文化创意产业生态系统中的无机环境主要由基础设施建设环境、市场环境、文化环境、金融环境等组成，它们的日渐发展完善是推动北京文化创意产业生态不断优化演进的重要因素。

二、浙江省文化科技融合发展的经验

浙江省位于我国东部沿海地区，地理位置优越，文化底蕴深厚，是河姆渡及良渚文明的发源地。悠久的传统文化和深厚的历史渊源为浙江文化建设厚积薄发蕴蓄能量，从革命红船启航地到均衡富庶发展先行者，新发展阶段，浙江已经实现了从量到质的蜕变，正在着力打造社会主义现代化先行省，高质量发展建设共同富裕示范区。在我国经济下行压力不断加强的背景下，虽然省内文化科技融合发展领域的发展受到阻碍，但由于政府及相关企业主动作为求发展，全省文化科技产业仍呈现出了高质量融合发展的趋势。

（一）“浙数文化”文化科技融合发展经验

1.“浙数文化”介绍

浙报数字文化集团股份有限公司（简称“浙数文化”）脱胎于浙报传媒集团股份有限公司（简称“浙数传媒”）。2002 年，浙江日报报业集团出资成立浙江日报报业集团有限公司（简称“浙报集团”），2009 年更名为浙报传媒控股集团有限公司（简称“浙报控股”）。2011 年，浙报控股将旗下经营性资产整体注入白猫股份，在上海证券交易所实现借壳上市，更名为浙报传媒集团股份有限公司（简称“浙报传媒”），成为中国报业集团中第一家媒体经营性资产整体上市的公司。此后，浙报传媒致力于向互联网化发展，逐渐将重心放在数字内容产业上，以实现从出版传媒这样的传统文化科技融合发展向新兴文化科技融合发展集团的升级和转变。其先后在数字娱乐、大数据等产业进行布局，并在 2017 年将新闻传媒类资产从上市公司剥离，更名为浙数文化，成为上市文化企业中的佼佼者，也成为文化与科技融合发展的典范。2018 年，浙数文化入选“中国文化科技融合 TOP30 企业品牌”，充分肯定了浙数文化在文化与科技融合发展上取得的成就。2019 年浙数文化继续聚焦数字娱乐、数字体育及大数据的发展。2020 年浙数文化以数字娱乐、大数据、数字体育、融媒体为重要抓手，构建互联网数字文化生态圈。

在 2017 年以前，浙数文化将新闻传媒类业务作为公司的核心发展业务，新闻传媒类业务主要包括报刊印刷、发行以及广告刊登，公司负责运营《浙江日报》《钱江晚报》《浙江美术报》《浙江老年报》等各县市报刊 35 个品牌，拥有超过 600 万的读者资源，产业规模居全国前列。数字娱乐板块主要是围绕杭州边锋网络技术有限公司展开，以数字娱乐平台为业务的主要支撑，研发“杭牌全集”“甜甜萌物语”等手游开拓移动互联网市场，打造“战旗直播”项目，进入电子竞技市场，不但签下众多知名选手、冠军俱乐部，还开拓了电子竞技的直播业务，在资产剥离后，该项业务拆分为数字娱乐板块和数字体育板块，数字娱乐板块一方面针对用户需求对游戏 IP 进行个性化的研发产出，另一方面加大全国项目的投资，进一步开拓国内市场，而数字体育板块则是以电子竞技赛事为核心，不断承办电竞赛事及聚焦电竞直播业务。智慧服务业务主要是网络平台运营、电商服务、美术品拍卖、网络医院、旅游服务、城市养老等方面的服务。文化服务及投资业务主要以基金项目的投资为主，公司储备了多个优质投资项目，部分项目到了收益回报期。实行资产剥离后成立的大数据业务主要围绕“四位一体”大数据产业生态园和“富春云”大数据交易中心为主进行发展。目前，公司的大数据生态圈的建设已趋于完善，该业务不但为公司赢得了多个奖项，还让企业有机会参与多个城市项目的建设。

2.“浙数文化”文化与科技融合的模式选择

“浙数文化”在文化与科技融合发展的探索过程中，有 3 个重要的时间节点：

2011 年借壳上市、2013 年收购边锋（杭州边锋网络技术有限公司）和浩方（浩方科技技术有限公司）、2017 年剥离传媒类资产，将其从浙江日报报业集团有限公司成立至今的经营存续区间分成了 4 个主要阶段，在文化与科技融合模式的选择上有着鲜明的阶段性特征。

模式 1——技术扩散带动效率提升（2002—2010 年）。2002 年，浙江日报报业集团有限公司成立时，正是文化体制改革不断深入的时候，浙报集团在新闻出版业转企改制的浪潮中走在了全国前列，当时的新闻出版业还是一片生机勃勃的景象，市场化经营为整个行业带来了更加充足的动力。这期间，报纸的发行量和广告收入都保持着较高的增长速度，科技成果在排版、印刷、发行等过程中对效率的提升也显现了出来。这段时期内，报纸广告事业的迅猛发展和彩色印刷等新需求的出现对浙报集团的印刷质量提出了更高要求，原有的设备和技术已经无法满足现有需求，于是浙报集团在 2003 年一次性购买了 8 套数码打样系统应用于广告、出版和印务等部门，并针对该系统的特性做了技术调整，大幅度提升了印刷的效率，既节约了时间又减少了失误，保证了报纸印刷的质量和时效性。2006 年，浙报集团又从高宝（世界第二大印刷机制造商）手中购得 Commander 和 Comet 印刷机，将国际领先的印刷技术引入集团生产线。无论硬件、软件还是平台，在这段时间内，科技所扮演的角色没有脱离工具形态，主要作用还在于扩大生产规模、降低生产成本和提升生产效率。此间，文化与科技的产业边界没有被打破，还谈不上真正意义上的融合。但技术仍在进步，融合也在缓慢进行，只不过这个过程比即将到来的新媒体时代显得漫长许多。

模式 2——技术适应促进内部转型（2011—2012 年）。2011 年，浙报控股旗下经营性资产借壳 A 股上市成功，浙报传媒成了整个行业的焦点，对这样一个传统媒体如何在新的技术环境下生存发展，人们抱有诸多的疑问，浙报传媒在上市首年的股价一直处于低位。在 2011 年成功上市到 2013 年完成对边锋、浩方的收购之前的这段时间里，浙报传媒对集团的转型发展进行了探索，正处在摸索、适应阶段。在上市的前两三年时间里，国内的技术环境发生了很大的变化。2010 年，互联网元年到来，新一代移动通信技术的商用、移动多媒体终端和移动社交平台的出现，信息渠道变得前所未有的通畅，以报业为主要阵地的浙报传媒一出现就面临着新技术的冲击。互联网时代深刻改变了传媒业的游戏规则和要素配置，原有的传播渠道、话语体系、商业模式正在被改变、被颠覆。要想在这样的环境中生存，首先要做的就是去适应新的技术环境，实现转型升级。早在 2009 年，浙报集团就尝试过打造新媒体体验，欲实现读者平移，但随后发现在价值观、技术团队、融资能力等方面还难以达到转型的要求。浙报传媒旗下《浙商》杂志推出iphone/ipad版、东阳日报凭借主场优势参投《遍地狼烟》等影视剧、通过浙江在线建立在线网上挂号平台等，遍尝各种新业态。上市一个月后，浙报传媒发布了全媒体行动计划，成立了新媒体中心，深入研究新环境下的媒体发展趋势。随后又打造了集新媒体内容与技术应用于一体的孵化基地——传媒梦工场，为浙报传媒尽快适应新的文化技术环境、推动文化与科技融合打下了坚实的基础。

模式3——技术聚合驱动跨界融合（2013—2016年）。经过两年的探索，浙报传媒收获了最基本也最宝贵的经验：一要充分培育互联网基因，核心是理念和体制变革；二要拥有适应互联网浪潮的技术团队，关键是赢得制高点和话语权；三要具有足够强大的融资能力，最终构建起自主、开放的用户集聚平台。此前，浙报传媒基本完成了前两项及第三项的前半部分内容，下一阶段的主要任务则是用户平台的构建，2013年完成对边锋、浩方的收购对此具有标志性意义。边锋、浩方当时为盛大网络有限公司所有，都是国内知名的游戏平台，前者主要运营棋牌游戏，后者是当时中国最大的电子竞技平台之一，拥有完善的论坛、社区系统，积累了大量的用户，在收购完成前，两个平台共有注册用户3亿，活跃用户近2 000万。对浙报传媒而言，这样的收购无疑是在互联网领域站稳脚跟最快的方式之一。加上原有的读者，形成了一定规模的“流量池”，在用户平台的构建上迈进了一大步。这一阶段的文化科技融合开始有了实质性的进展，作为文化科技融合发展的经营者，“浙报传媒”开始有意识地融入以互联网为代表的技术环境当中，并且找到了转型升级的具体方向，把互联网在经营战略中的地位从“技术工具”变成了“战略导向”。更重要的是，找到了新的技术、新的文化科技业态与传统业态之间的契合点——用户。本阶段后期，在原有行业用户数据库的基础上，加紧在大数据产业的布局，成功上线浙江大数据交易中心，全面推动“富春云”和浙江乌镇大数据产业园建设项目，向文化与科技融合的下一节点进发。

模式4——技术共生引导业态更新（2017年至今）。2017年，浙报传媒全盘剥离传媒资产，更名为浙数文化，在全面向数字文化科技融合发展公司发展中迈出了历史性的一步。浙数文化此次资产剥离交易是通过资产转让的方式实现的，转售资产指的是企业将其控制的有形资产、无形资产等的所有权出售给其他企业，并得到资金流入的交易行为。浙数文化此次资产剥离交易类型可以被分为以下几类：第一是自愿性资产剥离，浙数文化的资产剥离行为是公司考虑经营需求后所做出的经营决策，并不是在国家政策的限制下不得不做出的决定；第二是股权类资产剥离，在此次剥离交易中，浙数文化将21家子公司的股权出售给控股股东浙报控股，是对外出售子公司股权的行为；第三是经营性资产剥离，在实施资产剥离交易的前几年里，新闻传媒类业务一直都是公司的主营业务，也是为企业带来高额收入的核心业务；第四是部分资产剥离，本次资产剥离交易中，浙数文化只是将企业的部分业务对外出售，剥离了新闻传媒类业务后，企业则以数字娱乐板块、数字体育业务、大数据业务、文化服务业务以及投资业务的发展为主；第五是纯资产剥离，在此次交易中，浙报控股以现金支付的方式向浙数文化购买21家子公司的股权，并没有承担相应的债务减免交易对价；第六是战略性资产剥离，浙数文化的资产剥离是公司在审视和衡量新闻传媒类行业及数字文娱类行业当前的发展情况后做出的战略决策，浙数文化出于长远利益的打算，希望实施资产剥离后能够集中企业资源专注于数字文娱产业的发展，并以此为契机实现战略转型，成为一家真正的互联网数字文化企业。

为了应对纸媒行业的发展“寒冬期”及顺应数字文娱行业的发展潮流，浙数文化的管理层决定实施资产重组，采取收缩性资产重组的方法。浙数文化将资产剥离作为实施方式，向控股股东浙报控股出售21家一级子公司的股权，此次对外出售使浙数文化彻底剥离了新闻传媒类资产，让企业今后专攻数字娱乐板块能够轻装上阵。从浙数文化决定实施资产重组、对外公告停牌、签署交易协议、公布资产评估、通过交易方案到完成资产交割为止，剥离时长近4个月。资产重组之后的“浙数文化”在产业布局上发生了较大变化，“3 + 1”的布局转变为以IP为核心的数字娱乐产业+数字体育产业+四位一体的大数据产业+文化产业服务和投资业务，实现了业态替换和更新，传媒业务剥离，互动娱乐整合为数字娱乐，依托于用户数据的智慧服务升级为大数据产业，数字体育从互动娱乐中独立出来成为新的重点领域。甩掉传统媒体“包袱”后的浙数文化，正以更加矫健的步伐追赶新技术的潮流，散发着越来越浓的互联网气质。在国家的调控之下，数字文化科技融合的发展前景十分广阔，增长空间巨大，传统媒体行业也进入发展的机遇期。政策帮扶、资金支持、道路明确，这对曾以传统纸媒业务为主的浙数文化来说是一个难得的业务结构调整时点，也是对包含浙数文化在内的整个传统媒体行业的未来发展给出了新的指引。浙数文化只有顺应时代发展潮流、积极响应政府政策号召，及时调整自身的业务结构，将未来的发展重心放到数字娱乐板块、大数据板块的建设中，通过剥离新闻传媒类业务完成彻底的转型升级，才能为自己的未来打开新的发展局面。蜕变之后的浙数文化，作为一个数字文化产业集团，与科技发展、技术进步紧紧捆绑在一起，形成了不折不扣的共生关系，利用科技实现文化业态的迭代、创新的同时通过资本、人才引导着技术升级、研发，而这个过程已经没有了明确的界限，融入企业经营管理和员工日常工作当中。以大数据为代表的新兴技术，已经与浙数文化的产业发展和未来战略发生了实质性的融合，浙数文化在文化科技融合各个领域的布局都离不开这些科技的支撑，而这些先进的科学技术也通过具体的文化业态实现了成果的转化和应用。这种深度融合的共生模式的形成，成为浙数文化保持长期竞争优势的重要动力。从经营性资产转企改制到成功上市再到新一轮的资产重组，浙数文化经历了中国科技迅猛发展带来的市场环境的变迁，从被动接受新技术，到努力尝试并适应新的技术环境，再到必须主动拥抱新技术、走向未来，这个过程是漫长的，也是曲折的，但它向我们展示了中国传统媒体行业在文化与科技融合背景下如何进行选择与探索，最终融入新技术洪流当中，推动传媒产业生态的变革。

（二）浙江舟山新区文化科技融合发展经验

1. 转变政府职能——优化文化和科技融合发展的生态环境

（1）建立文化科技融合发展的组织机制

第一，建立纵向管理体制。进一步转变政府职能，加强文化与科技、宣传等部门的沟通协调，设立由市领导任组长的文化和科技融合发展领导小组，建立文化与科技主管部门统筹协调机制，切实推进科技文化融合进程。逐步建立联动工作机制，加强全市资源的统筹集成和互动。

第二，建立横向管理体制。建立联席会议制度，加强部门之间的联系与沟通，共同探讨文化、科技发展的新型模式。加强文化与科技融合相关理论问题的研讨，联合政产学研各界，建立起更加完善的融合发展理论体系，为舟山新区文化科技融合发展做好理论指导。

（2）制订促进文化科技融合发展的政策措施

充分发挥国家级新区和自由贸易试验区“先行先试”的优势，强化顶层设计，制订出台进一步促进二者融合的政策，构建完备的扶持政策体系，将文化＋科技的新兴产业发展列入重点支持领域，在资金上给予支持；对文化科技融合的重点项目、重点企业和重点产品给予大力支持，加速推进成果转化。鼓励新型文化业态，创新文化产品供给，增强文化企业竞争力和创新力，推动产业结构优化升级，形成文化和科技积极互动、深度融合的良好态势。

舟山文创类企业需要政府对其进行政策倾斜，即加大资金支持力度，营造积极引导、鼓励创新的良好气氛。

2. 强化平台建设——构建文化和科技融合的公共服务体系

①积极建设文化和科技公共服务平台。围绕文化科技融合发展实际和需求，通过培育支持，每年创建一批公共创新服务平台，集聚一批高层次文化科技创新服务人才（团队），建立资源开放、响应快速、运作高效的创新服务机体。同时，要健全公共服务机构，培育第三方检验检测、科技成果评估等包括多种服务内容的科技服务中介机构，面向企业开展共性关键技术、人才服务培训、知识产权代理、投融资办理等公共服务。引导新认定的省级、市级重点科技中介服务机构向专业化和规模化的方向发展，集成优质资源予以共享。

②优化文化创意产业园区建设。合理配置要素资源，打造一批集聚效应明显、孵化功能突出的融合发展示范园区。统筹科创园区建设，根据各（县）区和功能区的产业发展特色，布局建设一批科创园区和众创空间，新培育一批特色科创园区和众创空间。建立开放办园机制，探索与国内优秀科技园区的合作新模式，对文化和科技融合发展综合体引进的“又大又强”企业或载体，采用一事一议办法，在用地、人员安排、项目审批等方面切实加大引进支持力度。

③推进渔村公共文化设施建设。推进渔村文化站、文化活动室建设，促进渔村文化娱乐、艺术和体育产业的发展。充分发挥乡镇（街道）在渔村公共文化设施建设工作中的主体作用，建立纵向到底的公共文化服务全链条。适应信息化发展趋势，在渔村文化礼堂普及免费无线网络，推进渔村文化礼堂“互联网+”，鼓励建设渔村文化礼堂网站等，为群众提供更好的服务。

3. 强化跨界合作——集聚文化和科技融合发展企业

高新科技能够增加文化企业的附加值，企业的文化服务和文化产品的市价也会因此而大幅度抬高。支持重点文化企业进行兼并重组，积极培育企业发展为规上限上企业，鼓励企业发展上市。大力培育省、市两级成长型文化企业，力争在海洋文化科技融合领域培育出一批竞争力强、带动作用明显，在全省乃至全国具有一定影响力的行业示范企业。

随着移动互联网、大数据、云计算等战略性新兴科技的成熟和应用，要重点加强战略性新兴科技在文化行业的集成创新、模式创新和应用创新。促进海洋文化创意成果转化，大力发展创意驱动、技术支撑的海洋工程装备制造，开辟拓展新价值，形成海洋创意设计产业体系。推动数字文化科技融合创新发展。开发以舟山历史文化、人文资源为主题的移动互联网游戏产品，着力打造舟山本土动漫游戏品牌。支持数字出版关键技术研发，重点发展互动新媒体、动漫游戏等数字内容产品及服务，促进文化创意产业快速集聚发展。

4．强化智力支撑——引进和培育文化和科技创新人才

探索渔村文化发展的新思路，促进文化和科技融合发展，将对繁荣渔村文化、保护渔村文化生态、推进农村生产力发展、加速渔村现代化、推进新型城镇化进程起到支撑引领作用，也将满足农民群众多层次、多样化的文化需求。

要发展渔村文化，开发有舟山特色的海洋文化衍生品，并使之走向市场，促进产业化，首先就是需要有复合型人才。要完善高层次科技人才引育机制，实施高精尖海洋创新人才引进计划，聚焦海洋文化科技融合发展需求，依托重点高校（科研院所）、重大项目、重要企业，大力引育国家、省创新人才，培养一批能够入选省部级领军人物及以上层次的人才（团队），为文化和科技创新提供有力的人才保障。完善文化领域专业人才的引进机制，设置优秀人才引进的“绿色通道”，吸引国内外文化名人和文创领域的领军人才落户舟山。促进文化科技融合领域的人才培训，鼓励在舟高校开设文化和科技融合发展的相关选修课程，扶持与文化科技融合相关的专业设立，培养文化创意、营销管理和研发设计方面的人才。联合高等院校、科研院所和相关企业开展合作，培养文化科技融合复合型人才，促进舟山新区文化科技融合的不断进步。

三、上海文化科技融合发展经验

上海作为国际大都市，文化科技融合产业已经成为这座城市的经济增长新动能，也帮助上海聚集了很多人才。上海市的文化科技融合发展呈现如下特点。①高频率的跨区域文化合作交流。上海不断完善文化交流的协作机制，构建针对性强、富有成效的上海国际传播机制，鼓励增设具有国际影响力的原创艺术赛事品牌，提升节庆内涵品质。②文化科技融合IP化、品牌化。上海积极推进主打文旅融合、突出深度体验的城市文化形象营销推广策略，结合数字化、智能化时代下的城市文化形象营销新模式，通过各类线上平台赋能城市文化形象推广，推进城市的品牌化进程。上海市文化科技融合发展创新体系的构建较为成熟。

第三节　国内外文化科技融合发展的启示

一、文化科技融合发展促进产业结构升级优化

第一，立足于文化科技融合供给侧结构性改革制订相关政策。一方面，促进文化与科技融合模式下的产业化发展。在相应金融政策和制度的支持下，整合文化资源，利用数字技术，推动文化生产方式转变、扩大传播范围以及完善文化应用体系建设，使文化和科技在商业活动和社会生活各领域得到充分共享。另一方面，激发社会和政府的力量，加快培育文化生产要素市场。引导社会资本介入文化市场开发和销售领域。加大政府对文化科技研究的支持力度，持续性为文化资源数字化生产提供技术、信息等生产要素供给。构建完善的知识产权保护机制，为促进文化科技融合良性发展制订相应的法律法规，营造有序的行业环境。

第二，立足于提升科技创新能力制订相关政策。创新是一个国家经济增长和民族兴旺发达的源泉和动力，也是一个国家经济结构顺利实现转型升级的技术基础。一方面，加大科技投入力度，增强自主创新能力。与欧美地区的发达国家相比，我国企业的开发和研发投入远远不够。在全球价值链攀升过程中，企业需要对自身提高要求，加大自主研发投入，提升国际竞争力和影响力。同时，政府需要对进行自主研发的企业给予一定的财政支持和税收优惠，以进一步激发企业进行自主研发的欲望。另一方面，扩大科技创新支持范围，激发中小型企业的发展活力。长久以来，大型垄断性企业占据了研究和开发补贴的绝大部分，一定程度上拉大了大型企业与中小型企业的研发能力差距，使得中小型企业的发展举步维艰，阻碍了技术进步。因此，政府部门加大对中小型企业的研究开发资金扶持力度，是国家实施创新发展战略的现实需要。

第三，立足于促进文化科技深度融合制订相关政策。首先，集聚相关主体资源，优化现有融合模式。构建完善的信息交流平台，降低信息搜寻成本，促进多方合作，着重推进产学研协同创新发展，发挥资源集聚的外溢效应，提高融合效率。其次，推进文化与科技深度融合，要大力培养文化科技融合管理人才、创意人才、技术人才和研究人才。加强文化企业与高等院校的合作与交流，引起高校对相关复合型人才培养的关注，探索并逐渐完善文化与技术结合的教育模式。最后，建设文化科技融合发展基地，为相关专业的高校毕业生提供就业机会和创业便利。

第四，立足于东中西三大区域的梯度差异，制订差异化的产业政策。东部地区文化科技融合发展水平较高，规模较大的高素质人才在科研和创意等知识型服务业流动，充分利用这一人力资本集聚红利，助推产业结构的转型升级。中西部地区要合理完善现有的人才引进体系，营造良好的生存和职业发展环境，消除户籍限制和行业垄断等不利因素，留住本地人才的同时进一步吸引外地人才，从而缩小区域间的人力资本差距，推动产业结构升级。

此外，还要拓展中西部地区企业投融资渠道，完善区域资本市场融资体系。以推进银行对中小企业的信贷扩张、优化资本市场融资机制为重点，以财政支出为次重点，同时，也要鼓励民间资本投资。最后，要加大中西部地区的对外开放力度，根据本土优势，适当引进外资。

二、文化科技融合产业发展的政策优化

这些年来，中国的文化科技融合发展相关政策的数量逐渐增多，政策主体越来越趋于多元化，政策内容逐渐趋于复杂。文化科技融合产业的发展状况对于中国经济的繁荣增长、各民族不同文化是否可以得到更好的传承以及中国国家安全的维护与巩固具有重要意义。为了中国文化科技融合产业的发展，政府应该从以下几个方面进行进一步的改进，具体措施如下。

（一）制订文化科技融合产业中长期规划

以中国本国语言、本国文化为基础成长的文化科技融合发展在经济全球化过程中，通过数字技术的应用，实现了文化内容的多样化、普及化、图形化等，需求正在扩大。必须克服内需市场的局限，确保拥有稳定的市场。随着通信和广播的融合趋势，行业之间的竞争全面展开，随之而来的就是文化产品需求扩大，为了将文化产业发展成为今后的主力产业，需要通过提出规划来引导产业的活性化。从这个观点来看，在目前由美国、欧洲主导，日本和韩国具有竞争优势的文化内容中，有必要利用中国文化原型，通过独立制作文化内容，确立文化内容先导国的地位。为此，不仅要掌握消费者对文化产品的需求趋势，还要掌握技术的进展方向以及先进企业的战略变化等，提出可实现的蓝图和推进战略。

《文化产业振兴计划》《国家“十四五”时期文化发展规划纲要》《关于推动特色文化产业发展的指导意见》等这些纲领性文件都促进了当时文化科技融合的发展。随着国家文化的不断发展，对于文化科技融合发展的地位和方向也越来越清晰，仍应坚持文化强国的战略，通过制订中长期规划来确保文化科技融合长期

性发展。在中长期规划的基础上设置短期规划，结合当下的发展情况来制订合理的发展目标等，以确保规划是切实可行的。通过明确的文化发展规划，推动文化的发展、优化文化科技融合产业空间布局，也能推进文化治理体系和治理能力的现代化，从而营造一个适合文化科技融合产业发展的环境。立足实际，把握发展规律，突出特色，推动建立统筹各方、协调有力的文化科技融合产业发展工作机制和格局，确保各项任务措施落到实处。

（二）确立战略支援体系

为了增强文化科技融合产业的竞争力，将其培养成新成长动力，必须综合建立与文化科技融合发展相关的各种事项的战略发展体系。有必要完善政策推进体系，使投资用人、人才培养、技术开发、出口支援等所有阶段都能支持文化科技融合产业。例如，目前中国文化科技融合发展的基金等财源不足，分散在政府各部门和机关的文化科技融合产业相关财源过度一元化，应谋求财源的集中，防止重复、混乱投资，提高财政利用的实效性。另外，为了让民间企业的需要和要求反映到支援政策的推进上，应该构建民官合作政策系统。

宏观上，要继续加大政府对于文化科技融合发展的扶持力度，给予充足的专项资金，对于与文化相关的企业给予政策上的优惠，使得文化科技融合产业兴旺发展。对于重点发展的企业进行扶持，打造品牌文化，生产出优质的文化产品；对于大企业，要鼓励做大做强，实现规模效益，不断整合文化资源，提升文化科技融合产业的实力；对于中小企业，鼓励其独立研究，同时也要营造良好的外部发展环境，使得中小企业得以生存发展。此外，促进大小企业之间的合作，将大企业的非核心工作交给小企业完成，从而达到双赢。

（三）深化文化科技融合产业供给侧结构性改革

供给侧结构性改革是党的十九大所提出的促进经济发展的重大举措。如今，我国文化科技融合发展在供给质量方面得到了较大程度的提升，但总的来看当前所提供的文化产品和服务还是没有完全满足人们的文化消费需求和美好生活需要。因此，只有继续推进文化科技融合产业的供给侧结构性改革，才可以更好地解决文化科技融合发展中的问题。

1. 坚持政府在改革中的主导地位

我国文化科技融合产业一直呈现出高速发展态势，一个重要的原因就是正确处理了政府与市场的关系，坚持政府在文化科技融合产业发展中的主导地位。所以，深化文化科技融合产业供给侧结构性改革与政府在文化科技融合产业发展方向上的引导是分不开的，同时与文化政策的保障和支撑也是分不开的。

自从我国将社会主义制度与市场经济体制两者结合之后，我国在各方面的发展中就一直重视发挥市场的作用，并强调政府要适度地简政放权，给市场更多发挥的空间。市场经济能够高效配置资源，促进市场主体间的自由竞争，但如果不对其进行规范和引导，则会产生许多危害社会的公共危机。除此之外，文化领域的发展是文化科技融合产业和文化事业相统一的发展，我国文化事业的发展主要依靠政府的参与，给人们提供公共文化便民服务，如建设公共文化基础设施、实施文化惠民工程等。这在一定程度上使市场的缺陷得到了有效弥补。

开展文化精准扶贫行动。文化扶贫这一概念是经济领域脱贫攻坚工程的衍生品，文化精准扶贫是指有针对性、精确地提高人们的文化素质。实施文化精准扶贫行动有利于挖掘我国潜在的文化消费潜力，扩大文化市场。文化精准扶贫与经济领域的脱贫有所不同。经济领域的脱贫主要针对低收入人群，这一类人群集中分布在经济不发达地区。而文化扶贫面临的群体则是文化贫困人口，与经济贫困人口事实上是相互交叉的关系。所以，文化精准扶贫的关键就在于找准文化贫困人口，并对这类人群的文化需求进行精准识别。最有效的做法就是利用互联网科技，分析现有的数据，在居民的电子信息档案中找到这一类人群，引导他们进行思想观念的转变和文化素质的提高。

政府应该加大对重点文化科技融合产业项目的政策扶持力度，如提供税收优惠、贷款贴息等，以引导和激励社会资本参与其中。文化企业可以通过多种途径获取发展资金，如向银行贷款，发行股票、债券等，从而增加其融资渠道，降低融资难度。政府可以实施项目带动计划，为文化科技融合产业的发展提供平台和机制，鼓励企业加快技术创新、产品升级和产业融合，推动文化科技融合产业的快速发展。

此外，用政策体系支撑相关部门建立健全文化科技融合产业法律法规，这也是政府发挥主导作用的体现。制订文化科技融合产业法律法规既要有长远规划，又要有短期计划。当前数字文化企业正在快速发展，要加快组织起草、修订和完善互联网领域的法律法规，重要的是政府要督促相关部门对我国企业或个人的知识产权进行保护，立法环节、执法环节都要起到引导和督促的作用，从而保障文化科技融合在法律和相关政策的保障下健康发展。

2. 坚持以人民为中心的创作导向

文化科技融合产业供给侧结构性改革坚持以人民为中心，可以提升产品供给质量。从文化科技融合产业的整个产业链来看，共经历了生产、分配、交换、消费这四大环节，消费则是人民群众的文化消费，所以在文化产品的设计和生产阶段就要注重以人民为中心，了解人民群众真实的文化消费需求，更好地提供供需对应的文化产品，以此繁荣文化市场。文化消费的主要作用是满足精神文化需求，优质的文化产品既能提升人们的审美水平，又能使文化产品成为人们的一种自觉性消费；审美水平的提升创造出新的文化需求，反过来又能促进文化科技融合产业整体水平的提升。

文化科技融合产业坚持以人民为中心的创作导向可以让人们享受到更加优质的文化产品和服务，丰富人们的精神文化生活。在文化产品的设计过程中可以融入人民群众生活中的元素，贴近群众的生活实际，这样的文化产品更能够与人民群众的文化消费产生自然联结，促使群众产生强烈的消费意愿；还可以融入经典文艺作品元素，让人们感受到经典文艺元素也可以“接地气”，而不是只能摆放在高雅的殿堂中；还要活用历史元素，如故宫文创系列的彩妆日用品，将故宫的砖瓦楼阁印制在外包装上，用这种独特新颖的设计吸引消费者，不仅增加了故宫的“温度”和产品销量，也增进了人们对故宫历史文化的了解。

3. 把供给侧结构性改革贯穿产业融合发展的全过程

党的十八大以来中国文化科技融合产业发展质量呈现缓慢提升态势，但中国文化科技融合发展质量水平偏低，虽然有个别省份文化科技融合发展质量指标突出，但有的省份文化科技融合产业发展质量仍属于落后型，离全面中高等级还有较大距离。其主要原因在于我国文化科技融合发展仍然处于初级状态，数量和规模仍是目前一段时间发展的重要方面。尽管数字文化科技融合产业等新业态在不断发展壮大，但在文化科技融合发展中整体所占比例不高，传统产业仍占主导。文化领域的市场化改革稳步推进，文化金融支持强度提高，但在无形资产尚未实现标准评价体系之前，融资难问题依然存在。文化付费习惯仍在缓慢形成，文化消费的城乡差异呈现扩大趋势，文化贸易呈现波动状态，这些都是文化科技融合产业发展质量不稳定的因素。结合文化科技融合产业高质量发展的内涵，今后文化科技融合发展质量要以新发展理念为指导，加快形成内容创新、技术创新、政策创新协同驱动的动能合力，不断生产出优质的文化产品和服务，提高人们的幸福感与获得感。

首先，通过鼓励创新，营造良好的文化创新氛围，加大知识产权保护力度。要进一步完善知识产权保护细则，在新网络环境、新技术条件下，侵权行为更加隐蔽和复杂，尤其要加快侵权案件的审结速度，提高公民对知识产权执法的信心。

同时要促进版权登记便利化，鼓励创新内容表达，奖励优质内容生产。提高文化领域关键、核心技术攻关能力，对于“卡脖子”技术要加大研发投入，形成自主创新能力。吸收更多高素质人才进入文化科技融合产业领域。通过制订详细的人才标准，为其创造较好的工作环境、生活环境。

其次，要进一步拓展文化科技融合产业金融支持渠道，积极主动引入社会资本，促进文化科技融合产业与旅游等相关产业的融合共生，加快传统产业的转型升级，不断促进数字创意产业的发展，使文化科技融合产业结构不断向合理化、高级化演化发展。

再次，要营造良好的文化市场环境，加大公共文化服务的财政支持力度，可以通过增加文化领域的财政拨款和补贴来支持文化机构和项目的运营和发展，从而提高公共文化服务的水平和覆盖范围。同时，通过市场化改革，减少政府在文化市场中的干预，鼓励文化企业自主发展。这可以通过取消一些不合时宜的行政措施、降低行政审批的烦琐程度、简化文化企业的创办和经营流程来实现。此外，形成现代企业制度也是非常重要的，它可以促进文化企业的规范运作和市场竞争力的提升。

最后，要协调城乡文化市场，特别是在提高人均可支配收入的同时，提高人们的文化付费意识并培育文化消费习惯。为了缩小城乡文化差距，可以采取以下措施。

提高文化付费意识和培育文化消费习惯：通过加强相关宣传和教育，提高公众对于文化产品和服务的认知，培养人们主动选择付费并参与文化消费的意识和习惯。

利用移动互联网等现代信息技术：借助移动互联网、智能终端和在线文化平台，提供丰富多样的文化产品和服务，让更多人通过网络途径获得文化信息、参与文化活动和享受文化产品。

提高文化消费的便利性：建设更多的文化设施和场馆，提供更多的高质量文化活动和服务，使更多人能够方便地进行文化消费。同时，还可以推动线上线下融合，创造出更多便利的文化消费方式，如线上购票、线上预约等。

加强城乡文化交流与合作：通过举办文化节、文化展览等活动，促进城乡之间文化资源的共享与交流，让城乡居民都能够享受到丰富多样的文化盛宴。

4. 坚持从供需两侧引导文化消费

生产决定消费，消费反作用于生产，生产与消费是一个相互联系、相互作用的有机整体。所以，文化科技融合发展的供给侧结构性改革的主要方面是在供给侧，但也不能对需求侧的改革有所忽视。只有从供给侧和需求侧两端入手引导居民的文化消费，才可以更好地深化文化科技融合产业的供给侧结构性改革，推动文化科技融合产业实现高质量发展。

对文化科技融合产业供给侧进行改革，一是积极化解文化产品的积压库存风险。改革开放以来，我国文化科技融合产业一直呈高速发展趋势，文化企业数量逐年增多，文化产品数量也随之增加。市场经济体制的盲目性特征，导致文化产品的生产总体上出现了“供需错配”的问题，导致文化产品面临滞销困境，给文化企业的生产经营带来了一定的困难。所以，要优化文化产品的现有库存结构，可以鼓励该类文化企业以低价的方式进行促销，或利用网络平台进行直播带货，政府再利用财政进行相应的补贴，这样可以加快现有库存的清理，优化文化产品生产结构。二是丰富文化企业的类型。我国文化科技融合产业发展整体结构上的突出矛盾表现为现有的文化企业类型较为单一，不管是在文化产品上，还是在文娱服务上都体现出了这一问题。新时代，我国社会主要矛盾的变化主要是居民文化消费结构的变化，普通的、大众式的文化产品和服务远远不能满足居民的消费需求，因此出现了“文化消费需求外移”的现象。所以，要鼓励现有的文化企业进行转型升级，利用现代科技对市场需求进行充分了解，创新文化产品的内容形式设计，同时还要加快培育新兴文化科技融合产业，与数字技术、旅游行业有机融合，带给人们新的文化消费体验。

改革文化科技融合产业的需求侧，要从以下几个方面入手。

①增加居民可支配性收入。根据马斯洛需求层次理论，人们在满足生理需求后才会关注更高层次的需求，如安全需求、社交需求、自尊需求和自我实现需求。因此，如果想提高居民的文化消费水平，确保他们能够在满足物质需求后有能力消费文化产品是很重要的。在中国这样人口众多的国家，居民收入分配不平衡是一个现实问题。为了让每个人都能分享发展成果并提高消费层级，政府需要致力于提高居民的可支配性收入。这可以通过一系列措施实现，例如完善社会保障体系、提高最低工资标准、改革税收政策以减轻中低收入者的负担等。此外，还可以通过促进经济发展和创造更多就业机会，提高居民的收入水平。经济发展的同时，还需要加强文化产业的推广和发展，提供多样化的文化产品和服务，以吸引人们进行文化消费。这样一来，人们就能更多地将剩余收入投入文化需求上，提高文化消费水平。

②我国中产阶级人口规模较大，这给文化消费市场带来了潜力。为了推动居民的文化消费，创建多种类型的消费平台是一个有效的途径。

首先，建设文化体验馆、图书馆、艺术展览馆等文化基础设施是非常重要的。这些场馆可以为居民提供丰富多样的文化体验，吸引他们前来消费。文化体验馆可以模拟各种文化场景，让人们身临其境地感受文化之美；图书馆可以提供各类图书、期刊、报纸等阅读资源，满足居民的知识需求；艺术展览馆可以举办各种艺术展览，让人们欣赏到高质量的艺术作品。这些设施可以成为人们进行文化消费的场所，同时也能够扩大文化产业的市场规模。

其次，增加文化产品的销售渠道也非常重要。除了传统的实体店铺，可以积极开拓线上销售平台，如电子商务平台、社交媒体等。线上平台不仅可以提供便捷的购物方式，还能够推荐个性化的文化产品，提升用户的购物体验。此外，还可以与其他行业合作，通过联合销售、折扣优惠等形式，刺激居民进行文化消费。

最后，通过线上线下相结合的方式来引导和拉动居民的文化消费也是一种有效的策略。可以通过线上平台宣传推广文化产品和活动，引导人们在线下参观体验。同时，线下场馆也可以通过线上平台进行宣传，吸引更多人前来消费。

③建设文化消费市场。在促进中国文化科技融合发展中，文化科技融合产业市场的培育很重要。可以从以下三个层面入手。

第一层面，培育“核心—边缘”地区的消费者对数字文化内容产品的新需求，以此促进文化企业围绕需求集聚。在平台经济的推动下，一方面可以通过数字技术与传统产业融合带动居民收入增长，保障“核心”区域居民的消费需求，促进“边缘”地区的消费新需求。另一方面，将传统文化科技融合产业与数字技术融合，刺激“边缘”地区居民产生新的文化需求。如借助互联网发布付费文化类视频、课程以及网剧，完善居民满足文化需求的消费渠道，为“边缘”地区居民提供风清气正的网络消费环境。帮助居民树立文化自觉、自信意识，借助网络将居民纳入文化生产环节，通过人工智能技术分析并预测文化消费需求，实现个性化生产。

第二层面，借助互联网平台传播传统文化，促进核心区域对边缘区域的文化消费带动。由于文化基础设施发展有限，传统文化科技融合产业呈现自给自足的消费理念。面对此情况，应借助互联网平台传播中国传统文化，树立国人的文化自信，从而扩大文化消费市场，提高文化市场的产品供给质量。借助新华网、人民网等客户端为中华传统文化正名。同时依托互联网平台采集用户消费数据，实现资源共享弥补“边缘”地区数字资源匮乏的现状。最大限度地将消费者纳入中国文化科技融合发展中，形成围绕消费者消费行为的集聚网络，激发消费者的新需求，扩大市场。

第三层面，促进“核心—边缘”之间的跨区域文化企业合作，打开虚拟集聚网络的文化科技融合产业消费市场。文化科技融合发展平台的建立，可以促进不同区域内消费需求的联动。为打开文化消费市场，可以从以下几个方面进行跨区域合作。首先，针对不同地区文化科技融合产业资源禀赋、生产要素以及技术水平进行全国布局。鉴于中国文化科技融合产业在东部地区发展迅速，数字技术水平高，可以在该地区发展动漫、游戏等数字内容产业。在西部地区，可以依托当地丰富的民族特色文化资源，在发展中保护民族文化传统。发展本地区优势文化资源，借助互联网平台将本地区文化产品进行输出。其次，借助“核心”城市的拉动作用辐射周边城市产业，实现区域间文化资源的联动发展，提升区域内文化科技融合产业的综合竞争力。最后，有条件的地区可以借助互联网平台逐步开展与港、澳、台地区的共同文化市场建设，开拓全国市场，进一步提升中国文化科技融合发展水平，促进中国文化迈向全球。

（四）提高文化品牌的国际影响力

要形成具有核心文化 IP 和强大竞争能力的文化企业巨头，提高中国文化品牌的国际影响力。

首先，要确定核心的文化 IP。这可以是具有本土特色的文化元素、人物形象、故事情节等。确保这个 IP 具有独特性和辨识度，能够在市场中脱颖而出。利用核心文化 IP 打造一条完整的产业链。要创新思维，将文化 IP 与不同产业领域结合，创造多元化的产品，满足不同消费者的需求。利用数字技术可以扩大并增加文化 IP 的延伸范围和衍生品种类。例如，可以通过 3D 打印、虚拟现实等技术，将文化 IP 转化为更具吸引力的实体产品或数字内容。同时，可以利用数字营销工具，如社交媒体、搜索引擎等，扩大品牌影响力。打造具有辨识度和影响力的本土文化品牌，有利于在市场中占据更有利的位置。要注重品质和特色，树立良好的口碑，并通过数字营销工具和电商平台，拓展销售渠道，提高市场占有率。

其次，要拓宽数字文化消费市场，提高企业产品的市场占有率。一方面，在青年主力群体文化消费需求得到满足的同时，还要开发符合老年人消费习惯的文化产品和服务，真正让老年群体也能享受到数字技术红利。另一方面，要重视文化贸易结构，特别是内容价值和数字技术含量比较高的游戏、动漫、影视等领域的出口份额。要继续加强同“一带一路”沿线国家的文化交流和文化贸易，充分掌握中国故事国际叙事风格和形式，利用资本等手段打通国际主流传播渠道。

最后，要积极培育文化科技企业巨头。建立公共文化服务示范区和文化消费试点城市，明确这些区域的具体范围和发展目标。然后，通过政策引导和资金支持，推动数字文化科技融合产业园在这些区域内的集聚。可以通过设立合作项目、共建研发中心、联合开展技术攻关等形式，促进各类企业之间的深度合作。政府可以提供资金支持、税收优惠等政策引导，鼓励企业之间开展实质性的合作。选择一些在核心品牌文化 IP 和关键技术上具有优势的企业，通过政策倾斜、资金支持等方式，鼓励这些企业发挥引领作用，带动其他企业共同发展。通过资本运作，可以实现企业间的快速整合和发展。政府可以通过设立产业发展基金、提供融资担保等方式，为企业提供资金支持，鼓励企业通过并购等资本形式实现快速发展。

（五）因地制宜开展差异化发展

要充分认识自身文化科技融合产业发展质量的特点，因地制宜地开展差异化发展策略。

文化科技融合产业发展质量的空间差异性明显，在较长的一段时间里，“东高西低”的格局不会被改变。一般来讲，以北京—上海—广东为第一级的高等级质量地区，要发挥引领作用，优先形成现代文化科技融合产业市场体系，以数字文化科技融合产业为核心，提高文化科技融合产业高级化指数，大力发展现代新型文化服务业，不断巩固文化服务业的主导地位。进一步加快文化创新要素的集聚，形成一大批文化科技融合产业领军企业、领军人才和知名品牌，特别是要通过资本市场进一步壮大文化企业，形成具有国际影响力的文化企业巨头，提高中国文化科技融合产业的国际地位。

此外，政府可以制订一系列的激励政策，以降低社会资本进入文化科技融合产业的门槛。例如，可以通过税收优惠、财政补贴等激励措施，吸引更多的社会资本进入该领域。此外，还可以通过公私合作模式，引导社会资本参与文化科技融合产业的建设和发展。政府应该鼓励和扶持中小微民营文化企业的发展。通过提供资金支持、政策优惠和培训服务等，提高这些企业的竞争力，促进其不断发展壮大。同时，要完善资本市场，为文化企业提供更加多元化的融资渠道。中部省份应借助城镇化建设的契机，进一步提高居民人均可支配收入，扩大文化科技融合产业市场规模。同时，要不断完善公共文化服务设施，吸引更多文化人才回流，减少人才流失。此外，中部省份应结合自身的文化资源和产业基础，明确首位发展行业，充分利用现代信息技术促进数字文化科技融合产业的培育和发展，不断提高文化产品的科技含量。在西部地区，应进一步完善公共文化服务基础设施，充分挖掘当地的文化特色，努力打造具有地方特色的文化科技融合产业。例如，可以利用当地的民族文化、历史遗迹等资源，开发独具特色的文化产品和服务，形成特色品牌。

（六）高效配置相关资源

文化科技融合产业发展质量表现为较明显的全局空间关联性，并在局部形成了高—高、低—低、低—高、低—高四种集聚类型。当前，我国已经形成了京津冀协同发展、长三角地区一体化发展、粤港澳大湾区发展为主导的区域发展战略。要强化区域协调，实现资源共享，做到资源高效配置，形成文化科技融合产业高质量发展的生态圈。从各子系统指数可以看出，不同省份的文化科技融合产业高质量发展存在“环节优势”。有的省份子系统指数低，可以通过自身的努力，如加大政府投入等手段建立起新的“环节优势”，有的省份根本无法通过自身能力改变“环节劣势”，更需要借助外界力量。

所以，各地区要紧紧抓住战略机遇，嵌入文化科技融合产业，实现文化科技融合产业链、文化价值链上的分工合作，有效发挥地区优势，避免重复建设，形成错位式高质量发展格局。一是要形成协同机制，特别是政策协同，通过设立统一组织机构开展部门联动，保障协同落实。二是要结合区位特征、资源状况和经济水平，制订文化科技融合产业高质量发展战略，明确优先发展行业，确定行动路线图，不断降低地区发展的不平衡性。通过有效协调文化科技融合产业价值链的各环节，不断强化短板环节建设，扬长避短、因地制宜地制订科学合理的调控机制，使得文化科技融合产业不断迈向价值链高端，从而实现高质量发展。

三、振兴乡村文化科技融合发展

（一）运用新技术促进乡村文化建设

立足新时代国情农情，要将数字乡村作为数字中国建设的重要方面，加快信息化发展，带动农业农村实现现代化发展。从文化领域看，以数字技术为代表的新技术打破了以往文化传承的时空等条件限制，是以技术创新带动乡村文化振兴的重要内容，我们要充分运用这些新技术，打造乡村文化传承发展的新气象。

第一，完善数字乡村基本保障，弥合城乡“数字鸿沟”。自数字乡村提出以来，我国数字乡村建设不断推进，但仍有一定缺陷。针对城乡数字化信息化差距大的现状，面对新征程上对乡村振兴数字化提出的更高要求，要不断提高数字乡村适配性保障。要加强政府统筹规划，制订相关政策，推动电信公司向落后偏远的农村地区投资和投入数字化基础设施建设，同时合理布局乡村数字化基础设施建设，在较落后的地方有限完成最基本的设施建设，而后进行分批逐步完善，不断扩大农村数字设施覆盖面；在基础设施较完善的乡村地区，要根据技术发展和现实要求不断进行设施更新，提高数字设施的质量和性能。要适度加大乡村数字发展财政投入，落实一定程度的惠民政策，视情况降低农民群众的信息使用费用，使较为落后地区的农民群众也能够享受到信息资源、感受到数字乡村的便利性。要注重培育数字时代的新农民，通过将信息教育融入农村学校教育、在乡村组织开展数字技术专项培训、以乡村广播等传播渠道开展信息知识宣传等多样化的方式，提高乡村民众信息、数字、网络方面的认识水平，并在此过程中要尤其关注年龄较大、文化水平较低的群体，在宣传教育中要有耐心，使农民群众广泛掌握基本的信息技能，促进其文化水平的提升，使其展现新的精神风貌。

第二，发展乡村网络文化，推进乡村“互联网＋”。要充分发挥数字技术和网络工程在传承发展乡村文化中的重要作用，通过“互联网＋思想政治工作”，构建农村网络思想文化阵地，利用各类网络平台弘扬和传播中国特色社会主义文化、社会主义思想道德，以线上党课团课、微电影、微视频等形式助推乡村思想政治工作，同时也要注意加强网络监督巡查，打击网络不良信息和消极文化。通过“互联网＋乡村文化资源”，打造和完善历史文化名镇、名村和传统村落数字文物资源库、数字博物馆，运用数字影像、虚拟现实等技术复刻乡村自然人文景观、保存各类文化资源，尤其是濒临消失的语言文字、工艺技法等，推动乡村文化的保护和弘扬。通过“互联网＋文化服务与产品”，带动乡村文化服务和产业的有效供给和兴旺发展。微信、抖音、微博、淘宝等社交软件和网络平台能够使乡村民众自主学习交流各类文化艺术、购买用于满足自身精神文化需求的产品，也能够将乡村的工艺品、歌曲舞蹈、美食小吃等文化产品以网络直播的形式向外界展示。通过“互联网＋文艺创作”，支持了解农村、热爱农民的创作者们进行“三农”题材的网络文化优质内容创作，让更多的人了解乡村、了解乡村文化，吸引更多的人来到乡村、感受乡村。通过“互联网＋示范基地”，建设互联网助推乡村文化振兴示范基地，总结优秀的网络技术带动文化振兴的经验，发挥先进案例的示范作用，开展相关技术帮扶、经验分享，为其他乡村的文化发展提供有益借鉴。

（二）科技发展促进乡村产业结构升级

在科技飞速发展的当今时代，文化在与经济一体化发展的同时，与科学技术的融合也更加密切。21 世纪以来，科学技术的发展与变革已经逐步渗透到乡村文化科技融合产业领域，促使传统乡村文化科技融合产业类型不断拓展，从而不断衍生出新的产业形态和发展模式。新一轮信息技术革命直接推动了乡村文化科技融合产业的结构升级，乡村文化科技融合产业的产品设计、生产、营销以及业务组合等都发生了大的改变。

一方面，高新科技的融入使乡村文化产品和服务的科技含量不断提高，新技术、新材料、新工艺、新模式的使用极大地提高了乡村文化企业的生产力。无土栽培等技术的推广提升了现代农场和休闲农业的发展水平，满足了消费者的多样化需求；新材料和新工艺的使用提升了民间手工艺产品的质量和生产效率，为产业的规模化发展奠定了基础；现代化的灯光、音响和特效与乡村旅游的结合产生了《印象 · 刘三姐》《宋城千古情》《云南映象》《藏秘》等一批充满民族特色与文化韵味的作品，开辟了乡村演艺的新景观；互联网技术的普及可以让许多乡村利用淘宝、拼多多等互联网平台销售自己的文化产品，形成“线下生产＋网络分销”的经营模式。

另一方面，新媒体技术的发展在很大程度上打破了乡村地区信息闭塞的壁垒，为乡村文化产品和服务提供了一个无限广阔的展示与传播平台。

首先，新媒体为乡村文化提供了一个更为开放的信息空间，以微博、微信、抖音、快手为代表的新媒体和自媒体平台为乡村文化的对外传播创造了极为有利的条件。许多地方政府通过微信公众号、官方微博等以推文、图片、视频等方式来宣传本地特色的文化产品和人文景观，在线上构建人们对于本地区乡村文化的认同。乡民也可以通过抖音、快手等社交平台，以录制短视频或网络直播的形式向外界营销本地区特色美食、手工制品等，从而助推乡村文化产品和服务的传播，带动乡村经济发展。

其次，新媒体具有开放性和互动性，能最大程度地实现对目标群体的全方位覆盖以及个体之间的互动交流。在新媒体时代，乡民既是信息的接收者也是信息的传递者，他们可以通过网络与受众实时互动，受众同样可以使用网络留言、视频弹幕等方式对接收到的信息发表自己的观点和评论。因此，新媒体的出现打破了单向传播的限制，实现了乡村特色文化的双向传播，为乡村文化产品和服务走向国内外市场创造了有利条件。

此外，云计算、区块链、VR/AR、5G、元宇宙等最新科技，在未来的发展中会在乡村地区广泛应用，这将进一步缩小乡村与城市之间的差距，为乡村文化科技融合产业的发展带来更大的机遇。

（三）促进乡村特色民间艺术发展

乡村文化是民族文化的源头，是文化强国可持续发展的基石。民族艺术是民族文化的重要构成，中华民族艺术主要蕴含在乡村中，乡村的经济发展虽然相对落后，但保存了多元化的中国传统艺术，艺术是民族民间文化的主要表达方式，必须充分认识乡村艺术、民间艺术的能动性及其影响力。提升处于蓬勃发展期的民族文化，往往利用的是文化价值易于传播和易于接受的特点，将民族文化价值注入民族民间艺术之中，从而利用包含文化价值的民间艺术更大限度地拓展乡村文化市场，实现文化上的相互交流。

虽然东部地区的文化科技融合产业发展速度快于中西部地区，但就其文化资源禀赋优势来说，中西部地区并不比东部差。中西部地区文化资源十分丰富，如文化旅游资源、少数民族非遗民俗资源等，这些独具特色的民族文化宝库是中西部文化科技融合产业发展的重要基础，为不发达地区文化市场的繁荣发展创造了可能。但我国经济发展的不平衡、不充分，导致中西部文化科技融合产业实现高质量发展面临着诸多现实挑战，在发展过程中往往缺乏充足的资金和优质的人才，这也是中西部文化科技融合产业不发达的原因所在。城乡文化科技融合产业的发展与我国三大区域文化科技融合产业的发展面临的问题一样。过去我国在经济建设中，不管是在国家政策的制订上还是在实践过程中，城市的各项发展政策明显优于农村，这也就导致了我国城乡发展二元分化的格局，城乡之间的发展差距越来越大。在文化领域则表现为，农村的文化科技融合产业数量极少，居民文化消费水平低。但在乡村振兴的战略背景下，这一现象逐渐得到扭转，为农村文化科技融合产业的发展带来了机遇。

我国每一民族和地区都有自己的地方戏曲、民族舞蹈、民间音乐等独特的艺术形式，这些民间艺术在如今的乡村旅游中扮演着重要的角色。在地方戏曲方面，除了国粹京剧外，我国还有 300 多种地方剧种，包括吕剧、豫剧、评剧、川剧、粤剧、越剧、淮剧、秦腔、柳腔、黄梅戏、皮影戏、木偶戏、柳琴戏、花鼓戏、布依戏、坠子戏、山东梆子等。但目前在乡村地区较为活跃的地方剧种仅有 100 余种。民间舞蹈有秧歌、狮舞、龙舞、高跷、花鼓、腰鼓、灯舞、芦笙舞、铜鼓舞、热巴舞、拉手舞、贝伦舞等。民间音乐有花儿、南音、信天游、笙管乐、唢呐艺术、江南丝竹、巢湖民歌、川江号子、侗族大歌、临高渔歌、舟山锣鼓、聊斋俚曲、藏族拉伊、蒙古族呼麦等。

地方戏曲作为非遗文化的重要组成部分，与乡村旅游融合发展，一方面能有效扩大戏曲文化的影响力，提升乡村旅游的文化内涵，另一方面也可以满足游客的多样化需求，为地方经济发展带来新动能。安徽的石牌戏窝、浙江的越剧小镇、陕西的安塞腰鼓山、河北滦南的评剧祖屋、浙江乌镇的皮影戏馆等，都是地方戏曲与乡村旅游融合的亮点。民间音乐、民族舞蹈与乡村旅游的融合在云南、广西、新疆、西藏等少数民族集聚区屡见不鲜。艺术家通过自身对于民族文化的理解与判断，把具有标志性和典型性的民族音乐元素从民间提取出来，并将其与民族舞蹈、服饰以及现代化的灯光、音响和特效相结合，为游客呈现出一场场民族文化艺术视听盛宴。这样的演出形式让充满了浓郁民族特色与文化韵味的民间音乐和舞蹈走出田野，在现代化的舞台绽放光彩，具有极强的感染力，成为游客们了解当地特色文化和人文风情的一个重要窗口。例如，西双版纳大型歌舞秀《勐巴拉娜西》，通过民族歌舞、音乐、特色场景、杂技、服装等淋漓尽致地展现了澜沧江流域傣族部落风土人情。自公演以来，《勐巴拉娜西》一直广受游客的欢迎，实现了经济效益与社会效益的双丰收。如今，《勐巴拉娜西》已经成为国内外游客到西双版纳旅游的必看演出。

（四）打造乡村文化科技融合发展新业态

文化科技融合发展是传承乡村文化、满足农民精神文化需求、推动乡村文化振兴的重要载体，要充分推进文化科技融合产业赋能乡村振兴工作，体现并发挥文化科技融合产业的多重功能价值和综合带动作用，构建乡村社会新业态。

第一，要明确乡村文化科技融合发展方向，将社会效益放在首位。乡村文化科技融合发展是将文化发展和产业振兴相融合的产物，其生产资料和产品服务除了具有经济价值，还有一定的意识形态属性。要充分意识到乡村文化科技融合产业、产品、服务的特殊性，把握好乡村文化科技融合发展的意识形态属性和产业属性，明确文化科技融合产业发展质量和水平的最重要的评判标准不是其经济效益，而是其社会效益；是看其能否助力乡村文化的传承发展，能否提供更丰富更优质的能满足人民精神文化需求、增强人民精神力量的文化服务和文化产品。要坚持将乡村文化科技融合产业的社会效益摆在首位，通过国家宏观政策制订和兜底保障，把控乡村文化科技融合产业的发展方向，推动国有企业进入乡村文化科技融合产业链条，鼓励各类非公企业发挥优势，将中国特色社会主义文化与乡村特色文化充分结合，推动社会效益和经济效益相统一。

第二，要挖掘乡村文化科技融合发展的丰富资源，促进复合型业态发展。要充分认识乡村文化资源，挖掘和探索乡村文化科技融合产业化的可能性，从创意设计、演出产业、音乐产业、美术产业、手工艺、数字文化、其他文化科技融合产业和文旅融合等八个重点领域赋能乡村振兴，活化乡村优秀传统文化资源，在内容上打造包括乡村文艺体育、民间技艺、乡土风貌、田园风光、生产生活等全领域的产业内容；在形式上构建物质文化产品制造、乡村文艺技能教育教学、民俗风情互动体验等复合型业态；在技术手段上充分利用先进技术，全面推进文化科技融合产业数字化转型升级，培育新型文化业态和文化消费模式。同时要鼓励各地立足文化资源禀赋，在区域特征、文化特点、民族特色上下功夫，构建自身独特的文化科技融合产业品牌，通过推动农村种植业、林业、畜牧业与当地特色文化科技融合产业相对接，推动文化业态与乡村旅游深度结合等方式，培育打造地方特色鲜明，文化内涵突出，一、二、三产业有机融合的文化业态，避免“复制粘贴”式的乡村文化科技融合发展格局，努力提供更加全面丰富的优质文化产品和服务，更好满足人民多样化、多层次、多方面的文化需求。

四、加快文化科技的深度融合

加快文化与科技深度融合，对建设社会主义文化强国意义重大而深远。通过文化与科技的融合，大力大发展文化生产力，提升文化集成创新能力，是推动文化科技融合产业繁荣发展的重要实践方式。

（一）打造文化科技融合产业圈

文化生产力是社会生产力发展到一定阶段的必然结果，并在社会发展中具有越来越重要的作用。文化生产力表现为两种方式，一种是作为物质生产力的附加生产要素，一种是以文化本身为核心生产要素，前者是广义的文化生产力，后者是狭义的文化生产力。从当代生产力特征来看，任何的物质生产及其物质产品都渗透了文化因素，这是文化生产力所起到的附加作用，而文化生产力也使物质生产及其物质产品具有了“泛文化”特征。随着现代科学技术的发展，当代生产力中所具有的信息化、知识化、智力化特征也鲜明地体现在文化生产力之中，因此，知识生产力、信息生产力、网络生产力、虚拟生产力等非物质性的生产力形态，它们作为高智力、高文化和高知识的产物也属于广义范畴的文化生产力。

狭义的文化生产力是将文化本身作为生产对象而展开的生产活动，是将精神文化活动通过产业化、市场化的生产方式转变为文化产品和文化服务的生产力形态。这就是说，文化本身不再是物质生产力的文化附加值，而是创造价值的核心资源。文化生产力是创造和生产精神文化产品的能力，在当代是指以社会化生产和市场经济为依托，以现代科学技术为手段，以文化科技融合产业的兴起为标志的典型形态的，生产满足人们精神文化需求的文化产品的水平和力量。文化生产力是科学技术发展到一定阶段的产物，是以现代科学技术为手段生产满足人们精神文化需求的一种力量。

文化生产力是指通过劳动所创造的文化产品、文化服务和精神财富，包括文化物质生产力、文化精神生产力和文化制度生产力。文化生产力具有多种衡量标准，包括创造经济价值的能力、对人们树立世界观和价值观的正确作用以及提升人的精神世界的积极作用。

首先，创造经济价值的能力是衡量文化生产力水平的直接标准之一。文化生产力的作用体现在促进经济的发展，为经济发展提供精神动力、智力支持和思想保障。文化生产力的发展可以促进文化产业的发展，推动国民经济的增长，提高国家的综合实力和国际竞争力。

其次，文化生产力对人们树立正确的世界观、价值观具有积极的引领作用和导向作用。文化生产力所创造的精神文化产品直接影响着人们的思维方式和价值观念。优秀的精神文化产品的积极影响和正面作用能够帮助人们树立正确的世界观和价值观，使人们更加关注人的价值、人的尊严和人的自由发展，进而促进社会的和谐与进步。

最后，文化生产力对提升人的精神世界具有积极作用。文化生产力的作用不仅体现在创造物质财富方面，更体现在创造精神财富方面。优秀的精神文化产品能够丰富人们的精神世界，提高人们的文化素质和人文素养，使人们更加有信仰、有理想、有追求，促进人类文明进步和发展。

中国是文化大国、文化古国，也要成为文化强国。我国文化科技融合产业和文化服务在数量上有所增多，文化科技融合产业要有国际竞争力和传播力，要深刻认识到优秀的海外电影、电视剧、流行音乐、漫画、动漫游戏等文化形式的背后潜藏着技术更为先进、内容更具创意的文化生产力。优秀的生产力必然会生产出优秀的文化产品，优秀的文化产品也必然会被市场广泛接受。所以，我们要大力发展文化生产力，提升文化的整体实力和竞争力，补齐短板，发挥中华文化的潜在力量，使中国文化能够适应中国经济的崛起，从而为中华文化走向世界筑路搭桥。

加大科技创新与应用的力度对于提升文化生产力至关重要。随着科技的不断发展，科技创新已经成为推动文化生产力发展的关键因素。通过运用现代科技手段，我们可以更好地创造和生产精神文化产品，从而提升文化生产力。此外，重视文化创意也是提升文化生产力的基础。文化创意是将文化符号和有形或无形的精神文化内涵融入各种载体中的过程，这是文化生产的实质。通过发挥文化创意，我们可以更好地将文化符号和有形或无形的精神文化内涵融入各种载体中，从而生产出更具吸引力和感召力的文化产品。

文化创意来自文化资源的转化，而文化资源的转化需要科技创新及其应用的加持。绵延数千年的中华文化是我们丰富的文化资源，这是我国文化科技融合发展的创意源泉。我们要以优秀传统文化为“母体”，吸收和综合外来资源，形成延续优秀民族传统的当代文化资源。

例如，在广袤的中华大地上仍然保留着许许多多的历史文化古迹，数以千计的艺术珍品、文化典籍和文物典藏在图书馆、博物馆中，中华优秀传统文化中不可估量的、丰富的有形或无形的文化符号，都为文化产品以及可以负载文化符号的物质生产提供了不竭的文化创意资源，是我国发展文化科技融合产业所具有的得天独厚的条件。

又如，我国优秀传统文化所运用的传统技艺仍然活跃于当代人们生活的方方面面，如民间技艺刺绣、剪纸、泥塑、竹编、瓷器、茶艺、杂技和曲艺等，其中，瓷器、刺绣、剪纸已享誉世界，京剧、昆剧、古琴等大批非物质文化遗产也被联合国列入相关名录。这些丰富的文化资源需要以现代科技创新与应用的加持转化为我国文化科技融合产业的创意资源，并利用科技与文化融合的优势开发其优秀内涵，进而彰显中华文化深厚的文化底蕴和巨大魅力。

目前，我国已有借助现代科技手段将中华文化的优秀资源转化为创意资源的成功案例。然而，尽管我国文化生产力得到了迅速的发展，在促进社会发展和满足人们精神文化需求方面发挥了重要作用，但面对全球文化科技融合产业的飞速发展以及我国人民群众日益增长的精神文化需求，我国还要生产出具有高品质和深度内涵的文化产品。近年来，我国电影、电视行业，音乐行业等各行业均有不错的发展。在动漫游戏产业方面，我国市场需求量庞大，要坚持自主研发动漫与网络游戏。这样我国文化科技融合产业的发展才能处于产业链的高端部位。

我国丰富的文化资源是发展文化科技融合产业的创意源泉，必须充分利用这些资源来推动文化产业的发展。然而，美国大片《功夫熊猫》和《花木兰》的成功也提醒我们，我们需要更加注重科技创新和文化创意的结合。作为一种创新型产业，文化科技融合产业的核心动力是科技创新和文化创意。因此，我国文化科技融合产业需要利用现代科技手段来支持文化创意的实现，将丰富的中华文化资源转化为优秀的文化产品，提升中华文化的感召力和影响力。同时，我们也应该认识到，提升文化科技融合产业的发展水平不仅需要技术手段的更新和升级，还需要不断提升人才队伍的专业素质。因此，我们需要加大人才引进和培养力度，培养一批具备专业技能和创意理念的高素质人才，为文化科技融合产业的发展提供更加有力的人才支撑。

综上所述，要想在国际文化市场占据一席之位，我国就要走具有中国特色的文化科技融合产业发展之路，大力发展文化生产力，弘扬中华优秀传统文化，打造中华文化科技融合产业圈。中华优秀传统文化作为文化自信中不可或缺的重要维度，是坚定文化自信的深厚根基，也是在经济全球化条件下中华文明走向世界文明的根本立足点。

因此，我们要在传统文化中寻找一种依托，再生和壮大中华文化，并充分运用现代科技手段改造传统文化科技融合产业，以科技创新衍生新型文化科技融合产业，在传统文化中深入挖掘极具经济价值的创意资源，不断开拓创新，精心塑造民族文化品牌，发挥优势、突出特色，打造出能够享誉国内外的中华文化科技融合产业，生产极具民族特色和地域特色的文化精品，从而使中华文化在世界文化市场的激烈竞争中占据优势地位，增强中华文化的影响力，确立中华文化在国际上的独特地位。

（二）政府主导制订文化与科技融合的政策措施

我国文化科技融合发展取得了一定的成绩，但是还处于起步的阶段。在政策的制订和实施过程中需要不断地完善，营造良好的社会环境。在文化科技融合政策实施中要加大知识产权保护力度，加强知识产品立法体系建设，保护产权拥有者的合法权益，建立长效机制。建立奖励机制，对于成功申请文化科技融合产品专利的产业，要优先购买其商品，这有利于提高企业申报知识产权的积极性。加强科技创新指导，积极借鉴国外文化科技融合的先进经验，引进消化吸收后再进行创新。制订一系列的政策优惠措施，对中小企业进行政策扶持，减少其税收负担，加强对其技术的指导。加强产学研建设，形成良好的创新氛围。企业发展要以市场为导向，迎合市场需求，创造出高品质的文化科技融合产品。

五、健全文化科技融合的市场化运作

文化科技融合产业是现代社会发展中的特色产业，要让其实现高质量发展，就必须融入现代化市场中，以市场化运作模式实现发展，要有统一、开放、竞争有序的现代化市场体系，建设文化科技融合产业集群，促进各部门之间的分工协作，进而实现优势互补，在此基础上利用互联网科技培育新型文化业态，由此实现文化科技融合产业整体的转型升级。

（一）培育现代文化市场体系

现代文化市场体系由文化要素市场、文化产品与服务市场两部分构成，是两者相互作用、相互联系而成的有机整体。培育现代文化市场体系是文化体制改革的现实要求，文化科技融合产业实现高质量发展也需要健全的现代文化市场体系。

第一，培育现代文化市场体系必须坚持统一、开放、竞争有序的原则。在我国公有制为主体、多种所有制经济共同发展的基本经济制度的大框架下，建设现代文化市场体系首先要保证各大文化市场中有统一的规则，经检验合格的文化产品都能在市场中自由流通，在销售过程中遵循科学的价值规律，并在合法合规的价格区间中进行售卖。

现代文化市场体系是开放包容的，文化科技融合产业要多元化发展，提供内容优质、形式多样的文化产品，繁荣文化市场。文化科技融合产业本身就是内容型产业，因此要尤为重视知识产权方面的保护，使各位市场主体在文化市场中有序竞争。

第二，重视市场中介服务组织的作用。加强行业管理机构建设、加强行业自律、建立诚信制度、建立健全企业文化治理机制等措施，有助于提高文化消费市场的运行效率和信誉度。

行业管理机构的建设可以协调行业内各个企业和机构的协作，加强行业的管理和监管。行业自律则可以通过制定行业规范和准则，规范行业内企业的经营行为，提高整个行业的水平。建立诚信制度可以鼓励企业正确经营和诚信合作，维护市场秩序和消费者权益。而建立健全企业文化治理机制可以完善企业内部的管理机制，提高企业的创新能力和竞争力。

在金融方面，增加金融资本的投资可以为文化产业提供更多的资金支持，促进文化和科技产业的融合发展。开发文化消费信贷等金融产品可以为消费者提供便捷的融资渠道，刺激居民的文化消费需求。

培育优质人才也是非常重要的一步。通过优化培养体制、强化专业技术培训，可以提高人才的素质和能力。培养高层次的管理人才可以提升企业的领导水平，推动企业的发展。在文化科技融合产业园区进行人才培养可以提供良好的培训环境和资源支持。

另外，推进文化科技融合发展大数据平台的建设也非常重要。通过收集和分析大数据，可以深入了解不同区域的人群消费特征和需求，实现文化内容的精准投放和文化产品的精准营销。

第三，重视文化资源的保护和开发。我国文化资源十分丰富，具有文化价值和经济开发价值，因此，要建立一套完整的文化资源保护制度体系保障文化资源的可持续开发和利用。制订文化资源保护制度要注意近期目标与长远目标的结合以及制度的战略性与策略性之间的相互统一，在规划管理中保护文化资源。文化资源是文化科技融合产业实现高质量发展的重要推动力，但要充分发挥文化资源市场培育的重要作用，就要协调好文化市场中供给与需求的关系，降低供给侧和需求侧结构性矛盾出现的概率。积极利用现代科学技术，提高文化资源的研发设计能力，既要较完整地保留其文化价值，又要使文化产品的经济价值最大化。

第四，加强现代文化市场的管理。随着社会的发展和居民消费结构的变化，文化消费需求逐渐升级和增加，因此需要建立一个健康有序的文化市场。强化市场管理是确保文化市场有序运转的关键。市场在资源配置中发挥决定性作用，市场经济的自主性和盲目性会在文化产品交易中体现出来。因此，建立健全的市场法规是非常必要的，它可以规范各个文化市场主体的行为，遏制不正当竞争和不良商业行为，维护市场秩序和消费者权益。在加强市场管理的同时，应该严厉打击文化市场中的违法行为。打击盗版、侵权行为，保护知识产权是非常重要的一环。只有保护好知识产权，才能保护好文化企业和消费者的合法权益，进一步促进文化市场的繁荣发展。此外，还需要加大对文化产业的支持力度。通过提供财税、金融、人才、土地等方面的支持，推动文化产业的发展。同时，也要鼓励企业进行创新，加强技术研发和创意设计，提高文化产品的质量和竞争力。另外，要加强对文化市场的监管和评估。建立健全的监管机制，加大市场监管力度，及时发现和解决市场中的问题。同时，要加强市场评估，及时了解市场需求和发展趋势，为政策制定和决策提供科学依据。

（二）培植优势文化科技融合产业群

文化科技融合产业集群是指文化科技融合产业各行业与其他产业形成文化科技融合产业链，并建设文化科技融合产业园区的生产经营方式，这种发展模式有利于提高各行业分工合作的效率，形成优势互补的发展格局，促进文化科技融合产业高质量发展。

文化科技融合产业园区和产业集群是非常重要的发展模式。确实，建设文化科技融合产业园区有助于整合和优化地区的相关文化资源，提高产业的发展水平和效益。产业集群是指将相关企业和机构聚集在一起，通过密切的合作与协同创新，形成具有竞争力和创新能力的产业生态系统。在文化科技融合产业领域，通过打造产业集群，可以促进技术的融合与创新，提高产业的整体竞争力。园区在空间上进行选择性集中布局，企业之间可以进行资源共享、合作研发等，形成优势互补与协同效应，推动整个产业链的发展。

在培植文化科技融合产业集群时，需要充分考虑地区的优势文化资源和产业基础。通过整合各地区的相关文化资源和人才优势，优化资源配置。同时，还要推动不同产业间的协作与合作，鼓励技术的交流和创新。政府可以提供相应的政策支持，鼓励企业在产业园区内发展，为产业集群的建设提供良好的环境和条件。

现阶段，加大对文化科技融合产业集群的培育力度，是文化科技融合产业实现高质量发展的重要途径。在培育文化科技融合产业集群的过程中，要注意文化市场的有序竞争和包容开放，建设产业园区时要结合当地的特色，把本地区的特色文化融入建设过程中以及文化产品的开发设计中。在发展模式上注重多样化，将传统型文化科技融合产业集群与以市场资本投资为主的现代型文化科技融合产业集群有机结合起来，并营造出良性竞争环境，在降低成本的同时提高生产效率，使文化科技融合产业集群更加专业化。

文化科技融合产业集群对区域文化科技融合产业实现高质量发展起着强大的促进作用，又能够推动“文化＋”产业模式的发展。通过将不同类型的文化企业联合起来，实现文化资源能够高效、自由地在其他产业中流动。科学合理地利用社会主义市场经济为文化科技融合产业所带来的良好发展契机，实现文化科技融合产业的高质量发展。

（三）培育新型文化业态

互联网科技的发展确实为文化事业和文化科技融合产业的转型升级提供了重要的动力和契机。互联网科技的兴起和普及，深刻改变了人们的生产生活方式。它带来的高速网络、智能设备和便捷的应用程序等工具和平台，使得信息的传递和文化的传播变得更加迅速和广泛。人们通过互联网可以随时随地获取和交流文化内容，享受更加多样化和个性化的文化体验。

在互联网时代，传统的文化科技融合产业需要迎接新的挑战和机遇。传统文化产业可以利用互联网等科技力量，加速新型文化业态的培育和发展。通过结合互联网技术和传统文化内容，可以创造出更具创新性和吸引力的文化产品和服务。例如，通过在线音乐平台和数字阅读平台，人们可以更方便地享受音乐和阅读。

同时，互联网科技的发展也为文化事业和文化科技融合产业的转型升级提供了新的发展契机。传统文化产业可以利用互联网和大数据等技术手段，深入了解人民的消费需求和喜好，提供更符合人民期待的文化产品和服务。通过与互联网企业合作，传统文化产业可以拓展新的营销渠道和商业模式，实现产业的转型升级和可持续发展。

1. 坚持以科技创新为动力

一方面是在传统文化科技融合产业的基础上进行“双创”，即创造性转换和创新性发展；另一方面是利用科学技术创造出原本没有的文化新业态，而这两个方面都必须根植于我国的优秀传统文化。我国优秀传统文化为文化科技融合产业的发展带来了深厚的文化滋养，在当前我国文化的发展正与传统文化相交融，可以看到中国传统文化正在借助现代科技走入大众的视野，如《洛神赋》《乐天舞》《唐宫夜宴》等文艺精品节目，传统文化与舞蹈的结合让全国观众对传统文化耳目一新，自觉改变了以往对传统文化枯燥乏味的印象。

由此可见，“科技+文化”是文化科技融合产业发展的一把利剑，正是科技让传统文化“活”过来，不仅有效传承了中华优秀传统文化，也促进了文创产业的发展，文创产业不再把发展目光聚焦在引进外国文化，如建设迪士尼主题公园，而是将目光转移到本土文化中，给部分传统文化科技融合产业带来新的发展机会。所以，文化科技融合产业高质量发展与科技的助推作用是分不开的，必须加大科技投入，提升文化科技融合产业创新能力，实现科技与文化科技融合产业的联动发展。

2. 强化文化市场内生动力

文化科技融合发展的特点之一是具有较强的渗透性，它与其他产业的关联紧密，能够通过与其他产业的融合，推动文化产业自身的发展，同时也能促进其他产业的发展。文化产品作为民族和国家的文化思想和意识形态的载体，对人们的生产生活有着潜移默化的影响。文化科技融合的高质量发展可以借助与其他产业之间的天然耦合关系，更新文化业态，使文化产业更加适应市场需求和时代发展。

随着改革开放的深入推进，我国居民生活水平不断提高，人们对文化产品的选择更加注重内容。然而，现代市场中各类商品琳琅满目，但同质化、低俗化的文化产品比比皆是，无法满足人民当前的文化消费需求。因此，制造高质量的文化精品成为建设新型文化业态的一种思路。通过打造以市场内生动力为主的产业间融合的方式，可以培育新型文化业态，推动文化产业的发展。

3. 创新文化企业改革的体制机制

在推动文化科技融合产业实现高质量发展的过程中，需要建立一个良好的文化生态。

首先，营造良好的文化生态需要与社会主义市场经济体制相适应，发挥市场在文化科技融合产业发展中的决定性作用。市场经济的特点是资源的有效配置和自主性，通过市场机制可以更好地调动各方面的积极性，推动文化科技融合产业的发展。因此，政府应加强市场监管，建立健全市场法规，保护知识产权，规范市场秩序，鼓励企业进行创新，提高文化产品的质量和竞争力。

其次，为了促进新兴文化科技融合产业的发展，需要有充足的资金支持。政府可以在财政投入上适度倾斜，为新兴文化科技融合产业提供资金支持。同时，还可以制定相关政策，鼓励民间资本和社会资本的参与，创设多元化的投资和融资模式。另外，还可以建立健全投融资管理机制，确保投资和融资的透明度和规范性，提供更好的融资服务和支持。

（四）积极培育有中国特色的文化科技融合产业

借鉴日本的动漫产业模式，日本文化科技融合产业主要以动漫产业为主，动漫产业的发展为其带来了巨大的经济效益。中国在发展文化科技融合产业的过程中，要充分利用中国文化，提高其科技转化率。数字版动态《清明上河图》就是成功案例，该图是上海世博会中国馆最引人注目的“镇馆之宝”，长 128 米，高 6.5 米，屏幕面积为 832 平方米，以北宋画家张择端版的《清明上河图》为蓝本，利用多媒体技术、三维动画技术等高科技手段，使距今 800 年的北宋汴梁繁华的城市生活场景栩栩如生地展现在现代观众面前。高科技手段让中国的千年古画得以“复活”。该产品制造公司水晶石科技宣传了文物数字化与现代化展览的概念，推动了整个数字视觉产业的发展，也向世界传播了独特的中华文化；同时提升了中国文化创意企业的知名度，获得了良好的经济效益和社会效益。民族的才是世界的，我们要积极拓展有自己特色的文化科技融合产业。

六、有针对性地进行多渠道文化输出

中国文化源远流长，这也造就了很多具有中国特色的文化，如影响国人思想的儒家文化，令他国惊叹的中国汉字，以唐装、汉服、旗袍等为代表的中国服饰，具有传统纪念意义的春节等节日，以饺子为代表的中国美食，以及剪纸、中国节、陶瓷等手工艺品等。我国应该合理利用这些相对他国具有优势之处，根据中国文化特点有针对性地进行文化输出。首先针对可视化的文化出口产品在制作时尽量融入中国的传统风俗等，使其外观易于区别于他国的产品，具有一定的视觉冲击力，更容易被记住。其次对于无形的文化传播，更多地需要借助媒介的力量。例如，汉字等可以被学习的技能可以通过电视综艺节目、影视剧作、网络教程等方式向国外进行宣传。此外，对于中国思想文化的对外输出要有地区的针对性，世界很多国家起初受到的文化熏陶不同，韩国、日本等一些国家与中国的思想文化相近，中国应该更注重向这些与我国思想文化相近的地域进行文化输出。除了通过媒体的方式进行文化输出，政府也应给予相应的支持，根据文化科技融合产业的走向制订相应的法律法规以促进文化科技融合产业的发展；为中国文化产品的出口编织国外发展网络，与国外机构、企业等合作，加强国际交流。同时还要借助社会公众的力量，针对现下流行的文化举办相关的文化活动，通过活动加强人际的交流，促进中国礼仪文化的传播，借助社会公众之间的交流促进文化的传播与输出。

七、提高文化科技融合国际影响力

文化和科技确实是相互依存、相互融合的。在现代社会和现代文明中，文化的传承与传播需要借助高科技手段，而技术的发展也需要文化内容的支撑。

在文化传承与传播方面，高新技术手段为文化内容的创新提供了广阔的空间和可能性。通过科技手段如互联网、智能设备、虚拟现实等，人们可以更方便地获取与传播文化内容，实现文化的广泛传播和多元化呈现。同时，科技也可以促进文化的保存和保护，例如利用数字化技术能够将文化遗产进行数字化存档，避免遗失和损坏。

另外，科技的发展也需要文化内容的支撑。文化内容作为科技发展的源泉和动力，为科技的创新提供了关键的思想和灵感。科技创新常常是基于对社会需求的认知和对人们生活方式的观察，这种需求和观察受文化影响很大。同时，对于技术产品的设计和开发，文化因素也会对用户体验和市场接受度产生影响。

北京奥运会开幕式运用高科技的手段向世界展示了中国元素，是传统文化与现代科技的完美结合，让全世界领略了中国丰富的传统文化。传统文化与现代科技融合之后，能够更加彰显其独特的艺术魅力。日本的动漫产业就在文化科技融合产业中独树一帜，对日本经济的发展有着重要的推动作用。我们要积极研发中国所特有的产品，扩大世界影响力，提高知名度。积极探索文化科技融合“走出去”的新路径、新方法，提高文化的国际影响力。在满足国内文化消费需求的同时，积极开拓海外市场，寻求更大的商机，获得更大的利润。同时向海外大力宣传中国文化，提高中国文化国际竞争力，将我国建成具有世界影响力的文化产品原创中心。

八、提高文化科技融合产业对外开放水平

经济逆全球化浪潮已然来袭，国际政治经济格局进入深刻调整期。为适应新的国际形势，我国适时提出加快构建以国内大循环为主体、国内国际双循环相互促进的新发展格局。文化科技融合发展是经济发展的新动力，文化产品是人们生产生活的必需品，只有文化科技融合实现高质量发展，才能够对更加优质的文化产品和服务进行创造。所以，文化科技融合发展也要适应经济领域的发展战略，探寻高质量、高效率发展路径，构建文化科技融合新发展格局，实现高质量发展。

人类文化发展史启示我们，开放包容是文化经久不衰的秘诀，越是兼收并蓄，越能够繁荣发展，而因循守旧、故步自封只能让文化走向衰败。

让亿万中华儿女倍感自豪的中华文化之所以可以经久不衰、繁荣发展，靠的就是其与生俱来的海纳百川、博采众长的优点。中华文化自古以来都秉承包容开放的心态向前发展，并走向世界。唐朝在我国历史上是一个开放度极高的朝代，从对外邦、外来文化的态度以及穿着服饰方面就能够明显感受到这一特点。例如，就对待外来文化方面来看，主动引入佛教文化，并使其在我国扎根，佛教文化至今还在一定程度上影响着我国人民。这体现出中华文化对异质文化的博大胸怀。受这样的治国理念的影响，不难创建出“大唐盛世”。与此形成鲜明对比的是，我国在晚清时期闭关锁国的治国方略，使中华文化万劫不复，走向沉寂与灰暗的深渊。直到出现了中国共产党人，才给奄奄一息的中华文化带来了生机，全体中华儿女紧跟中国共产党的步伐，经过不懈奋斗使中华文化逐渐恢复至往日的荣光。中华文化向来都是开放包容的，在新的发展阶段依旧展示着这一特点。所以，我们不仅要推动中华文化走出去，还要引进外来优质文化，保持中华文化生生不息的姿态。

积极开展对外文化交流对于促进文化繁荣发展具有重要意义。首先，开展对外文化交流可以增强文化自信。通过与其他国家和地区的文化交流，我们可以更好地了解自己的文化特色和优势，提升对中华文化的自信。同时，也能够借鉴其他国家和地区的文化成果和经验，进一步推动文化创新与发展。其次，对外文化交流有助于增进文化自觉。通过与不同文化背景的人进行交流和对话，我们能够

更加全面地认识到本民族的文化特点和价值观念，并在交流中更好地理解和尊重其他文化，培养包容和开放的文化素养。再次，对外文化交流能够吸纳百家所长、汇集八方精义。通过与其他国家和地区的文化交流，我们有机会接触和学习其他文化的优秀传统和创新成果，扩大我们的视野，从而为中华文化的传承和创新提供丰富的资源和启示。最后，对外文化交流使我们能够紧跟世界发展进步的潮流。在经济全球化背景下，文化交流将变得更加广泛和深入，通过与世界各地文化的互动，我们能够更好地适应时代的变化和发展趋势，推动中华文化与世界各国文化共同繁荣。

世界文化之所以可以彼此交流和交融发展，原因在于每个国家或民族的文化都具有鲜明的特色，一种文化的产生都是基于一定的民族发展史，不同民族的文化必然会展示不同的文化特质和价值。所以，在推进文化对外开放交流的过程中，在传播中华文化和学习外来文化时，要避免出现本末倒置的情况，必须坚持以中华文化为主，而让外来文化起锦上添花的作用。按照我国文化发展的实际情况，保留外来文化中可以促进我国社会主义文化建设的内容，并促进其不断地本土化、中国化，要以我国人民的文化需要为落脚点，营造健康繁荣的文化氛围。

九、积极拓展国际文化市场

西方发达国家在文化产业方面起步较早，技术水平和创新能力相对较高，这使得它们在文化科技融合产业中具备竞争优势，是文化科技融合产业国际市场的主要参与者。文化在世界范围内的传播和交流与各国间的经济联系有所不同，两者之间具有本质上的区别。文化科技融合发展承载着一个国家的政治和文化思想，文化产品包含着一定的意识形态，在国际市场流通时容易受到其他国家的抵制。所以，开拓文化科技融合发展的国际市场会遇到种种障碍，可以通过以下措施来有效减小阻力。

（一）加强各国之间的合作与竞争

在经济发展领域，合作与竞争看似矛盾，实则两者之间的关系是相互影响和相互作用的。经济全球化背景下，世界各国在发展时都不能独善其身，必须参与到其中，由此形成一个紧密联系的全球产业链。国际分工在一定程度上对世界各国之间的联系起到了促进作用，在经济的合作竞争中出现了国际性组织，主要是跨国公司。要拓展国外文化市场，跨国文化企业和组织的参与至关重要。通过跨国文化企业和组织的参与，我们可以在国际文化市场中争取到更加优质的文化资源，从而提高产品和服务的品质。参与国际文化贸易不仅可以获得优质的文化资源，还可以利用国际分工和协作降低生产成本。通过与其他国家的企业和组织合作，我们可以共享资源、技术和市场，实现规模经济和规模效益。这样可以扩大企业的规模，提高生产效率，降低成本，进一步在国际市场中掌握发展的主动权。此外，跨国文化企业和组织的参与还可以促进文化产业的国际化发展。通过与国外企业和组织的合作，我们可以学习和吸收国际先进的管理经验和创新理念，提高自身的竞争力和创新能力。同时，跨国文化企业和组织的参与也可以促进文化产业的国际交流与合作，推动文化产业可持续发展。

（二）提高文化产品质量，打造本国文化品牌

在国际文化市场中，我国的文化产品要想占得一席之地，不仅要提升文化产品的价值内涵，更要打造具有中国特色的高端文化品牌，并把这类高端文化品牌积极地向国际文化市场进行推广。在现代市场经济体系的影响下，产品的商标和品牌具有十分重要的作用，这种效应也体现在文化消费中。文化品牌就是文化产品的名片，为人们了解该文化产品提供了一种途径。优质的文化品牌可以有效地激发人们的消费欲望，从某种意义上说其实就是品牌消费。所以，开拓国际市场，既要提升文化产品的质量，也要重视培育文化品牌。

（三）立足本土文化，吸纳国际文化

纵观各国文化科技融合产业的发展经验，可以看到文化科技融合高质量发展既不能脱离本民族的特色文化，也不能夜郎自大、故步自封，完全拒绝接受任何外来文化。当前我国文化科技融合发展正走向世界，正是因为文化产品中蕴含了丰富的中华文化，在国际文化市场中成为一道亮丽的风景线，展现了我国文化产品的特色之处，也因此赢得了国外消费者的青睐。例如，走红的 2022 年北京冬奥会吉祥物“冰墩墩”，其以大熊猫形象为设计灵感，融入奥运五环的色彩，加上冰晶的外壳，整体上呈现出可爱的造型。事实上，“冰墩墩”这一文化产品就体现了民族化和国际化的结合，这样的开发模式和设计灵感为其他文化产品的开发提供了范式。所以，开拓国际文化市场，就要推动我国文化科技融合产业与国际接轨，依靠中华文化特色吸引外国消费者。

另外，开拓国际文化市场需要强化我国文化科技融合发展的科技创新动力。当前世界经济的发展主要依靠科技力量，因此，文化科技融合发展的经济科技创新对于提升我国在国际文化市场中的竞争力至关重要。文化科技融合发展是指将

文化产业与科技产业相结合，通过创新技术和数字化手段，推动文化产业的转型升级。其中，互联网科技的发展在文化科技融合中起着重要的推动作用。通过打造数字文化科技融合产业，我们可以提高文化产业的生产力和创新能力，进而提升在国际文化市场中的竞争力。在推动文化科技融合发展的过程中，科技创新是关键。通过加强科技创新，我们可以开发出更具竞争力的文化科技产品和服务，满足国际市场的需求。同时，科技创新还可以提高文化产业的生产效率和创新能力，推动文化产业的可持续发展。

十、促进文化科技融合产业国内国际双循环

国内国际新发展格局要求坚持以国内大循环为主体，遵循创新发展、协调发展、绿色发展、开放发展、共享发展的新发展理念。构建文化科技融合新发展格局，要基于供给侧结构性改革的深化，协调好供需双方的矛盾，维持国际国内两个市场间的动态平衡，为文化科技融合的高质量发展提供良好的市场条件。

如今，我国经济以高质量发展为方向，互联网科技和数字技术蓬勃发展，经济发展出现了新的模式。投资已经不再是经济增长的主要动力，消费作为新一代的经济增长动力，在文化科技融合产业双循环新格局的构建中具有十分重要的作用。扩大文化消费市场，就是要提高人们的文化消费力量。深化供给侧结构性改革是从供给源头上对文化产品的质量问题加以解决，而在需求侧，国内要以提高居民可支配收入和提升居民文化素质为重要策略，培养居民的文化消费热情和能力；国外则是从传播中华文化入手，增进外国居民对我国文化的了解，增强他们对我国文化产品的认同。近几年，随着文化科技融合产业的迅猛发展，我国经济增长率大幅提升，不仅体现了我国庞大的文化消费力，而且也能彰显我国文化软实力的水平。

文化科技融合产业是一个伴随经济全球化不断发展的产业，从生产到消费的所有环节都是在国际分工中完成的，特别是在文化消费方面，其影响遍及全世界，如日本动漫文化科技融合产业、美国的好莱坞电影以及韩国的电视剧等。文化产品代表着一个国家的文化，一国居民在使用其他国家的文化产品时总会被其暗含的文化所影响。构建文化科技融合新发展格局，既要立足国内市场，坚定文化自信，加快建立现代文化科技融合产业体系，又要积极参与国际文化贸易，扩大中华文化在国际社会的影响力，提高我国文化产品的竞争力。

在新的国际政治经济发展形势下，我国文化科技融合发展确实面临着挑战和

阻碍。为了应对这些挑战，我国始终强调要坚持多边贸易，通过与世界各国的友好合作来推动文化科技融合发展。构建双循环新发展格局确实是我国文化科技融合发展的有效路径。国内市场和国际市场是一个有机统一体，两者不能孤立发展。我们需要在国内市场的基础上，通过积极拓展国际文化消费市场，吸纳人类一切文明成果，让我国的文化产品和服务受到世界各族人民的喜爱。同时，我们也要在国际市场中传播好中国声音，讲好中国故事，提升我国文化科技融合发展在国际市场中的竞争力。推动中华文化“走出去”与“引进来”并行，是实现我国文化科技融合发展的重要策略。通过与世界各国的交流与合作，我们可以在相互合作中实现共赢，提升我国文化科技融合发展的水平和质量。这不仅有助于实现“中国梦”，也有助于推动世界文化科技的繁荣与发展。

第七章　新时代文化科技融合发展的路径

文化科技融合发展是全球文明交流互鉴的必然要求，加快提升两者的融合效率和融合层次正是高质量发展的大趋势。新时代对文化科技融合提出了新的要求，积极探索其融合创新的实现路径具有重要意义。切实提升文化科技融合创新的水平，扩大文化科技融合的影响力，有利于实现经济社会动能转型，推动进一步开放发展，开创国际合作的新途径。本章则围绕新时代文化科技融合的实现路径、新时代文化科技创新的实现路径展开研究。

第一节　新时代文化科技融合的实现路径

一、充分发挥文化科技融合发展各主体的作用

（一）建立完善有效的政府宏观调控体系

当前我国正处于社会主义市场经济初级阶段，在市场机制尚不完善的条件下，需要政府这只“有形之手”积极转变工作职能，妥善处理政府与社会、政府与市场的关系，以此促进文化科技融合发展。

政府应注意加大文化科技型企业的引培力度，发挥龙头企业的领军作用，进而有效实现对文化科技融合产业的宏观调控。

首先，引培文化科技型企业，主要包括：一方面，要鼓励文化企业融合高新技术。高新科技会增加文化企业的附加值，企业的文化服务和文化产品的市价将会随之大幅度提高，例如，通过运用通信技术、互联网等，就会增强文化的传播力，提高产品的附加值。另一方面，对企业进行个性化服务。根据企业发展的不同阶段，围绕旅游、科技、互联网、自贸试验区、金融等重点领域，支持重点文化科技企业进行兼并重组，积极培育企业发展为规上限上企业，鼓励企业上市。大力培育省、市两级成长型文化科技企业，力争在文化科技产业领域培育出一批

竞争力强、带动作用明显、在全省乃至全国具有一定影响力的行业示范企业。

其次，发挥龙头企业的领军作用，提升产业集聚水平。在实践中，要注意加强行业资源整合，加快文化与科技企业并购重组，从而不断提升产业集聚水平。

一方面，加快培育大企业、龙头企业，壮大产业基础。中小型文化与科技企业要不断加强与高校的合作，打造校企产学研文化科技融合产业链，充分利用政府给予的扶持政策，拓宽融资渠道，做大做强，通过兼并重组优化资金、技术、人才等生产要素配置，加强企业内部人才培养及海内外人才吸引，形成极具竞争力的大企业、龙头企业。

另一方面，充分发挥文化与科技龙头企业的行业领军作用。要加快形成文化与科技产业集群，利用龙头企业的优势，发展特色产业集群，形成龙头企业—产业链—产业集群—产业集聚的新格局，带动文化与科技产业转型升级。尤其是对于部分文化科技融合发展缓慢的区域，龙头企业要充分抓住机遇，加快文化与科技产品输入，率先抢占市场高地，通过龙头企业的资金、技术、人才优势，整合当地特色文化品牌，培育新型文化业态。

（二）增强行业协会的桥梁纽带功能

行业协会是政府与企业之间沟通联系的桥梁与纽带，发挥着协调政企关系、维护市场秩序、推动行业发展等特殊的功能作用。在良好的政策环境下，行业协会必须充分发挥自身的特殊功能，做好引领文化科技融合发展的中介服务平台。

第一，发挥中介作用，积极参与公共政策的制定。由于政策的制定往往滞后于产业的发展，政府制定的政策法规有时难以有效地解决文化与科技企业融合发展所面临的诸多难题。因此，需要行业协会充分发挥中介作用，积极参与公共政策的制定。中介组织不仅要加强行业规范和标准建设，还要对本行业内的产品及服务质量、经营状况等进行严格监督；同时，应积极参与公共政策制定过程，并在企业间进行宣传推广。

第二，整合信息资源，促进行业信息共享。行业协会应充分扮演好信息集聚平台的特殊角色，做好业内市场信息的收集和整理工作，将日常收集的相关信息以“温馨提示”、产业动态信息简报、工作简报的形式向行业内相关企业定期传达，或者以动态新闻的形式发布在行业网站上，从而为文化科技融合发展提供丰富的信息资源。

（三）提升文化科技企业的融合水平

尽管政府的扶持政策可以加速文化产业的发展，但是文化产业链的最终形成取决于发挥主体作用的企业。在文化与科技融合过程中，企业可以从以下两方面着手推动文化科技企业融合水平的提升。

一方面，要注意加强培养自觉性融合意识，打造文化与科技融合品牌项目。企业家作为一家企业的带头人，其自身的能力直接影响了企业的能力。作为一个企业家，需要时时刻刻把握时局动态，在众多培训和学习中，不断拓宽自己的视野；找准潜在客户的实际需求，结合企业实际快速捕捉市场信息，从而推动文化与科技融合水平的提升。文化企业与科技企业可以建立战略联盟，在优化本地历史文化资源的基础上打造文化科技品牌项目，在生产中注入知识创新和科技进步的成果，从而以文化与科技融合推进行业的可持续发展。

另一方面，要注意加快文化与科技融合的人才集聚，不断提高融合发展能力。在文化与科技的融合过程中，人才占据着关键地位。企业既可以通过人才培养或联合攻关、协同创新实现产学研一体化，也可以与北京、上海、深圳等文化与科技融合先进城市的优秀企业合作，根据企业自身实际培训特定的文化与科技融合人才。一方面可以和当地的文化创意团体进行交流和沟通，开发融合发展的新模式。另一方面，要借助政府的人才引进机制，不断挖掘新的高精尖人才补充企业人才库。此外，企业内部要建立明确的培训制度，可以尝试建立“师徒式”人才提升工程，为文化与科技融合提供源源不断的智力保障。

二、建立健全文化科技融合发展运行机制

（一）建立健全文化科技融合发展主体统筹协调机制

在推动文化科技融合发展的过程中，各类主体的协调参与显得尤为重要，提高文化科技融合发展能力的一个有效途径就是组建政产学研战略联盟。以政府牵头主导，将行业协会、企业等有效组织起来共同建立文化科技融合发展体系，在联盟内实现资源共享，通过联盟将文化内涵与技术创新联系起来，将市场需求和科技需求对接起来。

支持联盟进行文化科技融合发展项目攻关，研究制约产业发展的共性关键瓶颈技术，制订技术标准，提高整个产业的技术和装备水平，同时鼓励联盟内优势企业与中小企业结对进行一加一帮扶，带动中小企业发展，进一步落实创

新驱动发展战略。

（二）建立健全文化科技融合创新人才引进与激励机制

在文化科技融合发展过程中，高素质人才对于融合创新活动的开展是不可或缺的，要想更好地实现文化科技融合，需要建立健全文化科技融合创新人才引进与激励机制，具体包括以下几方面。

一是拓宽文化科技人才培养的渠道，坚持引进优秀人才和培养本土人才相结合。政府应该给予政策优惠，创造适合创意阶层发展的生活环境，吸引优秀文化科技人才来本地创业、发展。在本土人才培养上，政府应推进高校教育改革，增设文化科技产业相关专业，形成具有文化艺术类、科学技术类和经营管理类学科特点的交叉性学科；在课程设计方面应注重培养学生的创新思维，引导学生“动脑思考＋动手操作”，提高其发现问题、解决问题的能力；此外，应加强高校与科研院所、企业、园区的交流合作，为学生提供实习训练基地，真正将人才培养与实际需求相结合，培育一批面向市场需求的复合型人才。

二是创新文化科技人才的管理机制，加强和文化科技行业协会的合作，改革文化科技人才职业资格认证、培训、薪酬管理体系，充分发挥市场在人才资源配置中的决定性作用，完善创意设计、数字出版、数字传媒和动漫游戏等行业的领军人员、制作人员、运营人员、中介服务人员、从业人员的分类管理，实现人力资源的最大化利用。

三是建立文化科技人才的激励机制，研究制订文化科技人才考核标准，规范文化科技人才评估制度，为文化科技人才的引进、培养、评价和流动提供指导。针对不同类别的人才制定不同的激励措施，通过设立文化科技发展基金、提供交流培训深造机会、登刊表扬等形式对对文化科技产业发展有重大贡献的人员进行物质奖励和精神奖励，鼓励文化科技人才创新发展。

（三）建立健全文化科技融合创新成果转化机制

从长远来看，文化科技融合发展需要构建一个突破区域限制的多层次的文化科技成果转化服务体系，以有效整合和优化配置各类资源，解决文化科技系统内的信息支持、技术创新、中介服务、知识产权等方面的问题，从而有效提升文化科技成果转化能力。

1. 构建文化科技融合技术创新体系

技术是企业创新的核心资源。文化科技融合发展离不开高新技术的开发与应用，要加大对创新平台和孵化器的支持力度，加强文化科技领域重点实验室、工程技术研究中心、企业技术中心、创新基地、高校、科研院所等基础创新平台的建设和整合，推动技术创新主体间进行合作，围绕文化科技前沿性问题，开展文化科技创作、生产、管理、传播等共性关键技术的研究，提高文化科技融合自主创新能力。

2. 建立成果展示与交易平台

根据文化科技成果转化与推广的法律和政策，建立良好的市场交易规则，探索无形资产评估、质押、登记、托管、流转和变现的管理办法，建立文化科技成果推广平台，举办大型文化科技展会和博览会，对工业设计大赛、手机动漫节和文化创意设计大赛等展会进行支持补贴，为文化科技产品的发布和产权交易提供便捷高效的渠道。充分发挥本地区文化艺术品产权交易所的功能，大力发展文化科技市场经济，拓展文化科技融合创新贸易的空间和渠道。

3. 健全文化科技融合创新中介服务体系

建立服务标准化体系和诚信体系，强化文化科技中介服务机构规范管理，提升中介服务机构的专业水平，建设一批面向文化科技融合发展需要的文化科技咨询、技术评估、投资融资、成果转化、交易展示的文化科技中介服务平台，实现资本、人才、技术等要素的优化配置。

三、完善文化科技融合发展的保障体系

制度和政策的完善与创新是文化科技融合发展体系的有力支撑。政府在文化科技融合发展体系中，起着引导、规范和协调的作用。

（一）完善我国文化科技融合法律制度

1. 出台促进文化科技融合的基本法

根据中国共产党第十九次全国代表大会的精神，2019 年 8 月，科技部、财政部等六部联合出台《关于促进文化和科技深度融合的指导意见》，旨在推动我国文化科技深度融合发展及规范文化科技融合的法律制度。现阶段文化科技融合法律制度的发展主要依靠党出台的文化科技融合方面的政策，因此推动文化科技融合发展的首要步骤是将其政策通过法定程序逐步上升为法律法规，推动文化科技融合的立法体系进一步完善，以推动我国社会主义法治国家和文化强国的建设。文化科技融合作为国家战略层面的规划，其对应的推动文化科技融合发展的重要政策措施必须上升到法律的高度，因此，需要强化法制保障、扩大文化科技立法

的涵盖面及提高规范性文件的效率等级，从而建立健全完善的文化科技融合法制体系，同时，也确保我国文化科技深度融合能够持久稳定地健康发展。

尽快出台促进文化科技融合的基本法——《中华人民共和国文化产业促进法》，可以借鉴发达国家可取的法律法规，并对我国现有的法律法规、部门规章和有关的规范性文件进行梳理，找到立法盲区并分阶段、分时间制订相应的法律法规。可以通过全国人大出台促进文化科技融合的基本法，对文化科技融合的概念、性质、法律地位及法律责任等基本问题加以明确，以此来提高立法位阶和提升文化科技融合的法律保障力度。总而言之，各地方应当结合本地区传统文化或民族文化的特点，出台有利于促进地方文化科技融合的法律法规，推动地方文化科技融合产业持续发展。

“法律既是政府治理的基本理据，亦是形塑新兴产业的有效工具”。① 为了使我国文化科技融合得到持续健康的发展，必须推动文化科技融合法治环境进一步健全和完善。因此，需要及时调整和修订已有的法律法规，对具体标准进行针对性的细化，并制订实施细则，以适应文化科技融合未来的发展趋势。总之，加快推动文化科技融合的法治建设已经刻不容缓。如今，我国关于文化科技融合的本质、文化科技融合新业态的范围等还在进一步的商榷中，此外，我国的文化产业是否作为独立的产业部门也尚未得到相关法律的认可。

因此，应该加快出台促进文化科技融合的基本法。对于制订文化科技融合的基本法，可以借鉴发达国家的法律制度，有效规范文化科技融合的基本法律范畴，深入推进文化科技融合的立法步伐。

2. 完善文化科技融合的知识产权法律保护体系

随着文化科技融合的不断发展，在知识产权制度中，我国一方面根据本国实际情况制订与知识产权有关的法律法规，另一方面积极参与国际上颁布的与知识产权相关的国际公约和国际条约，现已形成一套较为完备的知识产权法律保护体系。但是随着文化科技融合的发展，知识产权弊端日益显现，为了适应现阶段的发展水平，需要重视知识产权立法在文化科技融合背景下的修改与保护。关于我国的文化科技融合，不仅需要意识到国际接轨的重要性，还应当强调必须结合我国的实际情况和文化背景。只有既注重保护权利人的合法权益，又能利用中国优秀的传统文化和民族精神，才能使文化科技融合制度充满生命力，从而促进我国文化科技产业的快速发展。同时，还能对优秀的传统文化形成反作用，使其国际

① 肖金明．文化法的定位、原则与体系[J]．法学论坛，2012，27（1）：26-35．

地位进一步提高，从而更好地为国内所用。

此外，随着文化科技融合的发展，新的与知识产权有关的问题也不断涌现，人工智能和虚拟社区等新生事物的保护，可以说，这是文化科技融合发展的必经阶段。因此，我们应该针对已出现的问题加强立法保护，以确保文化科技融合的健康发展。

关于针对文化创意性产品的知识产权纠纷案件，在文化创意性产业已渐成规模并亟待明确相关主体行为边界的当下，应当及时加强对创意性文化产品的知识产权保护，明确增加创意性文化产品是否属于作品等的法律条款，从而完善文化科技融合的知识产权法律保护体系。此外，有五个行政执法部门针对专利、商标、版权等方面的问题等进行行政管理。但是现行促进文化科技融合发展的各个部门仍然存在权责不一致、相互推诿、责任界限不明晰等问题。因此，知识产权行政管理机构应当实行“单一窗口”的模式。首先，对文化科技融合发展中的知识产权进行有计划有针对性的管理；其次，在提高行政管理的效率和水平的同时，加大对知识产权侵权的事前保护和对违法行为的发现和处罚力度，这样会使知识产权战略得到充分的实施；最后，结合知识产权保护对象的特点，有针对性地转变角色，实现由行政保护向司法保护的转变，做到行政与司法共同发挥作用，最终实现司法保护成为知识产权案件保护的中心。

具体来讲，完善文化科技融合的知识产权法律保护体系主要包括以下两方面。

（1）健全知识产权法律保护体系

文化科技融合创新成果在经济领域，绝大多数最终都要表现为知识产权，因此知识产权是文化科技融合的初始动力和立足点。目前，我国文化科技方面的法律滞后于经济社会发展，《中华人民共和国广告法》《中华人民共和国非物质文化遗产保护法》《中华人民共和国促进科技成果转化法》等法律尚未整合衔接，文化与科技泾渭分明。《中华人民共和国著作权法》《中华人民共和国专利法》《中华人民共和国商标法》等知识产权法律没有跟上文化科技融合发展的步伐。网络技术、虚拟现实技术的广泛应用，一方面极大地拓宽了文化科技产品的展示和传播渠道，另一方面打破了知识产权的地域性和时效性，提高了责任认定困难程度，对侵权行为的监管提出了挑战。因此，整合现有文化科技法律、填补知识产权空白是建立健全文化科技融合法律保障体系的当务之急。此外，应该在国家知识产权法律的指导思想和基本原则下，加快知识产权的地方立法，合理界定侵权行为、侵权责任和赔偿标准，为文化科技融合发展保驾护航。

（2）加大知识产权执法力度

整合执法资源，加强知识产权局、工商局、新闻出版广电局、科技厅等相关部门的交流与合作，依法严厉打击各类侵权盗版行为。建立知识产权法庭，探索知识产权民事、刑事及行政“三审合一”，加大侵权纠纷调处和刑事犯罪案件审判力度，改变传统“事后救济”模式，提高执法效能。建立健全文化科技领域的知识产权风险评估和预警机制，发布国内外知识产权领域的最新动态，指导文化科技企业积极应对知识产权纠纷，有效规避风险。培育社会公众的知识产权保护意识，加强宣传教育，邀请社会公众参与知识产权案件庭审，开展相关座谈会进行研讨交流，在全社会营造“尊重知识、崇尚创新、诚信守法”的良好氛围，促使消费者抵制盗版市场，强化文化科技企业的自我保护意识，使其及时主动申请版权登记保护，切实保护自身合法权益。加强知识产权信用监管体系建设，将知识产权侵权案件信息录入公共信用信息系统，并对知识产权侵权案件予以公布，充分发挥社会组织对文化科技产业的监管和宣传作用。

3. 协调文化科技融合的执法管理机制

随着文化与科技的融合，现行文化科技融合的执法管理机制已经不能满足需求，机制的不完善使得文化与科技在融合过程中面临着巨大的困难。完善文化科技融合的执法管理机制，提高文化资源与科技资源的利用效率以及文化与科技的融合度是亟须解决的重点问题。从政府主导、参与度不强、专门行政部门缺失、数据标准体系尚未建立、调研阶段形同虚设等问题出发，提出意见与建议对推动文化与科技的融合有着重要的意义和作用。

首先，加强政府主导，正确执行中央的政策、方针。文化科技融合的发展离不开中央政策、方针的准确执行。只有在中央的宏观政策、指导方针的引领下，地方政府、行政部门、企业才能各司其职，协同发展。例如，在中央层面上建立宏观执法调控机制，即建立跨部门议事协调机制、提供高质量的智库支撑以及建立对外开放的合作机制。在文化与科技的融合过程中，由于涉及文化、科技两个不同的部门，因此建立跨部门议事协调机制是有必要的。

其次，推动数据标准体系的建立，为文化科技融合提供重要的支持平台。通过大数据优势的有效发挥，实现数据标准体系的建立健全不仅有利于合理分配文化与科技方面的相关资源，更有利于准确评判各个地方文化科技融合方面的实际情况，对优秀案例进行有效筛选、存储，为文化科技融合提供模板。此外，数据标准体系还有助于建立决策咨询机制，为中央、地方政府、企业及时了解文化科技融合现状和发展趋势提供基础支持，以便做出正确决策。数据及时的汇总可以为中央和地方政府、企业提供有关文化科技融合发展的数据支持，从而为决策者提供决策参考，推动文化科技融合的发展。

最后，对调研阶段的实施进行严格规范，使调研的“预防”功能得以充分发挥。在当前的职能转变与行政改革进程中，实现从“服从为主”向“服务为主”的转型成了首要目标。中央政策、方针的实施不仅仅是简单的“服从”，而应该从实际出发，充分考虑地方群众的需求和利益。调研阶段的严格实施可以帮助政府对该地区文化科技融合的可行性进行准确把握，了解民意，从而为文化与科技的融合发展奠定良好的基础。通过调研，政府可以了解当地的文化、科技资源状况，了解当地群众对文化科技融合的需求和期望，从而制定出符合实际情况的政策和措施。此外，调研还可以为政府提供科学、客观的决策依据，帮助政府更好地规划未来的发展方向，促进文化科技融合的可持续发展。

4. 建立健全文化科技融合的投融资法治环境

促进文化资源、科技资源和金融资源有效衔接需要一个能够有效合理配置资源的投融资机制。因此建立健全文化科技融合投融资机制主要包括以下几个方面。

（1）加大文化科技融合的资金扶持力度

加大财政对文化科技融合的支持力度是一种重要的策略，因为政府资本的投入对于推动文化科技融合的融投资具有重要的作用。为了更好地发挥财政资金的作用，需要采取以下措施。首先，推动文化科技融合专项资金的设立，用于支持文化科技融合项目的发展。这些资金可以用于支持文化科技融合的基础研究、技术研发、产业孵化等方面的工作，为推动文化科技融合提供强有力的资金支持。其次，积极鼓励私人资本和外国资本投资，使其进入文化科技融合领域。这些资本可以为文化科技融合提供更多的资金支持，促进文化科技融合的快速发展。再次，推动政府投资方式进一步改善，以便更好地发挥财政资金的作用。可以采取基金、债券、贷款等方式，为文化科技融合提供多样化的融资渠道，促进文化科技融合的快速发展。最后，制定相应的配套政策优惠，如给予税收优惠、补助等，以吸引更多的资本进入该领域。总之，通过上述措施可以使我国文化科技融合的融投资障碍得到有效解决，促进文化科技融合的快速发展。

（2）健全文化科技融合的信贷机制

许多文化科技融合的创意性企业的资产多以无形资产的形式出现。因此，在金融信贷方面，我们应当首先建立文化创意性产业的无形资产评估机制，提高这类企业在信贷机构中的抗风险能力，同时也为金融机构在接受无形资产贷款时提供保障。尤其是保证一些拥有优质商标权或者专利权的文化创意性企业，可以更迅捷地从金融机构得到资金支持。此外也可以通过创新开发信贷产品吸引更多的其他资本投入文化科技融合的新项目。对于一些资本雄厚、规模庞大的文化科技企业，它们往往需要更大的融资模式，针对这种企业可以鼓励金融资本通过银行信贷的方式提供资金支持，降低信贷的风险，更好地推动投融资信贷机制的建立与完善。

（3）拓宽文化科技融合的融资渠道

文化科技融合的发展需要有源源不断的资金来为企业的发展注入活力。因此，创新投融资的方式，建立多元化的融投资渠道刻不容缓。传统文化产业的发展多以政府拨款为主，单一的融资模式限制了企业的发展和社会经济的进步，因此我们可以采用现代化的融资方式，如私人资本募集、彩票资金、社会捐助等多渠道的融资模式。当然在融投资方式上也可以采用其他无形的资产进行投资。总之，建立健全文化科技融合的融投资机制要实现投融资渠道的多元化和主体的多元化。

（二）完善文化科技融合发展政策措施

1. 健全文化科技政策体系

政府引导文化科技融合创新发展，是文化科技体制改革的必然要求。针对现有文化科技政策不成体系、缺乏连贯性和整体性的状况，应把握全国文化科技融合发展趋势，明晰本地发展特色，加强文化科技融合发展的战略规划设计，促进文化科技管理体制改革，整合文化科技政策资源。在本地文化科技融合发展联席会议的统筹指导下，加强文化、科技、财政、宣传、统计等部门的协调互动，补充完善文化科技融合发展规划、重点任务、税收优惠、财政补贴、信贷担保、产业集聚等方面的政策，强化各创新主体的互动共享，优化文化科技资源配置，促进文化科技产业长远发展。同时制订文化科技融合统计标准，因为研究任何一个领域、行业的发展都需要一个完善的技术标准体系来衡量、评价。研究制订文化科技融合分类目录并建立配套指标体系，确定文化科技融合中的技术标准、服务标准、产品标准和评估标准，为引导产业健康发展提供合理依据。

2. 强化文化科技政策落实

文化科技部门应打破传统业务界限，强化文化产业技术需求与技术体制的对接，消除文化科技融合的政策与体制壁垒。加强文化科技融合发展联席会议的监督作用，督促各部门落实文化科技融合工作的任务书、路线图和时间表。文化科技融合的相关政策在实施过程中存在一定偏差，对文化科技融合活动的支持有限。

文化创意企业达成高新技术企业的认定标准难度较大，所以真正能够享受文化创意产业政策税收优惠的企业并不多，政策效应不明显。因此，建议文化科技部门应加强沟通合作，根据文化科技融合企业的特点，调整高新技术企业认定标准，经认定的文化科技企业享受15%的所得税优惠税率。

第二节　新时代文化科技创新的实现路径

在经济全球化的今天，文化产业的发展已经成为衡量国家或地区综合竞争力的重要标志，文化科技创新已经成为该产业发展的重要内容，所以提升文化科技创新能力将会有效促进文化产业的发展，进而推动国民经济的发展，这也是构筑国际竞争力的关键要素。在新时代背景下，将文化科技创新的内涵与发展作为基础与前提，将内在机理作为研究的切入口，对科技创新策略加以整合与解读，关注我国文化科技创新的实际情况，提出切实可行的实现策略，可以有效提升文化科技产业的竞争实力，增强我国的文化软实力。

一、优化培育文化科技创新主体的社会体系策略

（一）以文化科技企业为创新主体

构建文化科技创新机制，必须重视企业主体的原则。文化科技创新展开的一系列活动都是基于各个主体出发的，如科研机构、高校、中介、政府等多方主体的共同作用与积极参与，保障创新活动形成体系。在展开具体操作行为的过程中，相关主体并不是独立存在的，而是形成协作，打造立体网络，将涉及的诸多资源有效联系起来，形成集合力量，攻破难关，保证这些主体与要素之间形成健康发展的态势，使运营更加稳定。然而，在网络化关系体系下，虽然涉及诸多要素，但是必须保障文化科技企业的主体地位，文化科技企业与文化市场形成直接关联，前者直接面向后者，通过一系列活动，文化科技知识创新成果在特定条件下转化为产品，满足百姓对精神文化需求日益提升的需要。文化科技企业具有引领性作用，在协调科技与经济关系问题中发挥重要作用。

我国的文化科技产业是将两个发展领域相结合的新兴产业，其具有智力密集型的特点，主要以智力成果的知识产权为核心载体，具有创造性和稀缺性，其产品形成的服务有特定的文化传播内容，传播手段多以科技产品或多媒体为媒介。

企业发展的关键在于独创性，其发展必须依靠大量的人才，并需要合理地开发利用。正是基于此人员特点，文化科技企业的产品也往往建立在门槛较高的起点上。

同时，文化科技企业也具有更大社会责任担当的特点。就企业利益来说，相较于纯粹的经营性上市盈利公司来说，文化科技企业本身也承载了弘扬民族文化、引领社会风尚的重要部分。在经营过程中，发掘发现中国传统文化精髓，汲取现代多元文化的内涵，将其开发为新的产品并向社会推广的过程，也是一个重要的建设社会主义文化、潜移默化地影响社会风气的过程。

此外，文化科技企业具有新兴性，企业在改革的浪潮中，应该摒弃传统模式下陈旧的原则，用积极、向上的原则构建企业文化内涵，为科技创新的发展保驾护航。在 2017 年 2 月颁布的《文化部“十三五”时期文化发展改革规划》中明确提出，文化企业在现代市场背景下若想脱颖而出，必须健全企业制度，重视打造文化特色，为企业的发展注入文化生命。在市场经济体制改革的当下，国有文化企业公司面临着股份制改造，逐步走向具有现代企业文化内涵的改革之路，因此必须突破旧有模式的禁锢，用全新的经营管理模式加快推进企业改革的步伐。对企业展开考核评价时，涉及许多的要素与内容，但是无论改革进程如何，都应该将社会效益放在第一位，并且将其作为重要的考核指标。

文化企业作为文化科技创新的主体，必须严格遵守文化科技创新的发展规律，遵循自身发展的特征，形成以国家文化发展政策为引导，以文化企业为承担主体的创新体系。文化企业科技创新活动受制于其规模和实力，与国外先进文化公司相比，我国文化企业规模和实力还相对较弱。因此，为迅速提高文化企业的科技创新能力，国家在为文化企业科技创新建立良好的制度环境和创新环境的同时，还要充分发挥政府的引导作用，加大对文化企业科技创新的支持力度。

（二）形成“政、产、学”合作网络

文化科技创新必须将“政、产、学”良好地结合在一起，使其能够在政府的领导下实现资源整合，并更好地实现各种功能，使文化科技创新活动得到有效开展。此外，科研组织、高等院校等也需要充分利用自身文化特色创新资源，以此来弥补政府在科技创新方面的不足，文化科技企业作为其中最为重要的组成部分，应当利用自身设备与技术优势为社会提供更为完善的文化科技支持，并为其发展打下坚实的基础，政府、高校都应当为该项工作贡献自己的力量，使该项工作得到有序开展。

政府、企业、高校等应当建立覆盖全社会的多元文化科技创新体系，以此来

实现资源互补，这也是文化科技创新的未来发展趋势。

第一，政府应当根据实际情况对文化科技创新发展方向做出规划。随着文化科技创新的发展，政府作为该项工作的主要投资者，应当与高校、科研机构、文化科技企业等共同承担宏观指导职责，并为该项工作提供相应的指导、规划服务。政府应当根据社会当前的发展需求安排中长期发展规划，以此来推动重点项目、专项项目的开展，并营造出良好的氛围来推动文化科技人才的成长，履行政府文化科技规划职责。

第二，文化科技企业是科技创新活动最为重要的组成部分，也是科技创新成果转化的重要方式。文化科技企业必须加大对社会的研究力度，从而获取到当前社会的需求情况，能够根据市场变化情况及时对文化创新工作进行调整。这部分企业通常具备较强的技术优势与设备优势，能够在短时间内将文化科技成果转化为自身市场竞争优势，以此来获得更多消费者的认可。此外，文化科技也是文化科技创新的主体部分，所以相关部门应当充分肯定文化科技企业在该产业当中的地位，文化科技企业也应当充分发挥出自身优势，为科技创新做出应有的贡献，为社会带来更多的创新产品，以此来满足不同消费者的个性化需求，并有效推动科技事业的发展。

第三，高等院校拥有较突出的人才优势，这就使其具有了较强的知识优势。大学拥有丰富的设备资源与信息资源，所以其应当主动承担现代知识文化创新工作，并充分发挥出自身应有的职能。大学是基础研究与社会研究的重要力量，所以其通常处于文化知识产业的顶端，其发展情况将会对整个社会带来影响。当大学逐步完成创新型改造工作后，其应当推动当代科技创新活动发生相应改变，不应当将自身工作局限于知识本身，更应当考虑到当前社会的发展需求，将注意力集中到社会发展需求当中。现代大学已经朝着创新型大学目标逐步发展，其为社会发展输送着各种各样的文化科技创新人才，这也是“政、产、学”结合体发挥作用的基本保障。

“政、产、学”作为文化科技产业的重要组成部分，其在该产业当中所承担的职能、发挥的作用等都存在明显差异，并通过各自工作与协调来形成系统化的行动网络。在该网络当中，政府主要提供制度保障，并从政府层面为该项工作所需要的资源进行调控，建立覆盖整个产业的信息共享平台，并建立以政府为主导的产学研创新联盟；高校与企业则应当共同建立研发团队，并建立相应的文化科技创新基地，提升科研成果的转化效率，确保双方能够形成长期合作机制。文化企业不仅是文化创新产品的生产单位，也是该产品的重要用户。文化企业能够向文化科技企业提供相应的信息反馈，以此将社会需求及时反馈回去，以上工作能够使“政、产、学”体系形成良好的循环。

（三）培养优秀的文化科技创新人才

文化科技创新人才储备是否完善，文化科技创新人才素质是否符合社会发展需求，已经成为制约我国文化科技产业能否顺利发展和有所突破的重要问题。

1. 培养优秀的文艺工作者

文艺具有“培根铸魂”的特质，是铸造灵魂的工程。好的文艺能够振奋民族精神，滋养和浸润人的心灵。文艺工作者是灵魂的工程师，能够引领社会，承担以文化人、以文育人的职责。实现文化科技创新，离不开优秀的社会主义文艺工作者。因此，要努力培养文艺工作者的历史使命感，把最好的精神食粮奉献给祖国和人民，以其精神力量凝聚中国精神。此外，文艺工作者还要提升自身修为，用文艺精品讲好中国故事，铸就中国力量。

（1）承担历史使命，凝聚中国精神

中国精神是社会主义文艺的灵魂。文艺工作者只有将中国精神融入自己的灵魂，才能涌动出对祖国、对人民的热爱，才能创作出凝聚中国精神的不朽之作。一方面，文艺工作者要热爱祖国、热爱人民，把生活和创作扎根在中华大地上。人民群众是历史的创造主体，也是文艺创作的源头活水。文艺工作要做到以人民为中心，就要把满足人民精神文化需求作为文艺创作的出发点和落脚点。为此，文艺工作者应该走出自己的那片方寸天地，避免脱离大众和脱离社会现实，努力提高阅读生活的能力，在幽微中发现美善，在阴影中探索光明，用文艺的力量引导人们提升思想认识、文学修养、审美水准、道德水平，指引人们树立正确的历史观、民族观、国家观和文化观。另一方面，文艺工作者要善于从中华文化的宝库中汲取精神、汲取能量，把作品变成激励人民群众坚定文化自信的精神力量。任何一个时代都有其独特的精神，而时代精神的产生离不开其所处的历史文化土壤。中华文化作为滋养中华儿女的文化土壤，能够为文艺创作提供不竭源泉。而文艺工作者既要具有当代生活的底蕴，也要具有文化传统的血脉。因此，文化工作者要做到坚持以人民为中心的创作导向，就要深刻了解博大精深的中华文化，从中华文化的宝库中萃取精华、汲取能量，创造性转化和创新性发展其中展现深厚人民情怀和抒写伟大家国情怀的民族精神，将其作为全国各族人民坚定文化自信的重要精神力量，感召中华儿女团结奋斗，增强做中国人的骨气和底气。

(2) 激发匠心品质，铸就中国力量

文艺工作者较好的专业素养和高尚的人格修为是创作文艺精品的根本，更是铸就中国力量的关键。文艺巨制之所以能够释放出巨大的魅力，产生深远影响，无一不是厚积薄发的结晶，极具匠心品质的体现。文化创作是基于观念与手段相结合、内容与形式相融合的创新形式，是集各艺术要素和技术要素于一体的胸怀与创意的对接。为此，文艺工作者既要提升自己的专业素养，也要提高自己的人格修为，从而激发自己的匠心品质。

第一，提升专业素养，为打造文艺精品铺好垫脚石。文艺工作者要提升自身的技术业务能力水平，这是“精”的前提。中华文化宝库中不乏优秀的创作素材，这就要求文化工作者在拓展题材、内容、形式和手法等各个方面下足功夫，认真学习和借鉴世界各国人民的优秀文艺创新成果。尤其在科学技术广泛渗透文化领域的发展趋势下，文艺工作者要审时度势，紧跟时代潮流，学习和开拓新的技术业务能力，扎根在广袤的文化土壤中不断挖掘创作素材，努力打造高质量文艺作品，为铸就中国力量积蓄能量。

第二，塑造高尚的人格修为，成为创作优秀文艺作品的引领石。打造文艺精品是文艺创作的价值旨归。文艺创作能够涵养和践行社会主义核心价值观，发挥其对精神文明建设的重要支撑作用，这离不开文艺工作者自身所具有的高尚的人格修为和“铁肩担道义”的社会责任感。因此，文化工作者需要在纷繁的市场经济大潮中沉浸自我、修养身心，提高自身的人格修为，发掘自身的匠心潜质，将此作为创作优秀文艺作品的内在驱动力，创作出能够浸润心灵、启迪心智、具有正能量和感染力的优秀作品，从而铸就伟大的中国力量。

总的来说，文艺工作者只有坚持以人民为中心的创作导向、坚持把中国精神作为社会主义文艺的灵魂，创作无愧于时代的优秀作品，才能实现中华民族的伟大复兴、中华文化的繁荣兴盛。

2. 培养科技创新人才

(1) 加大科技人才投入，完善科技人才投入机制

首先，丰富人才投入的形式，建立多元化的科技投入结构，加大创新型先进科技队伍建设投入，建立政府科技投入刚性增长机制，优化投入结构，将财政科技经费重点用于优势特色产业技术攻关以及科技创新服务平台建设等方面。

其次，充分发挥企业的引领作用，引导企事业单位加大对于科技人才投入的力度，建立有效的科技创新体制和机制，完善科技研发激励政策体系，推动高层次人才与产学研合作协同互促。

最后，要合理配置科研机构、高等院校和企业的研发经费，促进政府对研发投入的重视，确定科研领域和科研网点的偏好，采取不同的投资方式，修改严谨的投资模式，因地制宜调整研发，解决现阶段供给不足的问题。

（2）实施人才“引+育”结合，实现人才“总量+质量”双提升

采取“引进与培养”并重的方式，加强科技人才交流合作，培育多元化、具有多样性的人才队伍，提高人才建设厚度，不断优化科技创新人才结构，打破学科之间的壁垒，促进不同产业、行业、专业人才的交流与融合，培养综合型、实用型、创新型高素质人才。

一是对全区科技创新人才资源进行整合，统一进行规划，推动区域内同行业人才共享，发挥人才规模效应；二是通过政策导向，制订相应的人才优惠政策，形成区域科技创新人才“引力”，通过吸引优秀毕业生就业以及高质量人力资本进入，整体提高人才资源素质；三是重点培养本土科技创新人才队伍，加强人才队伍建设，从改变教育体制机制出发，以经济、社会、科技发展需要为目标，创新教育机制，培养出一只高质量、高素质的“复合型”人才队伍；四是加强关键领域高层次创新人才团队引进，实施开放性、多元化的引进政策，完善人才引进体制机制，大力引进高层次创新人才；五是加大青年科技创新人才培养力度，做好人才储备与培育工作，以需求为导向，精准识别人才，大力培养有实力、有潜力、有专业、有素质的青年科技创新人才，以结果为导向，建立完善的评价与激励机制，创造良性竞争环境，激发青年科技创新人才的潜力与活力，鼓励青年科技创新人才大胆创新、勇于创造。

（3）提前谋划科技创新人才队伍结构的战略性调整

要从长远角度对科技创新人才队伍建设进行谋划，做好人才工程顶层设计。一是要促进产业结构的优化升级，推动人才结构与产业结构协调互动，要紧跟互联网与人工智能时代的步伐，有侧重地对本区域的优势产业进行调整，吸引并培养产业转型所需的对口专业人才，避免人才浪费。二是实施高新技术企业和科技型中小企业“双倍增”行动。科技创新人才往往与本地区规模以上企业的科技活动情况高度相关，随着经济重心从第一、二产业向第三产业转移，资源型、粗放式的发展模型逐渐被淘汰，要推动产业链上中下游、大中小企业融通创新，让科技人才与单一产业“解绑”，推动各产业科技发展多点开花。三是加强基础研究和应用基础研究。深度挖掘基础研究和应用基础研究对科技创新的源头供给和引领作用，运用多元化途径，加大基础研究投入力度，聚焦前沿技术探索，完善基础研究布局，促进基础研究与应用基础研究同产业的对接，加快特色产业发展，

带动创新型人才成长。

（4）大力发展新型科研机构，为科技创新人才提供载体

一是支持科技型中小企业的成长。科技型中小企业对于地方科技创新发展起到十分重要的作用，要持续加大对“专精特新”“小巨人”企业的培育力度，不断提高科研型中小企业的自主研发能力，充分发挥科技型中小型企业灵活性、多样性的优点。坚持传统产业与新兴产业共同进步，鼓励科技领军企业广泛与上下游产业合作，组建优质创新联合体，推动关键性、战略性、前瞻性、实用性技术联合攻关与创新，提高科技活动对产业发展的贡献度，实现科技活动与产业发展紧密互动。

二是聚焦科技创新需求，大力发展新型研发机构。围绕提质增效、转型升级的目标，针对重点领域，促进企业与高校、研究院所之间的合作，建设一些技术好、创新能力强的新型研发机构，如工业技术研究机构和创新联盟等。积极鼓励研发单位与区域内外的科研组织团体展开合作，吸引外部科研力量到本地建立新型研发机构，鼓励新型研发机构共建，推动科技创新资源高度聚集、深度整合，提高新型研发机构可持续发展水平，实现产学研用紧密衔接。通过政策导向，强化对新型研发机构的指导与帮扶服务，吸引多元化投资，充分发挥新型研发机构的市场特性，促进产业链、资金链、研发链紧密配合，实现良性发展。

3. 培养优秀的文化科技复合型创新人才

首先，营造出宽松、愉悦的社会氛围。文化科技创新人才想要分充分发挥出自己的创新能力，就需要组织为其营造出相应的氛围，并为其打造与之相对应的环境，如此，文化科技人才才会从众多选择对象中选择符合自身发展需求的城市开展文化创新工作，只有这样才能够使其文化创新与城市良好地结合在一起。创新人才发展水平能够凸显出城市发展情况，所以必须保证城市拥有较强的包容性，能够为其文化创新提供相应的基础。如果缺乏自主创新空间，那么将会无法把创新人才的思想很好地表现出来，使创新工作得到较大限制，也无法获得社会各界的认可，导致创造性思维活动无法获得与之相对应的回报，导致文化创新产品受到一定影响。

其次，根据城市当前的发展情况完善其人文精神。城市文化通常具有较高的自由性，会受到城市居民较大的影响，而城市文化艺术从业人员也能够根据自身的文化艺术水平，合理安排时间开展相应工作。从事该行业的人员并不会根据技术要素进行工作分配，而是根据自身情感与趣味性进行工作，并不是将经济效益当作自身开展工作的前提，而是为了社会发展培养更多的人才。人才在当今社会

发展形势下表现出了更为重要的作用，企业所拥有的人才数量得到了较大提升，想要发挥出文化创意的优势就需要引进大量的文化创意人才，以此来塑造出良好的城市形象，使城市能够在国内外得到更多人的认可，形成城市所独有的性格与魅力。

（四）建构多重文化科技创新风险投资主体

文化科技企业通过直接融资的方式，有效提升融资效率，降低融资成本，是实现发展的有效途径。直接融资的方式与手段多种多样，其风险资本创新效果最为显著。因此，必须建构多重文化科技创新风险投资主体。目前，我国风险资本的来源有国家财政资金、产业资本和外国风险资本、民间资本。其中，最主要的来源仍然是政府财政科技拨款。

文化科技创新及产业化发展具有巨大的外部经济性，因此，政府必须采取有效政策措施来矫正风险投资的外部性，以保证风险投资者的收益与投入（和风险）相称，提高风险投资者的积极性。政府必须承担自身重要责任，拟定有关政策，推出鼓励机制，引导文化科技创新型企业运用此种模式，为企业发展铺平道路。例如，文化科技企业在重组时，在一系列诸如评估、审计等环节的实施过程中，应该依据合理而科学的比例给予奖励。文化科技企业投资成功后，应该依据首次融资额度的具体比例给予资金方面的支持。

具体来看，政府推出支持文化科技企业发展的政策时，应该根据实际情况展开具体操作，如重组时，文化科技企业应该对房屋所有权信息完成登记，涉及的土地、房地产、建设委员会等机构在较短时间内应该办理好各项手续，提升工作效率，为改制上市提供制度方面的保障。通常来讲，文化科技企业上市资金都通过募集渠道而来，资金往往会运用到房地产、土地支援等方面，政府相关机构应该根据当地实际中情况，运用灵活、便捷、多样的手续报批模式。文化科技企业在当地投资新项目，当地政府及相关机构应该优先安排，在资格预审、审批等多项流程中给予支持。如果申请的项目是政府内改造的项目，经过审核符合相关条件，相关部门同样应该给予优先安排。申报涉及高新技术产业化基金的项目，应该给予各项政策支持，优先考虑，为企业项目的发展提供政策方面的支持。

文化科技创新风险的投资主体不应只包括政府，还应当吸纳多重社会资本及企业资本的介入，鼓励企业及金融机构的风险投资，鼓励以风险投资机构为中介的个人投资，在有条件的情况下吸引境外风险投资。

二、优化形成文化科技创新机制的社会系统策略

（一）培养自主创新的文化氛围

文化科技创新涉及诸多要素的影响，它不是单纯的一个项目，具有复杂性。从核心本质上来看，自主创新同样属于文化的一个重要组成部分，需要创新文化发挥自身的引领性作用。文化科技创新是民族复兴的基础，是实现中国梦的前提，虽然这是一个漫长的过程，其间也势必会面临形形色色的挑战与问题，但是这是人类发展的必经之路。若想营造自主创新的文化氛围，可以从以下几方面着手。

第一，加大宣传，形成重视文化科技自主创新的社会价值观。创新文化的核心问题在于改变传统模式下的价值理念，只有思想上发生改变，才能够推进制度创新，思想先行是文化科技创新的前提，也是动力。构建创新型国家，国家与政府必须给予大力支持，这是实现创新的必备条件。从本质上看，创新文化是指以创新为引领，由鼓励创新实践活动的精神文化、制度规则和物质环境氛围所构成的文化形态。创新文化一定是特定区域的某一民族的人民关于创新的价值体系。在创新活动当中所营造的创新氛围和创新环境，从根本上讲会受到大家对于创新价值观的影响。只有将崇尚创新、鼓励创新的理念植根于普通民众的思想深处，整个社会、整个民族才能形成有利于创新的文化氛围和环境。

随着全球经济一体化的到来，判定国家软实力的一项重要标准即创新文化。实践经验告诉我们，社会共识就是社会力量。要通过宣传让社会公众认识到：国际竞争日益激烈，文化科技自主创新是在竞争中脱颖而出的一项重要举措，它能够转变经济增长模式，调整产业结构，为经济稳定、快速发展输入源源不断的动力；它在政治方面同样发挥着重要作用，有利于维护社会稳定、保障国家政治安全。随着文化科技自主创新的不断推进，百姓在内心深处深刻地领悟到，文化科技对于提升国家地位具有重要作用。因此，文化科技自主创新是提升竞争力的重要手段，如果缺少文化科技自主创新，国家的发展则会处于非常被动的局面。

第二，营造文化科技自主创新的文化氛围。作为自主创新的主体，文化科技企业必须扮演起核心者的角色。在实现文化科技自主创新的过程中，国家与政府积极提供制度支撑，为营造制度文化氛围提供保障。文化科技企业则从自身实际情况出发，关注内外部各项影响要素，制订科学而合理的整体发展策略与目标，并且在实践过程中，积极推动创新文化的构建。在科学的制度下，一大批优秀的文化科技企业家应运而生，他们反过来完善制度与文化，二者互相作用，相辅相成。具有战略性的文化科技企业家在思维上都存在共识：研究开发的投入与人才

对文化科技企业的发展来说具有决定性作用，特别是文化科技企业在中期发展历程中，创新性战略对策与管理十分关键。在管理过程中，优秀企业家总是运用各种多样的手段让创新文化影响企业内部。

（二）建立市场主导的激励机制

文化科技活动的有效开展，需要科学制度的保障，文化科技管理体制即开展相关活动的组织架构、制度的统称。建立市场主导的激励机制，打造平等、高效的文化科技管理体系，必须从诸多方面着手，如完善金融税收制度，构建人才奖励制度，营造人才成长环境，充分关注并挖掘科研人员的潜在能力，为科研工作人员提供广阔的平台与发展空间。运用多种手段与奖励机制引进先进人才，积极鼓励企业增加研究经费，打造一支高素质科研团队。

（三）健全国家财政支撑政策

从我国国情来看，政府具有重要的宏观管理作用，因此政府的投入具有重要价值。政府应基于实际情况，积极调动社会资源，投入人力与财力，为构建多元与智能的政策格局做出贡献。从具体措施来看，政府应重视调动各项资源，打造完善的文化科技人才队伍，优化结构，促进文化科技产业朝着绿色方向发展；在财政保障制度方面，政府应该给予大力支持，加大投放力度。基层在国家公共文化服务标准的要求下，提供必要资金，将其纳入政府财政预算范畴，为企业文化科技创新发展提供资金支撑。政府性基金与一般公共预算在科学原则下实施统筹安排，借助购买、补贴等途径，激励社会力量参与到文化建设中，政府、社会、市场等主体发挥自身的作用，完善多元投入体系。各级政府在科学原则的引导下，明确文化职责与支持责任。财政机构将着眼点落在支付体系方面，关注贫困、边缘等地域的发展情况，并且给予财政倾斜与政策支持。监督监管体系的完善同样具有举足轻重的作用，文化财政资金绩效评估与预算形成关联，保障资金使用获得最大化效益。

除此之外，政府还要加强对文化科技创新投资的重视程度，从当地实际情况出发，运用奖励、免税等途径给予政策保障，加大财政投入。政府对民间力量应正确引导与积极鼓励，重视民间力量的积极作用，推动风险投资的壮大。此外，文化企业必须重视树立优质企业形象与品牌形象，提升企业在市场上的知名度，获得消费者的青睐。

三、优化形塑文化科技创新扩散的社会演化策略

（一）促进重大项目科技攻关计划实施

关键技术与核心科技是影响文化科技创新的两大因素，这也是重大文化科技项目的重要内容。例如，在广播电视服务工程、文化艺术服务工程、文化创意服务工程等方面，关键技术与核心科技都会给文化项目建设带来较大的影响，甚至会对项目实施情况产生决定性影响，所以必须促进重大项目科技攻关计划的实施。

第一，相关部门必须加强新闻出版服务方面核心技术、关键技术的攻关工作。例如，我国新闻出版工程攻关模式就是典型的协同技术创新模式，该模式能够在原有的技术基础上，通过企业联合工作来实现优势资源互补，以此来实现企业技术联盟与技术贡献，使各成员能够充分贡献自身的优势技术，实现新闻出版发行产业的竞争优势。

第二，需要针对性加强广播电视电影服务关键技术、核心技术的攻关工作。从广播电视系统组成情况来看，其可以被分为这三大部分：节目的制作与播出、接受、发送与传输。在这三大部分当中，最为关键的技术就是节目的制作与输出，这部分的主要表现形式就是广播电视节目的信号源，该项工作通常由广播电视中心来完成。如果要对广播电视节目进行工程技术攻关，那么就需要对信息的发送与传输进行同步整合，将节目信号按照特定技术进行处理后再向特定用户进行传输。此外还需要加强数字影院的项目攻关，建立统一的数字电影技术标准，以此来实现不同标准数字影院的整合，提升影片的传播效率。在广播电视电影方面，还应当提升企业的自主积极性，将部分具有较高代表性的广播电视领域的研究成果进行整合，并将整合后的成果运用在实际生产经营当中，以此来提升广播电视电影的攻关效率。

第三，政府相关部门必须要加强文化方面核心技术、关键技术的攻关工作。例如，音乐文化科技中计算机已经成为核心内容，其主要涉及以下几点：计算机微处理技术的提升、多媒体综合处理能力的提升、数据压缩技术的发展、储存技术的提升等。在以上因素的影响下，音乐软件已经成为计算机音乐的重要发展模式，并形成了具有自身特色的系统。美术科技则是工业科技与美术形象相结合所形成的设计方式，其中最为核心的技术就是平面与立体设计，而平面设计又可以分为动画、二维设计等；立体设计则可以分为动漫、美术应用等。图书馆技术主要由这几种技术所组成：馆藏技术、检索技术、采购技术与分类编号技术等。当然，最为重要的就是数字图书馆设计，该类型设计已经得到了我国图书馆的普遍

关注，不少图书馆已将设计应用到自身发展当中，为更多的用户提供了良好的服务。动画制作技术的发展可以被总结为这三个阶段：传统动画、二维动画、三维动画。传统动画主要是以纸画、剪纸、木偶等方式表现出来的美术片。三维动画当中最为重要的就是图片选用与图片处理，可以利用计算机对图片进行处理形成三维画面。

综上所述，文化艺术服务关键技术与核心技术攻关主要有这几部分：数字美术馆公共服务平台技术攻关；图书馆技术工程攻关；博物馆文物多维展示技术攻关；基于动漫技术的互动娱乐体验系统工程攻关。以上几种文化艺术服务都表现出了共享性与公益性，如果政府能够在文化科技攻关中占据主导地位进行协调，那么将会有效提升工程攻关效率。

第四，提升文化信息传播关键技术与核心技术的攻关。目前较为常见的文化信息传播方式有互联网、电信、广播电视等，以上传播方式的核心技术就是数字化技术。我国文化传播技术经过多年发展已经趋向成熟，形成了囊括所有行业分支的行业发展形势。主要出版物包括电子图书、电子期刊、数字报纸等，还包括了部分数字音像出版物。

文化信息传播关键技术与核心技术攻关的对策：应当加强数字出版物的技术攻关，数字化工程发展情况将会对我国数码印刷业的发展带来较大影响，只有提升该项工程的发展水平才能够使我国在该行业上超越其他国家，在国际数码市场中占有更高的市场份额。此外，还应当开展多元资源库的共享工程，并针对性地加强与之相对应的网络文化安全监管工程。以上工程都表现出了一定的共享性与公益性，所以政府应当在整个工程当中发挥主导作用，由政府部门带头对相关工程进行攻关，如此必然会有效提升攻关工作的效率。

（二）确立知识产权对创新者的保护

现代科学技术的发展，对文化产业也产生了一定的促进作用，其中，网络技术的发展有效推动了文化产业的改革，也有效促进了新文化产业的发展，使其逐步发展壮大。

知识产权作为法律权利和经济资源，是文化产业的核心。第一，知识产权保护是提高文化资源效率的载体。知识产权保护使创作者垄断享有文化资源的财产权等，文化资源使用的排他性和知识产权的清晰归属性有利于显著提高资源配置效率，进而加速文化产业发展。第二，知识产权保护是赋予文化产业高附加值的途径。知识产权保护能充分发挥文化资源的独特性，以品牌形象与价值的形式为文化产品提高附加值，从供给侧提高文化产品的质量，促进文化产业高质量发展。第三，知识产权保护是激励文化创作的保障。知识产权保护捍卫创作者应得的名誉权、署名权，从而吸引更多的创作人才进入该领域，激发更优质的文化作品出现，这在根本上提升了创作内在驱动，启动了良性循环，成为文化产业发展的源动力。第四，知识产权保护是促进文化产品来往贸易的关键。知识产权保护有效限制了文化产业市场主体的机会主义行为，将交易的公平性视为关注重点，无论市场规模如何、是否跨国交易，都以权力公平行使为起点发展，频繁的贸易是文化产业发展的根基。

理论上讲，一方面，知识产权保护能够激发科技文化创新活力，考虑到文化产业相关产品的性质，知识产权制度对科技文化创新有激励作用；另一方面，科技创新与文化产业融合的发展趋势已成必然，科技创新从供给侧发力，推动文化产业转型升级并得以发展。

文化科技创新需要知识产权的法律保护，随着现代科学技术的发展，其在文化产业当中所表现出来的作用也越发明显，知识产权保护制度的规范性将会给知识产权保护工作带来较大影响，也会发挥出更为明显的作用。

首先，文化科技企业想要获得良好的发展就必须开展知识产权管理保护工作。文化科技企业必须加强对自身知识产权的保护工作，并着重加强对自身企业的文化科技创新产品进行保护，这是企业发展的根本保障，只有加大对本企业知识产权的保护力度，才能够有效降低其他企业模仿自身核心竞争力的可能性，并提升其模仿成本。此外，文化科技企业还应当加大对其他企业知识产权的保护力度，充分发挥出行业自律的作用。企业应当积极加入文化行业协会当中，通过行业自律等方式对自身知识产权进行保护，以此来提升自身知识产权的保护水平。

文化科技企业必须根据自身当前发展情况与未来发展规划建立完善的文化科技知识产权保护体系。其一，文化科技企业必须对自身当前发展情况进行研究，并建立与之相对应的知识产权保护体系，确保知识产权能够适应自身发展需求；其二，还应当加强员工与企业的交流，使企业所有员工对知识产权保护工作树立正确认知，营造出良好的知识产权保护氛围；其三，还应当从人才招聘方面来解决企业知识产权保护人才匮乏等问题，使企业能够将创新知识产权保护工作落实到实际当中。

对于文化科技企业而言，知识产权保护已经成为其最为重要的一项工作，所以通过相关工作来保护自身知识产权具有非常重要的作用，在某种意义上也能够加大对商标权与专利权的保护力度。文化科技企业如果通过创作卡通形象来代表自身，那么就可以将该卡通形象进行版权登记，或者将图片结合玩具、服装等一并进行专利申请，以此来维护自身合法权益。文化科技企业在发展过程中必须注重对自身专利、商标、著作权等方面的保护，并通过相关工作将其良好地结合在一起，确保自身合法权益不受到侵害。著作权的保护期限较短，产品外观的保护期限也较短，驰名商标的保护期则较长，且涉及的范围也较广。所以文化科技企业如果加大对以上三种权益的保护力度将会有效保护自身合法权益，使自身商标逐步发展为驰名商标，即使在产品外观专利保护期满后也能够与著作权相结合获得更多用户的认可，使企业知识产权得到更好的保护。

其次，建立完善的文化科技创新著作权保护制度。我国已经建立了较为完善的著作权保护法律体系，这就为文化产业的发展打下了坚实的基础。想要提升著作权保护力度，应当从著作权登记制度、保护制度、信息共享制度等方面入手，并加强与司法部门的合作，使著作权所有人的合法权益得到保护。

从我国当前的著作权法律体系来看，其主要保护措施如下。①建立健全著作权保护基金制度，该制度为著作权保护工作提供了充足的资金支持，在该基金的帮助下相关部门能够对著作权数据与侵犯人信息情况进行了解。②建立健全著作权资源登记制度，该制度建立之后，著作权刑事司法难题就比较容易得到解决。③建立健全著作权共享制度，著作权是一种私人权利，所以著作权所有人拥有完全处理权，如果著作权人为了使大众获利也可以选择放弃自身对著作权的处置权，允许其他人使用其著作权。著作权保护部门可以从自身所建立的数据库当中来寻找相关信息，以此来判断控诉人是否对原著存在侵权行为，如果原著人已经表明放弃自己对作品的处置权，那么就可以视为放弃对侵权人的控诉，如果没有放弃相应权利，被控诉人就需要承担相应的法律责任。④完善优化著作权行政和司法合作体系，法院在处理著作权相关案件时，会采取销毁侵权产品并没收非法所得等措施，此外著作权管理部门也会给予一定处罚。

最后，提升相关部门对文化科技创新知识产权案件处理的专业能力。知识产权侵权案件对审理人员的专业水平提出了较高的要求，审判人员不仅需要具备较高的文化知识水平，还需要拥有较强的法律判断能力，可以说，审判人员的文化知识水平和法律判断能力会对案件审理产生较大影响，所以相关部门应当提升审判人员的综合素质。从我国文化科技法学人才的获取方式来看，其主要依赖大学的司法专业或者专业司法学院的培养，经过长时间积累我国必然会拥有较多数量的知识产权审判人才，专业审判人员缺乏等问题也会得到有效解决。我国相关部门为了解决当前专业审判人员不足的问题，通常选择使用文科毕业的法官或者聘用该专业的专家作为协助人员，以此来提升案件的专业性与有效性。我国教育部门应当根据不同学科未来职业发展的需求，建设具有针对性的知识产权培训基地，安排相应专业的学生前往基地进行实习，从而了解到知识产权的最新发展情况，从而解决我国知识产权案件审判质量不高等问题。

（三）优化文化科技创新的空间布局

1．建立文化科技创新区域联动格局

国内外文化科技创新的经验表明，一个地区的人文、历史、科技、教育、资金等资源是文化科技创新的重要依托，可以帮助定位地区发展特色，实现竞争优势。因此，在文化科技创新的发展规划中，应当针对文化科技创新的区域发展特点，优化文化科技创新的空间布局，引导各区域依托各地文化科技资源禀赋，积极培育发展具备地方特色的文化科技产业，促进区域文化科技创新差异化、集群化发展，释放各区域共同发展的潜力，构建起一个覆盖整个地区的复合型网状文化科技创新体系，带动全区域文化科技产业相互支撑、协调发展。

在加强物质文化遗产和非物质文化遗产保护的基础上，推进文化资源保护、传承、开发，深度挖掘本地的民族民俗文化、名人文化以及宗教旅游文化等特色文化资源和比较优势，开发具有区域特色、层次丰富的文化科技产品。

2．优化文化科技创新产业园区功能

文化科技创新产业园区作为文化科技创新集群的一个重要载体和平台，具有较强的集群效应和孵化效应，可以促进文化科技企业实现优势互补和资源共享，是提升文化科技创新活动研发、生产和销售效率的一种有效组织方式。现有的大多数文化科技园区基本照搬传统工业园区或科技园区的模式进行建设和管理，忽视了对文化艺术的保护与挖掘。其往往采用以物业租金和服务费用为盈利模式的物业运营管理模式，重孵化基金与孵化企业数量、轻孵化质量，忽视了文化科技集聚效益的深度开发。对此，首先，应将文化科技产业园区建设纳入总体规划，合理布局一批功能定位明确、产业特色鲜明的文化科技产业园区，避免盲目发展、重复建设，防止空壳化、同质化现象。其次，构筑园区的竞争合作网络。文化科技产业园区要发挥应有的集群效应，应在园区内部和各个园区之间构建起相互竞争、相互合作的集群网络，而不仅仅是地理位置上的集合。通过文化科技产业园区将处于产业价值链上游、中游和下游的企业集聚起来，进行专业化分工、合作，高度整合、优化文化科技资源，最大程度地提高资源配置效率，有力提升文化科技创新能力，提高园区和产业的市场竞争力。最后，加强园区的基础设施和软环境建设。文化科技园区不仅要提升通信网络、交通运输、场地、设备等硬件服务，降低企业的运营成本，也要营造良好的文化科技创新氛围，建设信息发布、技术咨询、融资担保、人才交流、知识产权代理和生活服务等一体化的文化科技创新服务平台，为企业发展和品牌拓展建设良好的创新生态。

四、优化增强文化科技创新能力的社会整合策略

（一）重视文化科技创新产品设计理念

通过蕴涵科技的设计手段能够实现消费者与文化以及产品的互动，在这个过程中消费者对这一产品及其文化内涵有了初步的认识，基于消费人群的流动性，文化能够在人群中流传开来，得到广泛的传播，文化的广泛传播除了能提升文化知名度外，无形中也提升了产品的附加值。

目前，部分先进的科学技术在产品开发展示中的运用尚处于探索阶段，大多数企业运用科技的新颖性手段来吸引客户，而忽略了产品的展示过程，科技与产品设计融合能够促进传统文化的传播与认知，强化文化品牌，树立文化自信，提升产品的附加值。

首先，从文化科技发展方面来看，将文化以视觉等形式表现在商品当中，不仅能够提升文化的宣传水平，还能够有效提升产品的附加值。所以，随着时间的推移，产品功能如果不发生质的改变，那么其所获取的利润将会逐步减少，如果通过附加值等方式来获取更高的利润，那么企业就可以将更多资金投入创新工作当中，所以说文化创新意识是企业成功的重要基础。

其次，科技与文化产品设计融合能够有效增强文化产品的体验感与吸引力。通过科技开发的文化产品因为技术的特点，消费者能够与文化产品展开互动，亲身的体验使得消费者能够快速地了解文化产品的文化意义与功能，基于消费者的情感化信息反馈，大数据的运算能够准确地推断出适合每个消费者的文化产品，能够最大限度地刺激消费者使其产生兴奋感从而加大其购买欲望，进而能够有效加快区域经济的发展。

最后，科技与文化产品设计融合能够有效增强文化产品的知识性。文化产品作为一个文化载体，承载着传承文化知识的重大使命。传统的文化产品展示售卖方式，由于产品的包装盒位置空间的阻隔，消费者对于产品的认识只能来自单方面的语言文字的介绍，除非消费者本身就拥有相关文化的知识储备，但是大部分消费者通常不具备这方面的文化认知，而在消费者完全不了解文化的前提下，就

很难从文化产品中感受到文化的内涵，从而文化产品的设计也就不能被消费者所接受，这也间接地导致了文化传播的困难。运用科技除了能够更好地展示文化产品的外观，方便展示产品的使用功能外，更能以图像的方式使消费者了解其所蕴含的文化知识，强化文化产品所蕴含的文化的传播与发展。

中国经过五千年的发展，在这片土地上孕育了各具特色的文化，这些文化经过千年的历史积淀，已经与中国人民的情感深深地联系在了一起，这些文化是民族自豪感和归属感的重要来源，所以对于这些文化的传承是所有人都需要去努力实现的。

在新的时代里，各种新鲜有趣的高科技产品层出不穷，各种信息充斥着人们的生活，在这种社会背景下将传统文化与现代科技结合起来，通过改良产品的外观以及实用性，对其进行创意设计，提高消费者对于文化产品价值的认同，赋予产品新的生命以达到传承文化的目的，是当今社会对文化产品的必然要求。这样既能够加深客户对于文化的印象，也能增强客户的体验感，并且潜在地在他人的心中留下了印象，增强了文化产品的知识性。

在文化科技创新发展的过程中，需要明确文化科技创新产品的设计理念主要体现在以下两方面。

首先，以设计为核心来提升文化科技产品的质量。艺术与科技始终存在密不可分的联系，甚至可以说二者存在互相促进、互相依存的关联，艺术是人们感官的直接产物，而科技则是人们理性的产物，但是二者都存在较高的创造性。人们在生活当中欣赏美，而这种欣赏就是人们对艺术的欣赏，这将会对人们的情感带来直观的影响；科技则是从功能方面对人们产生影响，并会主动从社会结果、国家发展等层面产生影响。随着当前社会经济的逐步发展以及工业社会的持续发展，艺术与科技出现了明显分离，这就使科技产物逐步表现出不适应等状况，而艺术也逐步趋向于冷技术情感。将艺术与科技良好地结合在一起，不仅能够使产品具有较高的文化气息，还能够提升人们对产品的接受能力，使其产品能够得到更多人的喜爱。设计工作能够使人们更加容易接受某物品，这是人们通过使用相关工具才能够实现的目标，任何人工物都存在人为设计。

其次，利用设计来完善文化科技产品的思想性与艺术性。文化科技产品始终伴随着人们的成长，这也是人类进步不可缺少的重要组成部分，其能够满足不同人对艺术与美的追求，以此来满足他们的精神享受。我们可以结合相关产品特征进行研究，从而探索设计师的设计理念，并给出符合自身特色的建议，使该产品能够在生产过程中逐步完善，最终树立积极向上的艺术形象。文化科技产品与艺术产品存在较高的相似度，其都拥有象征性产品特征，都会受到设计师独特灵感的影响，也是当时民族文化、艺术思想的重要产物。所以，艺术产品的表现形式可能为实物，也有可能是一个符号，这些都是推动社会发展的重要内容。例如，一场精彩而又美丽的舞蹈，演员需要通过自己的肢体来表现出相应的舞蹈动作，这只是一名舞蹈演员基本要做到的，但是通过设计可以将演员自身的感受融入舞蹈动作当中，使其舞蹈动作更加具有渲染力，能够给人们带来更为直观的影响。舞蹈则可以在不同灯光的配合下，按照特定韵律进行表演，可以给人们带来身临其境的感受和不同的审美体验。

一个完善的文化科技产品不仅需要具备较强的功能性，还需要具备一定的文化内涵，从而满足人们对该产品的精神需求，所以不同产品在不同时代的特征也会有所区别。通常情况下科研活动都具有明确的目标，所以文化科技创新成果必然能够满足人们在某方面的精神需求，如满足人们的审美需求与艺术需求等，只有这样才能够使产品获得更多人的认可。

文化科技产品如果通过艺术形式表现出来，那么将会给人们带来更为直观的享受，其能够将产品真实的一面展示出来，进而获得更多人的认可。文化科技产品艺术表现形式同时具有群众性、审美性与艺术性，会对民族文化产生潜移默化的影响，甚至会对国家价值观念产生较大影响。所以，一个成功的文化科技产品能够有效提升群众的文化素质与审美水平，这是民族进步的重要表现形式，也是国家发展的重要驱动力。

（二）增强文化科技创新产品制造能力

文化科技企业要想提升自身的产品制造能力，必然会对现代科技手段产生较高的依赖性。现代数字模型与虚拟技术的发展，极大提升了企业文化产品的生产效率，也提升了文化科技企业的核心竞争力，使其产品得到了更多用户的认可。

首先，应当提升文化科技企业的研发水平，使其具备一定程度的数字模型技术，并拥有持续研发的能力。在传统科研活动当中，科研人员为了获得最佳设计方案，通常会花费大量时间在设计草案上，并制做不同数量的工作模型，该项工作虽然有效优化了设计方案，但是该项工作耗时较长且成本较高，导致该技术逐步被其他技术所取代。随着三维建模与 3D MAX（一种专业的三维建模、动画和渲染软件）等技术的发展，人们可以根据自身设计在模型上添加色彩与结构，使其设计能够更为直观地展现出来，不仅方便了自己对设计模型进行修改，还方便了相关人员对效果图进行观察，使设计师在较短时间内确定最终设计方案。在使用三维软件对制作环境进行设计时，其一，应当确保软件建造模型所使用材料的真实质感，并同时使用多种材料进行测试；其二，在使用三维软件来设计房屋结构时，可以将客厅、起居室、厨房等以模型表现出来，使设计者能够根据实际三维图像进行修改，从而给出最终设计方案。这种表现方式能够给人最为直接的感受，使他们能够给出具有较高参考性的建议。

其次，文化科技企业利用区块链技术进行产品设计，能够有效加大对产品的保护力度，提高产品的市场竞争力，提升企业发展水平。研究发现，差异化的产品设计可以有效提升产品的市场竞争力，因此文化科技产品设计元素的版权保护就显得格外重要。由于专利申请会受到周期长、操作复杂、费用过高等实际因素的影响，因此对于产品设计版权的保护具有一定的局限性；而区块链技术具有易操作又便捷的特质，将其应用到产品设计流程中可以让产品信息的追溯更加简单，能够有效地为产品设计元素保驾护航。

区块链是一个去中心化运行的分布式共享数据库，是以密码学方式将数据进行链式存储的结构。在产品开发的过程中，设计团队可以将产品的趋势及款式设计版单等信息存入数据库中，通过哈希算法对信息进行加密，获得信息摘要后通过不同模块维护的节点发送到区块链内，系统会将返回值存入数据库，便于相关部门随时取用信息。存储在其中的数据和设计信息公开透明，一旦出现修改便会产生记录，保证相关信息的高透明度和易追溯性；在此过程中设计参与人员也可以收到信息录入成功与否的即时反馈。区块链技术在版权保护方面相比传统的版权登记效率更高，不会存在人工错登或漏登的现象，同时区块链技术的时间戳具有难以篡改性，可以使信息的真实性得到保障。

总而言之，利用现代科技手段进行设计，不仅能够优化设计师的设计手段与方式，还能够充分调动制造者的潜在认知，使文化科技创新能力得到较大提升。随着科技手段的创新发展，制造者的思维得到了较大拓展，使其能够通过设计等方式来持续性完善设计方案，以此来提升文化科技产品的竞争力，进而提升企业的发展水平。

（三）丰富文化科技创新产品营销手段

文化科技企业设计并制造出创新产品后，需要通过市场营销的方式将产品销售给客户，并根据市场销售情况与客户反馈意见对自身创新产品的设计、生产、销售等工作进行调整，这些工作被统称为文化企业产品营销。文化科技创新产品的营销方式与传统营销相比有较大差异，其已经表现出了较高的复杂性，再加上经济全球化的逐步发展，文化科技创新产品营销工作不再局限于传统的营销工作，新时代产品营销手段得到了较大进步和发展。

新时代背景下，文化科技创新产品营销手段包括以下几方面。

第一，创新产品策略。产品策略是营销策略的根本，也是基础所在，创新产品策略是重要的文化科技创新产品营销手段之一。

一是加强新品研发，并对产品结构分层规划。文化科技企业应该提前布局规划，按时间分节奏规划好主力产品、形象产品、经典畅销产品、新潮产品等，从产品研发设计端就着手均衡布局产品结构，改变过去新品更新慢，终端销售的产品总是“老面孔”的弊端。企业通过不断推出新产品可以有效提升业绩，同时也是在为品牌积极做贡献。行业精品纷纷以潮流时尚的产品调性为品牌赢得更好的美誉度，文化科技企业更应该注重新产品研发，不断推陈出新。

二是提高零售产品调性，做好不同渠道的产品区隔。针对专卖店零售渠道，研发适合终端商场零售客户群体的产品，一般应以中高端产品为主。在实践中，应单独研发适合客户需求和渠道特性的产品，高性价比、相对简单的工艺和款型，便于设计师整体操作。总之，文化科技企业在面对不同销售渠道时，需要开发专门的具有针对性的产品。

第二，创新价格策略。价格策略是营销策略中的重要内容，在文化科技产品营销活动中占有非常重要的地位。文化科技企业要充分把握价格策略使用的主动权，在基于成本价格的基础上，充分了解市场环境与消费者的心理期望，对不同的产品进行价格调整，达到增加销售利润和销售份额的目的。

一是依据市场需求差异化定价。价格是产品价值的直接体现，合理的价格定位可以体现出产品的成本、品质与质量等方面的因素。通常情况下，产品的品质与价格之间成正相关关系，也就是价格越高，产品的品质就越好，也就是不同的价位会对应不同的商品品质。经过市场定位的调整与产品策略的革新，文化科技产品应该根据各级市场细分的不同，在不同的销售终端铺设不同的产品，设置不同的产品价格，也就是实施价格差异化策略。

二是加强价格控制。文化科技企业需要加强对产品的价格控制，进行相关产品的价格调整，使得其符合消费者的心理预期。就目前来讲，企业需要加强各级经销商的价格控制，如各级经销商给下级的产品销售价格必须是稳定的，甚至于当经销商利润过低的时候，可以根据经销商的销量给予一定的补偿，同时稳定统一的价格也可以防止各个区域的经销出现窜货的现象。

第三，创新渠道策略。文化科技企业应该加大在线销售渠道的营销力度，适时开发和利用这一销售渠道。然而，文化科技企业并不只是需要扩大销售渠道和优化营销策略，还需要注意企业管理方式的改变。在拓展营销渠道的同时，任何企业都需要注意管理方式的变革。如果文化科技企业想要加强渠道建设，提升企业的营销力度，就必须在营销和管理两方面做出相应的努力，只有这样，才能实现更好的发展。

一是优化官方网站内容。在当今市场的白热化竞争中，文化科技企业要想领先于竞争对手，不仅要规划数字化营销战略，还要把目光放在自己的官方网站上。为了更好地发挥官网的价值，文化科技企业需要对搜索引擎进行优化并对网站内容进行改进。例如，在网站描述中添加产品的相关关键词和页面主标题等，以提高搜索引擎的收录率。这将有助于提高企业官网的访问量和浏览量，从而拓展业务。另外，文化科技企业还应该提高信息更新的频率，如发布新产品的有关信息或者开展产品促销活动等，以提升客户回访量。同时，增加消费者互动板块也是必不可少的，这可以帮助了解消费者的真实需求，了解自己产品的不足之处，并且还能提高用户参与度，进而提升客户黏度。文化科技企业必须认识到，在当前市场的激烈竞争中，一个优化后的官方网站不仅可以增加企业的曝光率，还可以提高品牌忠诚度和用户黏度。因此，这些措施都是非常必要的，可以为企业未来的发展带来无限机遇。

二是开发移动端专属 App。随着移动网络的广泛应用，网络营销已成为目前非常流行的推广方式。众多企业也纷纷加入了移动端 App 的开发，这不仅可以节约企业的营销成本，还能够方便用户享有更好的售前售后服务，同时也有利于营销数据统计，为企业进一步了解用户购买行为和 App 使用情况提供保障。由于市场竞争日益激烈，文化科技企业应该积极行动，开展相关的移动端 App 研发工作，以更小的成本来实现更好的产品推广和销售。虽然部分文化科技企业已经拥有自己的官方微博和微信公众号，但这些平台的管理难度相对较大，数据也比较分散，容易造成资源和时间的浪费。相比之下，移动端 App 可以集中存在于一个平台上，有利于实现数据的统一管理和资源利用的最大化，更加高效快捷地为用户提供一站式服务。一旦文化科技企业成功研发了自己的移动端 App，消费者就可以通过下载安装来享受更方便、快捷的服务。消费者的使用数据痕迹还可以为企业了解用户需求、提供个性化服务、进一步提升客户的体验提供一定的参考。

第四，创新促销策略。具体来讲主要包括以下内容。

一是重视关键意见领袖。为了成功实现企业的战略目标，提高人们对企业品牌和产品的认可度是至关重要的。这个观点也得到了众多学者的认同。当客户对品牌和产品产生好感或信任时，他们往往会通过口口相传或再次购买等行为来表达自己的满意度，这种口碑效应会逐渐影响到其他人的购买意愿和行为，进而提升企业在市场中的表现。因此，在市场竞争日益激烈的时代，文化科技企业必须重视口碑效应，并通过各种方式积极地传播和维护企业的品牌形象。通过良好的口碑效应，文化科技企业可以打造更加稳定和持久的竞争优势，提高客户的忠诚度，提升企业的知名度和美誉度。

虽然部分文化科技企业已经在引进关键意见领袖（KOL）方面做了一些工作，如引进微信好友和微博明星，但是在不同的平台上，通过不同的 KOL 运营方式，企业可以获得不同的营销效果。因此，为了达到预期的营销效果，企业需要根据不同平台和用户的群体来进行 KOL 内容的优化。抖音和淘宝平台上直播的 KOL 往往比小红书、微博和知乎的影响力更大，因此，企业应选用最优的 KOL 运营方式以及可视化程度较高的平台，实现投入产出一目了然，助力企业实施和调整营销方案。

二是推广一物一码促销。在互联网时代下，传统的营销方式已经难以适应当前市场的需求。因此，文化科技企业需要顺应市场趋势，采用大数据分析的方法来为用户提供更为精准化的服务。一物一码的营销手段可以将企业和消费者紧密地联系在一起，越来越多的企业开始使用它。通过大数据分析以及一物一码技术，文化科技企业可以有效地收集消费者的信息和行为习惯，通过对这些信息进行研究和分析，从而精准地把握消费者的需求和消费心理，进而制订更为精准的营销策略，从而更好地实现销售目标。相比传统的营销方式，大数据分析和一物一码技术可以帮助企业更快速地获取市场信息，了解消费者的需求和决策制订过程，并从中识别可能的潜在客户。这使得企业可以更加精准地推出线上或线下的营销活动，从而实现更为有效的目标营销，提升自身的竞争力。

参考文献

[1]中共中央马克思恩格斯列宁斯大林著作编译局．马克思恩格斯选集[M]．北京：人民出版社，2012．

[2]怀特．文化的科学：人类与文明研究[M]．沈原，黄克克，黄玲伊，译．济南：山东人民出版社，1988．

[3]丹皮尔．科学史及其与哲学和宗教的关系[M]．李珩，译．桂林：广西师范大学出版社，2001．

[4]周振华．信息化与产业融合[M]．上海：上海人民出版社，2003．

[5]郭晓寒，何雨津．互动媒体艺术[M]．重庆：西南师范大学出版社，2008．

[6]吴海江．文化视野中的科学[M]．上海：复旦大学出版社，2008．

[7]卡西尔．人论[M]．甘阳，译．上海：上海译文出版社，2013．

[8]葛非，付海晏．文化与科技融合初探[M]．武汉：华中师范大学出版社，2014．

[9]杨旦修．文化与科技融合的产业化路径及其影响研究[M]．昆明：云南大学出版社，2015．

[10]习近平．决胜全面建成小康社会　夺取新时代中国特色社会主义伟大胜利：在中国共产党第十九次全国代表大会上的报告[M]．北京：人民出版社，2017．

[11]王慧敏，曹祎遐．文化创意产业发展的理论与实践探索[M]．上海：上海社会科学院出版社，2018．

[12]罗守贵，熊琦，罗津．文化科技创新：基于产业链、技术链与价值链融合的研究[M]．上海：上海交通大学出版社，2019．

[13]陈思．社会建构论视野的文化科技创新研究[M]．沈阳：东北大学出版社，2019．

[14]项勇，吴俊臻，冷超，等．智慧城市文化创意产业集聚效应及关联性研究[M]．北京：机械工业出版社，2020．

[15]习近平．习近平谈治国理政（第三卷）[M]. 北京：外文出版社，2020.

[16]张汝山．新时代文化创意产业发展研究 [M]. 北京：研究出版社，2021.

[17]李晓君．理论与实践：当代文化创意产业发展研究 [M]. 北京：北京工业大学出版社，2021.

[18]李维武，何萍．马克思主义文化哲学论纲 [J]. 武汉大学学报（社会科学版），1989（4）：22–28.

[19]植草益．信息通讯业的产业融合 [J]. 中国工业经济，2001（2）：24–27.

[20]岭言．“产业融合发展”：美国新经济的活力之源 [J]. 工厂管理,2001,21（3）：25–26.

[21]卢东斌．产业融合：提升传统产业的有效途径 [J]. 经济工作导刊，2001（6）：4.

[22]贺小刚．企业持续竞争优势的资源观阐释 [J]. 南开管理评论，2002（4）：32–37.

[23]张旭昆．制度的定义与分类 [J]. 浙江社会科学，2002（6）：2–8.

[24]马健．产业融合理论研究评述 [J]. 经济学动态，2002（5）：78–81.

[25]李平．美国的知识产权保护制度对我国的启示 [J]. 世界经济与政治论坛，2003（2）：14–17.

[26]张亚娣．关于自主创新的多角度分析 [J]. 中学政史地（高三综合），2006（2）：20–22.

[27]谭力文，彭志军，罗韵轩．现代企业战略调整的成本与效益：从核心能力跃迁和持续竞争优势动态演化的视角 [J]. 经济管理，2007（17）：69–75.

[28]邓少军，芮明杰．组织能力演化微观认知机制研究前沿探析 [J]. 外国经济与管理 2009，31（11）：38–44.

[29]齐超．制度含义及其本质之我见 [J]. 税务与经济，2009（3）：9–13.

[30]华欣．跨国公司全球竞争及对我国企业的影响 [J]. 当代经济，2009（5）：90–92.

[31]高可为．超经济学视角的企业竞争优势观 [J]. 中国流通经济，2010，24（9）：44–48.

[32]焦豪．双元型组织竞争优势的构建路径：基于动态能力理论的实证研究 [J]. 管理世界，2011（11）：76–91.

[33]董保宝，葛宝山，王侃．资源整合过程、动态能力与竞争优势：机理与路径[J]. 管理世界，2011（3）：92–101.

[34]陈劲，阳银娟．协同创新的理论基础与内涵[J]. 科学学研究，2012，30（2）：161–164.

[35]丁筑兰．去中心化与双向交流：网络科技对审美文化的重构[J]. 学术论坛，2012，35（5）：89–92.

[36]张勇军，陈伟，郎益夫．知识管理视角下集群网络企业竞争优势提升研究：来自黑龙江装备制造业企业的证据[J]. 情报杂志，2013，32（2）：128–134.

[37]彭英柯，宋洋洋．文化科技融合理论研究：基于产业融合机制角度的分析[J]. 经营与管理，2013（8）：75–78.

[38]马鸿佳，董保宝，葛宝山．创业能力、动态能力与企业竞争优势的关系研究[J]. 科学学研究，2014，32（3）：431–440.

[39]李凤亮，谢仁敏．文化科技融合：现状·业态·路径：2013 年中国文化科技创新发展报告[J]. 福建论坛（人文社会科学版），2014（12）：56–65.

[40]刘平仲，李后卿．文化与科技融合发展关系探讨[J]. 社科纵横，2014，29（9）：50–53.

[41]杨劲，张新举．广东金融支持产业结构调整的对策思考[J]. 广东经济，2015（9）：30–33.

[42]张勇．制度的定义和作用及其对发展的意义：兼论马克思的制度观与发展观[J]. 经济学家，2015（4）：21–28.

[43]许龙，高素英，于慧．竞争战略与 HRM 系统匹配性对企业持续竞争优势影响研究：基于中国上市公司年报数据[J]. 软科学，2015，29（5）：101–105.

[44]韩东林，袁茜，李春影．我国中部地区文化制造业科技创新效率评价[J]. 科技进步与对策，2016，33（17）：43–48.

[45]张荣刚，刘鹏飞．文化制造业效率与社会资本介入关系研究：基于 DEA–Tobit 模型的分析[J]. 西藏发展论坛，2016（5）：47–54.

[46]武云．浅谈古希腊文化繁荣的原因[J]. 商业文化（学术版），2007（12）：226–227.

[47]顾汉杰．基于虚拟现实的科普游戏设计[J]. 中国教育信息化，2017（10）：92–96.
[48]代昌利，李佳颖，刘宇珑．大数据在资产评估领域的应用研究[J]. 中国市场，2019（14）：51.
[49]马巧鸽，任南，苗虹．大数据分析能力、创新能力与竞争优势关系研究[J]. 武汉理工大学学报（信息与管理工程版），2019，41（6）：605–611.
[50]刘雨泽．沉浸式体验要素在艺术创作视域中的表达分析[J]. 艺术科技，2019，32（12）：155.
[51]喻登科，严红玲．核心竞争力与竞争优势形成路径：知识资本与组织性格整合视角的解释[J]. 科技进步与对策，2019，36（1）：122–131.
[52]靳琳．北京2022年冬奥会对跨文化传播的影响[J]. 新闻研究导刊，2020，11（11）：218–219.
[53]袁锦贵．国内外文化与科技融合发展战略的经验与启示[J]. 科技和产业，2020，20（1）：44–50.
[54]王朝云，武金金．创业企业如何实现持续性竞争优势：基于即兴行为视角[J]. 成都理工大学学报（社会科学版），2021，29（2）：112–120.
[55]拓俊杰．技术赋能下文化与科技深度融合的演进机理分析[J]. 科学管理研究，2021，39（4）：43–49.
[56]吴佩霜．基于文化科技融合视角的文化产品品牌管理路径研究[J]. 企业改革与管理，2021（14）：23–24.
[57]王立群，崔若轩．重塑新时代下文化和科技融合新模式[J]. 广东科技，2021，30（6）：57–61.
[58]张鲜艳，王振宇．科技创新赋能数字文化产业高质量发展路径探析[J]. 科技风，2022（11）：14–16.
[59]范玉刚．文化产业在构建新发展格局中的创新文化功能[J]. 深圳大学学报（人文社会科学版），2022，39（2）：43–53.
[60]戴慧．培育数字文化产业新型业态策略探讨[J]. 中国报业，2022（6）：48–49.

[61]郑刚．基于TIM视角的企业技术创新过程中各要素全面协同机制研究[D]．杭州：浙江大学，2004．

[62]辜秀玲．网络游戏沉浸感对网络游戏成瘾的影响：认知偏差和重复行为的序列中介作用[D]．武汉：华中师范大学，2016．

[63]袁美姿．艺术创作中的沉浸式体验要素研究[D]．杭州：浙江工业大学，2017．

[64]陈梦雪．基于情感体验的珠宝品牌包装设计策略研究[D]．武汉：武汉大学，2017．

[65]邓萍．技术获取模式的影响因素及其对创新绩效的影响研究[D]．合肥：中国科学技术大学，2019．